점 령 을 살 다

First Published in Great Britain in 2012 by PROFILE BOOKS LTD under the title of
OCCUPATION DIARIES

라자 샤하다의 팔레스타인 일기

점령을 살다

OCCUPATION DIARIES

라자 샤하다 지음 | 이광조 옮김

후마니타스

일러두기

1. 이 책의 외래어 표기는 국립국어원의 외래어 표기법을 기준으로 하였으며, 인명이나 지명은 현지 발음을 우선으로 하였다.
2. 외래어 고유명사의 한글식 표기에서는 가독성을 고려하여 '-'를 삭제했다.
3. 이 책의 본문에서 '옮긴이 주'는 +, '지은이 주'는 ● 표시를 하여 모두 각주로 처리 하였다.
4. 정기간행물, 신문, 잡지, 영화, 음반 등은 〈 〉, 단행본, 논문, 보고서는 《 》로 표시하였다.

히틀러의 라디오 연설을 들어보라는 버지니아의 부름에
다음과 같이 대답했던 레너드 울프에게.

"나는 가지 않을 거야. 히틀러가 사라지고
오랜 시간이 흐른 뒤에야 만개할 붓꽃을 지금 심고 있거든."

2009년 12월 13일

나는 지금 막 예리코Jericho와 예루살렘Jerusalem 사이에 있는 협곡, 와디켈트Wadi Qelt에서 멋진 하루를 보내고 돌아왔다. 그곳은 지난 8개월간 계속된 가뭄에도 불구하고 서안지구에서 물을 볼 수 있는 몇 안 되는 곳 중 하나였다.

우리 일행은 모두 서안지구에 살면서 사진가와 교사로 활동하는 사람들이었고, 팔레스타인인뿐만 아니라 외국인도 섞여 있었다. 그리고 오늘, 와디켈트로 나들이 올 생각을 한 이들은 우리만이 아니었다. 배낭을 내려놓고 볕이 잘 드는 바위 위에 몸을 뻗고 눕자마자 팔레스타인 가족 9명이 그곳에 도착한 것이다. 그들은 우리를 발견하고 다소 실망하는듯했지만, 이내 물웅덩이 건너편에 있는 두 번째로 좋은 바위 위에 자리를 잡았다. 그 가족은 수염을 기른 남자 두 명과 히잡을 쓴 젊은 여성 두 명, 얼굴에 니캅을 둘러 나이를 가늠할 수 없는 또 다른 여성 한 명, 그리고 어린이 네 명으로 이뤄져 있었다. 우리 쪽 여성들이 모두 청바지에 형형색색의 셔츠를 입고 있었던 반면, 그 여성들은 하나같이 검고 긴 치마를 입고 있었다. 그런 차림으로 어떻게 물에 빠지지 않고 울퉁불퉁한 바윗길을 건너왔는지 궁금할 정도였다.

나는 우리 일행이 이스라엘 검문소를 통과할 때부터 사람들의 복장이 이 작은 땅에 살고 있는 다양한 집단들을 어떻게 구별 짓는지에 관해 생각했었다. 검문소에서 마주친 이스라엘 여군들은 몸에 꽉 끼는 황갈색 바지를 입고 있었고, 허리춤이 낮은 바지는 엉덩이의 윤곽을 두드러지게 만들었다. 그들은 히브리어로 남자 병사들과 끈적끈적한 농담과 표정을 주고받으며, 짙은 선글라스 너머 우리에게 손짓만으로 명령을 내렸다. 그들에게 우리는 마치 장기판의 말을 움직이듯이 손가락을 까딱하는 것만으로 움직일 수 있는, 자기네 땅 위에 살아가는 하잘것없는 존재일 뿐이었다. 그리고 그들은 첨단 보안 장치들 덕분에 발전된 서구 사회의 일원이 될 수 있었다고 믿는 듯, 그 기계들을 작동하며 자신들만의 세계 속에 살고 있었다.

그 칙칙한 옷차림의 가족은 아마도 차림새를 보고 우리를 이스라엘 사람이라고 의심했던 게 틀림없었다. 하지만 그들과 우리 사이의 거리는 그리 멀지 않았다. 높은 암벽으로 둘러싸인 깊은 협곡 사이로, 물이 흐르다 말다 한다는 이유로 파와Fawar라 이름 지어진 샘에서 시작된 물줄기가 흘러내려 우리가 누워있는 바위틈 웅덩이를 줄기차게 채우고 있었다. 맞은편 가족은 우리가 아랍어로 대화하는 걸 충분히 들을 수 있을 만큼 가까운 거리에 있었고, 우리의 대화를 통해 대부분 어디 출신인지도 알 수 있었을 것이다. 하지만 우리 가운데 그 가족들에게 인사를 건네거나 그들이 있는 곳으로 다가가 우리 쪽으로 건너오라고 선뜻 권하는 사람은 아무도 없었다. 우리가 있던 바위는 그 가족이 다 앉고도 남을 만큼 컸음에도 불구하고 말이다. 불과 몇 년 전이었다면 상황은 달랐을 것이다. 물이 둘 사이를 나누듯, 이슬람주의자로 의심되는 그들과 세속주의자인 우리 사이에는 그렇게 보이지 않는 가상의 경계가 그어지고 있었다. 아니, 처음부터 그들과 우리 사이의 거리는 작은 계곡물보다 훨씬 더 멀고 넓었는지도 모르겠다.

우리는 바위 위에 흰색과 붉은색 체크무늬 천을 깔고, 가지고 온 음식과 샐러드 몇 가지를 그 위에다 차렸다. 비트 샐러드, 구운 가지 소스, 염소 치즈, 당근, 토마토, 브로콜리에 각종 빵과 과일을 곁들인 완벽한 채식 식단이었다. 우리가 그렇게 자리를 잡고 식사를 하는 동안, 반대편 가족의 남자들은 여자와 아이들을 남겨둔 채 쿠프타kufta+와 양갈비 바비큐에 쓸 땔감을 구하기 위해 자리를 떴다.

나는 건너편에 남은 여성들을 바라보며, 저들은 정말 이렇게 탁 트인 장소에서조차 옷을 꽁꽁 싸매 입고도 불편함을 느끼지 않는 것일까 궁금해졌다. 어쩌면 저들은 우리 쪽 여성들의 가벼운 옷차림을 보고 분통을 터뜨리고 있는 건 아닐까? 물어보나 마나 당연히 그렇겠지. 그들은 스스로를 경건하다고 느끼면서 우리와는 달리 내세에 그 보상을 받을 거로 생각했을지도 모른다.

그래서였을까? 내가 이런 생각을 하고 있는 동안 젊은 여성 가운데 하나가 자신들이 앉았던 바위 뒤편으로 가더니 벽을 마주 보고 섰다. 그러고는 다른 사람들이 두고 간 목탄 조각을 주워 그 위에다 글씨를 쓰기 시작했다.

> 신은 그 뜻에 따라 누구든 길을 잃게 할 수 있고 누구든 인도할 수 있을지니.

우리 일행 중 걸걸한 목소리의 역사학자 사바가 그 광경을 보고는 음식을 먹다 말고 일어서서 그녀를 향해 소리쳤다.

"당신 지금 무슨 짓을 하고 있는지 알아요? 당신은 지금 바위를

+ 간 고기에 양파 등 각종 향신료를 더해 만든 중동식 미트볼의 일종.

훼손하고 있어요. 그건 당신 게 아니란 말입니다. 당장 그만두세요!"

그러자 그녀는 즉시 낙서를 멈추고 일행에게로 돌아갔다. 그보다 나이가 많아 보이는 여성이 그녀에게 무언가 얘기를 건넸지만, 우리 귀에까지는 들리지 않았다. 그리고 그녀는 다시 자리에 앉았다.

남자들이 돌아오면 어떤 일이 벌어질지를 기다리면서 나는 최근 라말라Ramallah 중심가에 있는 실와디Silwadi라는 이름의 주스 가게에서 한 청년과 나눴던 대화를 떠올렸다. 그는 감귤을 비롯한 다른 여러 과일로 만든 주스와 함께 대추야자 주스도 팔고 있었다. 내가 대추야자 주스를 어떻게 만드는지 묻자, 그는 우유를 곁들여 낸다고 대답했다.

"아주 훌륭한 조합이죠. 대추는 선지자 무함마드가 좋아했던 음식입니다. 그에게 평화가 깃들기를."

다음으로 나는 진지하고 과묵한 인상을 한 그의 조수에게 말을 건넸다. 수염을 말쑥하게 다듬은 그가 크고 처진 눈을 내리깔고 있는 모습은 사뭇 주의 깊고 기민해 보였다. 나는 그런 그에게 종종 호기심이 발동하곤 했다.

한번은 그가 나에게, 자신의 형수가 이스라엘 교도소에 수감되어 있는 형과 면회할 수 있도록 도와달라고 부탁한 적이 있었다. 그는 내가 관여하고 있는 인권단체 '알하크Al Haq'를 통해 도움을 받을 수 있을 거로 생각했던 것이다. 하지만 알하크가 그 일을 돕기는 어려울 것 같아서, 나는 도움이 될 만한 다른 단체를 그에게 소개해줬었다. 그리고 그날, 나는 그에게 그 일이 어떻게 됐는지 물었다. 그는 형수가 면회를 허락받긴 했지만, 그마저도 6개월에 한 번뿐이라고 대답했다. 그녀가 교도소를 방문했을 때, 교도소 측은 허가증에 도장을 찍어주기는 했지만, 이후 6개월 동안 면회를 허락하지 않았다는 것이다. 그는 교도소 측이 형수의 면회 뒤에 예상되는 소란을 원치 않았기 때문이라고 말했다.

"얼마 동안이나 그랬던 거죠?" 내가 물었다.

"5년이요."

"그럼 얼마나 그 안에 더 있어야 하나요?"

"종신형을 여덟 번 중복해서 받았어요."

순간 나는 "와!" 하고 탄성을 질렀다. 그러고는 곧바로 후회가 밀려왔다. 그렇게 반응해서는 안 되는 거였다. 그의 헌신을 칭송하거나 신의 가호를 빌었어야 했다. 그게 아니면 그의 가족들이 잘 견딜 수 있도록 신에게 기원했어야 했다. 결국, 내가 보인 반응은 잘못된 것이었다. 그는 시선을 돌렸고, 날 외면한 채 주스 짜는 일에만 집중했다.

아르헨티나 출신의 칠레 소설가이자 극작가이며 수필가로, 그 유명한 희곡《죽음과 소녀Death and the Maiden》를 썼던 아리엘 도르프만Ariel Dorfman은 '이반 카라마조프의 마지막 유혹'이라는 에세이에서 이렇게 말하고 있다.

> 고문은 타인의 고통을 상상하는 우리의 능력을 폐기하는 것을 전제로 한다. 상대방의 인간성을 말살하면 그들의 고통은 우리의 것이 아닌 게 된다. 고문은 고문을 가하는 사람의 이런 능력을 필요로 한다. 이와 동시에 고문은 모든 사람에게 동일한 거리유지와 무감각을 요구한다. 알고도 눈을 감는 사람들, 알려고도 하지 않고 눈을 감는 사람들, 눈을 감고 귀와 가슴까지 닫은 사람들이 되라는 것이다.

이윽고 수염을 기른 남자들이 땔감으로 쓸 나뭇가지와 통나무를 들고 돌아왔다. 여자들은 분명 사바가 바위에 낙서하지 못하게 한 일에 관해 얘기하며 불만을 터뜨렸을 것이다. 남자들은 여자들에게 다시 돌아가 모두가 볼 수 있을 만큼 큰 글씨로 바위 곳곳에 신성한 문구를 써놓으라고 했다. 그러자 그녀들은 자신들 쪽에 있는 모든 바위 위에 "알라, 알라"라고 휘갈기기 시작했다.

그 광경을 본 사바는 단단히 화가 나 건너편을 향해 소리쳤다.

"당신들이 우리보다 더 독실하다는 걸 보여주고 싶다, 이거요? 코란에는 신의 이름을 헛되이 쓰지 말라고 나와 있다는 걸 명심해야 할 거요. 자신이 지키지 못할 곳에 신의 이름을 쓰지 말라고 말이요. 우리가 아랍사람이라는 걸 알고선 이런 식으로 행동하는 거 아니요? 검문소에서는 이스라엘 사람들한테 찍소리도 못하고 머리를 조아릴 거면서 말이야."

그러자 저쪽에서 한 남자가 되받아 외쳤다.

"당신 지금 무슨 얘기를 하는지 알기나 하고 떠드는 거요? 빌어먹을 억측 따위는 집어치우는 게 좋을걸."

그러고는 여자들에게 낙서를 계속하라고 명령했다.

화가 난 사바는 아예 얼굴을 맞대고 대거리할 요량으로 물 쪽으로 다가가더니 이렇게 소리 질렀다.

"그 바위는 당신들 게 아니라니까. 무슨 권리로 바위를 훼손하는 거요? 그건 우리 모두의 바위고, 당신은 그 위에 낙서할 권한이 없단 말이요. 내 말 듣고 있는 거요? 당신들에게는 낙서할 권한이 없다니까."

결국, 우리는 즐거운 나들이가 싸움으로 끝나는 걸 막기 위해 쫓아가 그를 말려야 했다.

사바가 좀 진정이 되자, 건너편에서 수염을 기른 남자 중 하나가 느리고 조용한 목소리로 얘기했다.

"할 얘기 다 한 거요? 당신에게 박수라도 쳐야 하나? 아무튼, 좋소. 하지만 당신에게 한 가지 일러두지. 당신은 아무것도 몰라. 당신은 내가 투쟁에 어떤 기여를 했는지 모르지. 내가 대의를 위해 무엇을 했는지, 유대인들에게 어떻게 행동했는지도 모를 거야."

그리고 그는 덧붙였다.

"당신이 데리고 온 외국인들 뒤에 숨을 수 있을 거란 생각은 하지 않는게 좋을거요. 저들이 입고 있는 옷을 보라고. 그 옷들은 우리를 착취하고 억압하는 사람들이 만든 거 아니오."

그의 말을 들으면서 나는 말싸움이 어쩌다가 의복의 문제로 귀착되었을까 하는 생각이 들었다. 확실히 우리 일행들이 입고 있던 옷이 더 화사한 건 사실이었다. 우리 쪽은 남자와 여자 모두 청바지에 빨강, 노랑, 주황색 티셔츠를 입고 있었던 데 반해 저쪽 사람들은 마치 장례식에 온 것처럼 우중충한 회색과 검은색 옷을 입고 있었다.

굳이 따지자면 나는 우리의 옷차림이 훨씬 더 좋았다. 하지만 우리가 화사한 옷을 입었다고 해서 건너편 사람들보다 더 세계자본주의를 지지한다든지, 그래서 결국 중동 지역에 대한 서구의 지배에 기여한다고 볼 수는 없는 노릇이었다.

이내 생각은 꼬리를 물어 오늘날 서로 다른 세상에 살고 있는 팔레스타인 사람들의 현실에까지 이르렀다. 한쪽엔 독실한 이슬람교도들이 살고 있는 반면, 다른 한쪽엔 무엇보다 자신들의 생활방식이 간섭받고 지배당하지 않을까 걱정하는, 노골적으로 세속적이고 자유주의적인 사람들이 살고 있다. 또한, 의도치 않게 같은 종류의 종교적 극단주의를 공유하고 있는 집단들도 존재한다. 소수 기독교도들이 점점 늘어나는 이슬람 근본주의자들에게 대항하기 위해 보란 듯이 커다란 십자가를 목에 걸거나 옷깃에 부착하고 다니는 것처럼 말이다. 우리에게 남겨진 자그마한 팔레스타인 땅덩어리는 이러한 대립으로 인해 찢긴 것처럼 느껴진다. 그리고 그 가운데에 이스라엘이 있다. 이런 현실은 내가 어렸을 때 보았던 관용적인 팔레스타인과는 전혀 다른 모습이다.

나들이 장소에 도착하기 위해 마치 도둑처럼 조심스레 이동할 때도 똑같은 느낌이었다. 우리는 그곳을 편안하게 즐길 수 있는 우리의 땅으로 느끼지 못했다. 그곳에 다다르기까지 수많은 검문소를 통과해야 했고, 이스라엘 군인들의 거만하고 차별적인 행동을 감내해야 했다. 이런 상황에서 우리가 어떻게 경계하지 않을 수 있으며, 독선에 빠지지 않을 수 있겠는가. 너보다 내가 더 신성하다는 태도를 가지고 우월성을 주장하며 서로 싸우는 것이 어쩌면 자연스러운 일이 아닐까?

우리는 겨우 사바를 진정시켰고, 양쪽 사이에 불편하고 일시적인 평화가 찾아왔다. 그 결과 우리의 나들이는 별 탈 없이 이어졌지만, 그들과 우리는 서로 좀 더 이해할 수 있도록 가까이 다가서지는 못했다. 모두 침묵을 지키며 자리에 앉아 있을 뿐이었다. 깊은 정적 속에서 우리는, 세차게 쏟아져 내리는 물소리에 다시금 귀를 기울였다. 파와 샘에서 시작된 물줄기는 그들과 우리 사이에 놓인 웅덩이로 흘러들었고, 각자의 바위에 앉아 저마다의 시간을 보내는 동안 우리는 그렇게 곧 서로를 잊었다. 식사를 마친 뒤, 서로 다른 옷차림을 한 그들과 우리는 별이 드리운 바위 위에 몸을 뉘었다. 그러고는 계곡물이 콸콸 넘쳐 고대 도시 예리코로 흘러내리는 소리를 들었다.

12월 18일

오늘은 '인권을 위한 독립위원회Independent Commission for Human Rights' 회의에 참석하기 위해 베들레헴Bethlehem에 있는 자시르 펠리스 호텔에 가야 했다. 1990년대 후반, 인터콘티넨탈 호텔로 바뀌었다가 2차 인티파다Intifada 직전부터 자시르 펠리스라는 이름으로 운영되고 있는 호텔은, 한동안 기숙학교로 이용되기도 했었다. 제1차 세계대전 기간에 메리 숙모가 어머니를 잃은 뒤 보내진 곳이 바로 그 기숙학교였다. 하지만 나는 이스라엘이 도로를 완전히 바꿔 놓는 바람에 혼자서는 그곳을 찾아갈 자신이 없었다. 그래서 하니 벨바시Hani Belbasi에게 그곳까지 운전을 부탁했다.

이스라엘의 점령이 시작되고 3년 뒤인 1970년에 태어난 하니는 인내심이 강하고 꿋꿋한 친구였다. 물론 그런 인내심과 꿋꿋함이 없었더라면 이 우울한 시대에 운전기사로 살아남지 못했을 것이다. 이곳에서는 도로체계가 늘 바뀔 뿐 아니라 수시로 봉쇄되거나 위험한 장소로 변모하기 때문이다. 하니의 이런 성격은 검문소의 병사들에게도 꽤 인상 깊었을 것이다. 한번은 하니가 같은 날 같은 검문소를 여러 번 통과해야 하는 일이 있었다. 검문소를 통과할 때마다 차를 멈추고 수색을 당하던 그에게 병사 하나가 "지겹지도 않아?"라고 물었다. 하니는 그 병사에게 미소를 머금은 채 대답했다.

"내가 여기 오지 않으면 당신이 수색할 사람도 없을 것 아닙니까? 그러면 당신은 일자리를 잃게 될 수도 있어요."

하니가 열심히 일한 덕에 그의 아버지는, 예루살렘 외곽에 있는 쿠푸르 아캅Kufr Aqab 지역에 자녀들과 함께 살 수 있는 방 세 개짜리 집을 지었다. 몇 년 전까지만 해도 그 지역은 예루살렘의 시 경계 안에 있었다.

"모두 함께 모여 살 때는 참 좋았어요." 운전을 하면서 하니가 말했다.

"지금은 모두 따로 살아요. 밥 엘 아무드Bab El Amoud+ 근처의 아파트로 거처를 옮길 수밖에 없었거든요. 그렇지 않았다면 우리는 예루살렘 거주권을 박탈당했을 겁니다. 하루는 이스라엘 관리들이 오더니 쿠푸르 아캅에 있는 우리 집 담벼락에다 'X' 표를 하는 거예요. 새로운 경계가 설정되면서 우리 집이 갑자기 예루살렘의 시 경계 밖에 놓이게 된 거죠. 우리가 그 집을 지을 때는 집이 시 경계 안에 있어서 이스라엘 은행으로부터 융자까지 받았는데 말이죠. 그래서 우리 집이 시 경계 안에 있는지 밖에 있는지를 다시 한 번 확인하려고 150달러나 들여서 항공지도까지 샀어요. 하지만 지도 속에서 우리 집을 찾을 수가 없었죠. 우리 집이 있는 위치를 설명했더니 거기 있던 남자가 시 경계 밖이라고 하더군요. 그래서 지금은 일주

+ 예루살렘 다마스쿠스 게이트의 아랍어 이름. 예루살렘의 구시가지를 감싸고 있는 성벽의 8개 성문 가운데 가장 크고 아름다운 문이다.

일의 대부분을 예루살렘 시에서 지냅니다. 대신 아버지가 일주일에 한 번 쿠푸르 아캅에 가요. 아버지는 그곳을 좋아하거든요. 아버지는 정원에 나가 어슬렁거리기도 하고 앉아서 별을 쬐기도 합니다. 예루살렘의 아파트에 사는 걸 워낙 싫어하세요. 온종일 성냥갑 같은 곳에 갇혀 있는 게 싫으신 거죠. 하지만 아버지도 어쩔 수 없이 예루살렘의 아파트에서 살아야 합니다. 그렇지 않으면 예루살렘 거주권을 상실할 테니까요."

베들레헴에 가기 위해 하니는 왈라야Walajeh 도로를 이용했다. 금요일이라 통행량도 많지 않았고 중간에 정차하는 일도 없었지만, 꼬박 한 시간이 걸렸다. 왈라야는 베이트 잘라Beit Jala 동쪽에 있는 작지만, 매력적인 마을이었다. 주변에 나무가 울창하고 계단식 밭들이 있는데다 작은 샘들이 곳곳에 자리하고 있었다. 하지만 그곳 주민들은 자신들의 집이 죄다 철거될 거라는 공포 속에 살고 있다. 새로운 정착촌 건설이 계획되어 있기 때문이다.

운전을 하는 동안 하니는 자기 동생의 피살사건에 대한 최근의 조사결과를 내게 알려줬다. 범인이 이스라엘 경찰에 체포됐다는 소식을 들었을 때, 나는 우연히 하니와 함께 있었다. 몇 달 전 작가인 로버트 맥팔레인Robert MacFarlane과 나를 예루살렘 들판에 있는 마르 사바Mar Saba 수도원까지 태워다 줄 당시의 일이었다. 라말라에서 출발해 동쪽으로 차를 몰고 가던 중 자바Jabba 검문소에 막 도착했을 때 하니의 휴대전화가 울렸다. 나는 그가 히브리어로 말하는 것을 들었다. 그의 얼굴에는 당혹스러운 표정이 떠올랐다.

그가 통화를 끝냈을 때 내가 물었다.

"무슨 일이야? 안 좋은 일이라도 있는 거야?"

그는 차분한 목소리로 이스라엘 일간지 〈예디옷 아하로놋Yedioth Ahronoth〉의 기자로부터 걸려온 전화라고 대답했다.

"인터뷰를 요청하면서 동생의 사진을 가져올 수 있느냐고 묻네요." 하니는 잠시 침묵하더니 다시 말을 이었다. "11년 전에 동생이 살해됐는데요, 동생을 죽인 범인이 잡혔대요."

하니와 오랫동안 알고 지냈지만, 이 사건에 대해서는 아무런 얘기도 듣지 못했었다. 나는 그가 동생에게 어떤 일이 일어났는지 얘기하면서 '순교'가 아니라 '살해'라는 표현을 사용한 것에 주목했다.

"동생이 예루살렘의 말라Malha 지구에서 승객을 태우고 가는데, 그 승객이 갑자기 동생의 머리에 총을 발사한 거예요. 총알은 머리를 관통해 사이드미러에 박혔고, 동생은 그 자리에서 죽었어요. 자동차는 계속 굴러갔고 살인범은 사라졌습니다. 그런데 기자 말로는 경찰이 살인범을 체포했고 오늘 저녁 6시 뉴스에 수사결과가 발표된다고 하네요."

하니는 우리와 헤어진 뒤 〈예디옷 아하로놋〉의 기자를 만났다. 하니가 죽은 동생의 사진을 건네주자 기자는 앞으로 가족들이 이 일을 어떻게 처리할 예정인지 물었다. 하니는 가족들이 법률대리인을 선임하도록 조언을 받았고, 아랍인 변호사를 선택했다고 대답했다. 그러자 기자는 하니에게 아랍인 변호사 대신 이스라엘 변호사를 선임하라고 조언했다. 팔레스타인 자치정부와 이스라엘이 서로에게 소송을 제기하지 않기로 했기 때문에 아랍인 변호사가 사건을 담당할 수 없을 거라는 얘기였다. 이것은 명백하게 잘못된 얘기다. 그런데도 기자는 한술 더 떠, 필요하다면 이스라엘 변호사가 국가를 상대로 소송을 제기할 수도 있을 거라며 아랍인 변호사가 사건을 감당할 수 있을지에 대해 의구심을 나타냈다고 한다.

그래서 하니는 기자가 추천한 이스라엘 변호사를 만났다. 텔아비브Tel Aviv에서 온 이 변호사는 피의자에게 손해배상을 제기하는 대가로 1만 5,000달러의 수임료를 요구했고, 하니의 부모가 국가로부터 배상을 받게 될 경우 추가로 배상금의 15%를 성공사례로 요구했다. 하니는 이런 조건에 동의했다.

한편 경찰은 하니를 찾고 있었다. 그리고 그가 경찰서에 찾아갔을 때, 그들은 "사건이 발생한 지 몇 주가 지난 뒤부터 야코브 잭 테이텔Yaakov Jack Teitel을 유력한 용의 선상에 올려놓고 있었지만, 증거가 없었다"는 말을 하니에게 전했다. 그러나 사건이 일어난 이래로 하니와 가족들은 그와 관련해 단 한마디도 들은 바가 없었다. 하루가 멀다고 경찰서에 찾아갔지만, 경찰은 비협조적이고 무례했다. 그러더니 아예 "새로운 걸 찾으면 연락할 테니 앞으로는 찾아오지 마라"고까지 했다. 그 후 경찰로부터 아무런 소식도 듣지 못한 채 살아온 세월이 11년이었다. 하니와 가족들이 슬픔 속에 보내야 했던 그 11년의 세월 동안, 경찰은 범인이 누구인지를 알면서 아무런 조치도 취하지 않았을뿐더러 아무것도 밝혀내지 않았다.

"가족들은 좀 어때?" 내가 물었다.

"어머니는 제정신이 아니에요. 상처를 다시 한 번 헤집은 격이죠. 물론 한편으로는 약간 위안이 되기도 합니다. 사람이 그렇잖아요. 그들은 동생이 이스라엘의 첩자이거나 땅을 팔려고 하다가 아랍인들 손에 살해됐다는 소문을 퍼뜨렸었거든요."

하니가 경찰에게 살인범이 어떤 사람이냐고 묻자 경찰은 "음, 아랍 테러리스트 같은 놈이야"라고 대답했다.

"뭐라고요?" 하니가 물었다. "테러리스트는 다 아랍인이라는 얘긴가요?"

그러자 경찰은 그런 뜻이 아니라고 말을 바로잡았다. 테러를 저지른 범인이 예외적이게도 아랍인이 아닌 유대인이라는 뜻이었다고 말이다.

살해될 당시 동생 사미르Sameer는 22살이었다. 서예루살렘에 있는 오르트Ort 기술학교에서 3년째 건축공학을 공부하고 있던 그는, 벨바시 가족 중 대학에 진학한 유일한 아들이었고 건축가로 전도가 유망한 학생이었다. 하니는 사건이 발생했던 그해 6월 6일 오후 5시경, 학기말 시험을 끝내고 다마스쿠스 게이트 앞에서 택시를 세운 채 손님을 기다리고 있던 동생을 마지막으로 봤다. 그때 사미르는 시험 준비 때문에 지난 열흘 동안 일을 못 했다며 두 시간만 일하고 집으로 가겠다고 말했다.

같은 날 오후, 이스라엘을 방문한 유대계 미국인 테이텔은 엘단 렌탈 에이전시에서 차를 빌린 다음 홀리랜드Holy Land 호텔 근처에다 주차했다. 그러고 나서 그는 아랍인 살해 대상을 물색하기 위해 시내 중심부로 이동했고, 곧 사미르를 발견했다. 그는 미국을 출발하기 전에 권총을 분해해서 금속 부품은 비디오 녹화기에, 플라스틱 부품은 코트 주머니에 숨기고 이스라엘에 들어왔고, 현지에서 총알 200발을 산 뒤 범행 대상을 물색하는 동안 사격연습까지 마친 터였다.

테이텔은 사미르에게 홀리랜드 호텔로 가자고 말했다. 홀리랜드 호텔은 예전에 '말라'라는 아랍 마을이 있다가 지금은 거대한 이스라엘 쇼핑몰이 들어서 있는 곳 근처였다. 하니는 나를 태우고 그곳을 지나면서 동생이 살해된 장소를 정확하게 지목하기도 했었다. 호텔은 언덕 위에 있었고, 숲을 관통해 뻗어있던 도로는 한산했다. 도중에 테이텔은 사미르가 아랍인이라는 사실을 확인하기 위해 날씨에 관한 이야기를 건넸다. 호텔 근처에 다다르자 그는 차를 세워 달라고 했고, 그 순간 총알 한 발이 사미르의 머리를 향해 날아들었다. 그러고는 시동을 켜 둔 상태로 달아나 근처에 주차해뒀던 차를 타고 집으로 돌아갔다.

그날 밤 하니는 힘든 하루 일을 마치고 녹초가 돼 집에 돌아왔다. 집에 오자 어머니가 사미르를 걱정하고 있었다. 열 시가 다 됐는데, 아직 돌아오지 않았다는 것이다. 하지만 그녀는 남편을 깨우지 않았다. 하니는 곧 돌아올 거라며 어머니를 안심시키고는 잠자리에 들었다. 그리고 새벽 한 시쯤, 친척 하나가 하니에게 전화를 걸어 경찰이 그를 찾고 있다는 이야기를 전했다. 하니가 경찰에 전화를 걸자, 그들은 당장 경찰서로 와줄 수 있는지 물었다. 경찰서에서 하니는 사건이 발생했고 사미르가 죽었다는 얘기를 들었다. 하니는 동생의 시신을 보여 달라고 요청했지만, 경찰은 부검을 위해 사미르의 시신을 아부 크비르Abu Kbir 병원으로 보냈기 때문에 불가능하다고 대답했다.

하니와 그의 친척이 집으로 돌아와 어머니께 소식을 전하자 그녀는 그 자리에서 쓰러졌고, 그 뒤로 건강을 회복하지 못했다. 당뇨병이 찾아왔고, 정신도 흐트러지기 시작했다. 이스라엘에서 일하던 아버지는 일을 계속할 수 없었다. 열흘 뒤 경찰이 자동차를 다시 조사했을 때 차 안에는 여전히 사미르의 피가 흩어져 있었다. 이 광경은 가족들의 상처를 다시 들쑤셔놓았다. 하니의 어머니는 울부짖었다.

"내 아들의 차는 여기 있는데, 아들은 어디 있는 건가요?"

가족들은 사미르에 대한 기억을 떠올리게 하는 자동차를 계속 가지고 있을 수 없었다. 그래서 손해를 보더라도 빨리 자동차를 처분하기로 했다. 그들은 다시는 쳐다보기도 싫은 그 차를 동예루살렘의 중고차 업자 대신에 서예루살렘의 자동차 수리소로 보내 시세의 절반 가격에 내다 팔았다.

살인사건이 발생한 다음 날 경찰은 가족들에게 아부 크비르 병원으로 가서 시신을 수습하라고 얘기했다. 차마 아들의 시신을 마주할 자신이 없었던 아버지를 대신해 하니가 친척들과 함께 자동차 세 대에 나눠 타고 병원으로 향했다. 그러나 시체 보관소 여기저기에 놓여 있는 시신들을 보고는 하니도 그만 정신을 잃고 말았고, 응급처치를 받고서야 겨우 깨어났다. 사미르의 시신을 집으로 가져온 뒤 하니는 동생의 머리에서 총알이 관통한 구멍을 볼 수 있었다. 가슴에는 꿰맨 자국도 있었는데, 당시 가족들은 아부 크비르 병원에서 누군가 사미르의 장기들을 빼낸 뒤 솜으로 빈 몸속을 채운 게 아닐까 의심했다. 그리고 그건 단순한 피해망상이 아니었다. 아니나 다를까, 사미르가 죽은 지 몇 년이 지나 아부 크비르 병원장이 장기 불법매매혐의로 기소된 것이다.

하니의 삼촌은 유월의 폭염 때문에 시신을 곧바로 매장해야 한다고 주장했다. 집에 시신을 그대로 두는 것은 모두를 더 비참하게 만드는 일이기도 했다. 결국, 그들은 그날 저녁 사미르의 시신을 묻었고 상황은 신속하게 마무리되었다.

다음날 경찰이 하니를 소환했다. 그들은 온종일 하니를 심문하며 왜 동생을 죽였느냐고 물었다. 그 다음 날 경찰은 하니가 잠에서 깨자마자 그의 집까지 동행할 사람을 불러달라고 요구했다. 당시 하니의 가족이 살고 있던 라말라 근처는 이스라엘 경찰이 팔레스타인 사람의 안내 없이 가기에는 위험하다는 것이었다. 경찰들은 하니의 집에 도착하자마자 이웃들을 상대로 탐문 조사를 벌였다. 수사를 위한 것이라고 말하긴 했지만 실제로는 사미르가 동료 아랍인에게 살해당했을 가능성을 강하게 암시하는 행동이었다. 그 후, 11년 동안 하니의 가족들은 경찰로부터 아무런 소식도 듣지 못했다.

한편 테이텔은 사미르를 죽인 다음 미국으로 돌아갔다가 몇 년 뒤 서안지구의 엘리Eli 정착촌에 이민자가 되어 나타났다. 그 뒤 이스라엘을 잠시 떠났던 그는, 치과의사이자 정통파 유대교도인 아버지와 함께 돌아와 엘리 정착촌 인근의 쉬봇 라헬Shuvot Rahel 정착촌에 터를 잡았다. 인터넷을 통해 폭탄 제조법까지 배운 테이텔은 아랍인들뿐만 아니라 정착민들에게 반대하는 유대인이나 자신과 생각이 다른 그 누구라도 죽이거나 불구로 만들 계획을 세웠다. 그는 메시아닉 유대교•를 믿는 오르티즈Ortiz라는 남자와 그 가족이 전도 활동을 한다는 소식을 인터넷에서 접하고 그들에 대한 정보를 수집하기 시작했다.

인터넷 카페에서 가명으로 그들과 접촉한 테이텔은 오르티즈의 가족과 신앙의 형제들을 위해 기도하고 싶다고 속인 뒤 그의 가족

• 메시아닉 유대교는 복음주의 기독교 신학과 유대교의 용어, 의식이 혼합된 종파다. 메시아닉 유대교 신자들은 일반적인 유대교 신자들과 달리 예수가 단순히 인간이 아니라 유대교의 선지자이며 '성자'라고 믿는다. 따라서 메시아닉 유대교에서는 예수를 구세주로 받아들일 때만 구원을 얻을 수 있다고 말한다.

에게 살상용 폭탄을 보냈다. 유대인들의 부림절 축제+가 한창일 때였다. 테이텔이 집 문 앞에 놓아둔 초콜릿 상자를 오르티즈의 아들이 집 안으로 가져가 열어본 순간 폭탄이 터졌다. 오르티즈의 아들은 심한 상처를 입었지만 죽지는 않았다.

하니와 접촉했던 기자 요시Yossi는 하니와 그의 아버지가 텔아비브로 와서 오르티즈를 만나보길 원했다. 유대인 테러리스트에 의해 희생된 아랍인과 유대인 가족이 만나는 모습을 촬영하려는 의도인 듯했다. 하지만 오르티즈는 아들이 아파서 움직이기 힘들다며 하니에게 자신이 사는 정착촌으로 올 수 없겠느냐고 물었다. 하니는 흔쾌히 동의했다.

오르티즈를 방문하는 동안 하니는 오르티즈의 가족이 감시 카메라를 여러 대 설치해 두고 있었고, 테이텔의 모습 역시 그 카메라에 포착됐었다는 사실을 알게 되었다. 예전부터 수시로 협박을 받아왔기 때문이었다. 오르티즈는 테이텔의 영상을 경찰에게 보여줬지만, 그들은 아무런 조치도 취하지 않았다. 그러던 어느 날 오르티즈는 슈퍼마켓에서 우연히 테이텔을 발견하고 경찰을 불렀다. 하지만 이번에도 경찰은 테이텔을 체포하는 대신, 그와 함께 일하기를 원하는 척 가장한 비밀요원을 배치하는 선에서 일을 마무리 지었다. 물론 경찰의 그런 계획은 혼자 일하길 고집하는 테이텔에 의해 단칼에 거절당했지만 말이다.

하니는 사미르가 죽고 나서 한 달 뒤, 이사 자바린Isa Jabbarin이라는 이름의 팔레스타인인 양치기 역시 테이텔에 의해 살해당했다는 사

+ BC 5세기에 페르시아 통치자들의 손에 죽을 위기에 처해 있던 유대인들이 목숨을 구한 사건을 기념하는 유대교의 축일.

실도 알게 되었다. 테이텔은 헤브론Hebron 언덕에 있는 수시아Sussia 정착촌에서 옛 직장의 사장에게 줄 선물을 산 뒤, 흰색 피아트 승용차를 빌렸다. 그리고 길에서 양치기와 마주치자 그는 예루살렘으로 가는 방향을 물었다. 자바린은 테이텔의 말을 제대로 이해하지 못해 차창으로 몸을 기울였다. 그때 테이텔이 권총을 꺼내 머리에 두 발을 쐈고 양치기는 즉사했다. 그런 후에 테이텔은 사건 현장에서 10분 거리에 있는 옛 직장 사장 집으로 가서 그에게 선물을 전했다. 며칠 뒤 테이텔은 양치기를 죽일 때 탔던 것과 비슷한 자동차를 운전하다 정착촌 안에서 체포되어 경찰의 조사를 받았다. 하지만 테이텔은 증거불충분으로 석방되어 미국으로 돌아갔다.

하니는 오르티즈 가족이 자신들 역시 정착민임에도 불구하고 다른 정착민들을 미워하고 있었다고 설명했다. 다만 살 곳이 없어 그곳에 머무는 것일 뿐, 자신들은 아랍인들을 좋아하며 심지어 아랍인들을 마을로 불러들여 정착촌 안에 일자리를 마련해주곤 했다는 것이다. 그는 하니에게 이런 말을 건네기도 했다.

"보세요. 우리 집을 칠해준 것도 아랍인이에요."

오르티즈는 또 기자에게 자신이 살해 위협을 받아왔기 때문에 신원을 확인하지 않은 상태에서는 절대로 문을 열어주지 않았다고 말했다. 한번은 누군가 초인종을 눌러 문을 살짝 열었더니 그가 오르티즈의 사진을 찍은 적도 있었다. 그 뒤 오르티즈의 사진은 다른 열 명의 메시아닉 유대교인들의 사진과 함께 포스터에 나붙었고, 거기에는 "이 유대인들은 죽어야 한다"는 문구가 적혀 있었다. 그런데도 경찰은 아무런 조처를 하지 않았다.

오르티즈의 사건이 있고 나서 한층 대담해진 테이텔은, 사회지도층 유대인들에 대한 공격을 시작했다. 예루살렘 히브리 대학Hebrew University of Jerusalem에서 역사를 가르치던 지브 스턴헬Zeev Sternhell 교수가 정착민들에 대해 비판적인 글을 썼다는 이유로 테이텔의 다음 표적이 되었다. 테이텔은 스턴헬 교수의 집에 소포 폭탄을 갖다놓았다. 교수를 죽이기보다는 불구로 만들어 '망가진 교수의 얼굴을 통해 추한 영혼을 보여주리라' 생각했던 것이다. 그제야 경찰은 테이텔을 체포하기 위해 그를 감시하고 증거를 수집하는 작업에 착수했다.

"물론 그는 정신이상을 호소했어요." 하니가 말했다. "아랍인을 죽인 이스라엘 유대인들이 항상 하는 얘기죠. 정신이상이니 무죄라는 겁니다. 하지만 스턴헬 교수는 법정에서 따졌습니다. 정신이상인 사람이 어떻게 그 철통 같은 보안을 뚫고 이스라엘로 무기를 밀반입할 수 있으며, 타인의 정치성향이 마음에 들지 않는다는 이유로 그 사람을 불구로 만들 계획을 세울 수 있었겠느냐고 말이죠."

테이텔이 어떤 처벌을 받게 될지 묻는 하니에게 그의 변호사는 12년 정도 감옥에 갇혀 있을 것 같다고 말했다. 물론, 테이텔에게 주어질 여러 가지 감형 조치를 고려할 때 현재의 이스라엘 상황에서 그가 오랫동안 감옥 안에 있을 가능성은 크지 않은 게 사실이다.

하니는 이런 얘기가 나의 오래된 상처를 건드린다는 걸 몰랐을 것이다. 오래전 내 아버지는 암살당했다. 이스라엘 경찰은 냉정하고도 잔인하게 암살사건에 대한 정보를 철저히 차단했다. 하니의 경우와 마찬가지로 경찰은 우리가 진짜 살인범을 찾지 못하게 하려고 무진장 애를 썼다. 나중에야 안 사실이지만 경찰은 처음부터 누가 범인인지를 알고 있었다. 하지만 많은 용의자 중에서 진짜 살인자는 심문도 하지 않았고 당연히 법의 심판대에 서지도 않았다. 경찰은 그를 자유롭게 놔뒀고, 우리 가족은 범인의 정체를 알지 못한 채 오랜 세월 고통에 시달렸다. 그러니, 내가 어찌 그들을 용서할 수 있겠는가?

2010년 1월 4일

—

아내 페니Penny와 나는 오늘 분리장벽Annexation Wall에 그려진 영국의 거리 예술가 뱅크시Banksy의 작품을 보기 위해 베들레헴을 방문했다. 분리장벽과 같이 이스라엘이 팔레스타인인들을 탄압하기 위해 사용하고 있는 다양한 수단들은 세계 곳곳에서 큰 파문을 불러일으켰고, 뱅크시를 비롯한 많은 예술가들은 분리장벽을 캔버스로 삼아 현재 상황에 대한 자신의 감정을 표현하려 하고 있다.

베들레헴은 예루살렘 정남쪽에 자리 잡고 있지만, 우리는 그곳에 가기 위해 왈라야 도로를 선택했다. 두 도시 사이에 있는 검문소를 피하고자 남서쪽으로 돌아가는 길을 택한 것이다. 얼마 전 하니가 나를 태우고 이 길을 달린 적이 있기 때문에 이번에는 혼자서도 운전할 수 있었다. 물론 검문소에서 한 번 서야 하는 건 왈라야 도로도 마찬가지였지만, 이쪽 검문소는 통행자들의 세금 납부 여부만을 점검하는 곳이라는 이야기를 들은 적이 있었다. 아니나 다를까, 인생이 좀 더 복잡해졌다는 거 말고는 큰 정체가 없었다.

도로는 울창한 숲과 오래된 마을들이 늘어선 아름다운 언덕 사이로 굽이쳐 뻗어 있었다. 그 길의 동쪽 끝에 있는 바티르Battir 지역은 가지로 유명한 데다 오래된 계단식 농경지가 더러 남아 있는 곳이기도 하다. 하지만 이스라엘의 계획대로 바티르 지역에 분리장벽이 건설되면 수 세기 동안 전해 내려온 농지들은 파괴되고 말 것이다. 그로 인해 예상되는 손실이 워낙 크기에, 이스라엘인들과 팔레스타인인들이 분리장벽 건설을 저지하기 위해 함께 협력하고 있는 보기 드문 지역이 바로 그곳이다.

바티르 바로 옆에는 뉴 왈라야New Walajeh라는 마을이 있다. 1948년의 나크바Nakba+ 이후 생겨난 그 마을은 언덕 반대편에 살던 팔레스타인인들이 쫓겨난 뒤 정착해 세운 곳이다. 현재 이스라엘 당국은 뉴 왈라야의 집들이 무허가 건축물이라며 철거명령을 내린 상태다. 만약 이스라엘 당국이 철거를 강행한다면, 근처에 있는 이스라엘 정착촌이 뻗어와 마을 땅을 집어 삼키게 될 것이다. 예루살렘 남동부는 인근의 다른 팔레스타인 도시, 마을들과 완전히 단절될 테고 말이다.

좁고 구불구불한 길을 달리는 동안 페니와 나는 음악을 들으며 지난 10년을 되돌아봤다. 그리고 그 10년이 온통 전쟁으로 점철된 세월이었다는 사실을 깨달았다. 우리 가까이에서 일어난 전쟁만 해도 5차례나 되었으며(아프가니스탄 전쟁을 포함하지 않더라도 말이다), 전쟁은 시간이 지날수록 잔인해졌다. 이스라엘의 서안지구 침공이라는 결과를 낳았던 2차 인티파다가 첫 번째 전쟁이었고, 이라크 전쟁, 2차 레바논 전쟁, 가자Gaza 지구를 둘러싼 전쟁이 뒤를 이었다.

+ 재앙의 날, 대재앙이라는 뜻으로 1948년 5월 14일 이스라엘의 건국으로 약 70만 명의 팔레스타인 사람들이 추방당한 날이다.

처음에 나는 내 주변에서 급속히 번져가던 인티파다에 동의하지 않았고, 그 대신 글을 쓰는 데 집중했다. 그리고 이것은 내게 일종의 규칙이 되었다. 나는 전쟁이 벌어질 때마다 책을 썼고, 다섯 번의 전쟁에 다섯 권의 책이 세상에 나왔다.

우리는 언덕 꼭대기에 올라 아름답고 푸른 안개가 무리 지어 피어있는, 침탈당한 계곡을 내려다봤다. 계곡의 습기를 머금은 대기가 만들어낸 안개 사이로 태양이 비치고 있었다. 그곳의 안개는 가끔 우리 집 주변 언덕을 휘감는, 흔히 볼 수 있는 그런 안개가 아니었다. 새파란 색의 두텁고 짙은 안개는 마치 천상에서 계곡으로 긴 자락을 펼쳐 내린 거대한 천처럼 보였다. 강철과 콘크리트의 벽, 그리고 증오와 거짓말의 벽으로 늘 나뉘곤 하는 아랍인과 유대인들을 이어주는 천 말이다.

언덕 위에서 우리는 또 다른 검문소를 통과했다. 이른바 '지구 협력 사무소DCO, District Coordination Office' 소속 검문소였다. 하지만 이미 버려진 채 서 있는 검문소에는 우리를 막을 어떠한 장벽도 없었다.

베이트 잘라에서 가장 높은 곳에 다다르자, 헤브론을 감싸고 자리 잡은 '구시 에치온Gush Etzion' 정착촌 '구역'으로 이어진 도로가 눈에 들어왔다. 도로는 우리가 서 있는 언덕 아래의 터널을 관통해 뻗어 있었다. 오래된 건축물들이 다수 보존된 매력적이고 깨끗한 고대 도시 베이트 잘라는 무지막지하게 파헤쳐지고 있었다. 라말라처럼 고층 건물들이 들어서지 않은 게 그나마 다행이었다. 우리는 마을을 가로질러 베들레헴 방향으로 차를 몰았고, 곧 예수가 탄생한 그 도시와 예루살렘을 연결하는 간선도로에 합류했다. 검문소만 아니었으면 우리는 베들레헴에 갈 때 그 도로를 탔을 것이다.

도로를 둘로 가르는 분리장벽에 다다르자, 드디어 뱅크시의 첫 작품을 볼 수 있었다. 한 이스라엘 병사가 총을 옆에 눕혀 놓은 채 어린 소녀로부터 몸을 수색당하는 그림이었다. 멋진 표현이라고 생각했다. 그다음 그림에는 점선과 가위가 그려져 있었는데, 마치 마분지로 된 장벽을 오려낼 수 있을 것만 같은 착각이 들었다. 그 옆으로는 새총을 든 생쥐가 그려진, 한때 장벽의 일부였다가 지금은 도로 한편에 방치된 작은 콘크리트 석판이 놓여있었다. 우리는 차를 세우고 벽을 따라 걸었다. 장벽이 어떤 방향으로 어떻게 뻗어있는지, 그리고 반대편에는 무엇이 있는지 알아내려고 무진장 애를 썼지만, 장벽이 구불구불한 탓에 쉽지 않았다.

베들레헴은 더 이상 내가 알던 번화한 도시가 아니었다. 지금의 베들레헴은 동예루살렘은 물론 도시의 생명선이라고 할 수 있는 서안지구의 나머지 지역과도 단절된 채 개들에게 내던져진 유배된 도시였다. 주민들이 쫓겨난 뒤로 입구가 굳게 닫히고 열쇠는 도랑에 버려진 듯한 느낌이라고나 할까.

우리는 베들레헴 쪽에서 손님을 기다리고 있는 택시들을 발견했다. 한때 자동차들로 붐비던 고속도로가 장벽으로 인해 분할된 곳이었다. 그들은 우리에게 택시가 필요하지 않다는 사실을 알게 되자 낙담한 눈치였다. 택시들 오른편으로는 금속 창살로 경계가 지어진 두 개의 기다란 보행자 통로가 있었다. 하나는 들어오는 통로고 다른 하나는 예루살렘을 향해 떠나는 통로였다. 아침이면 이스라엘에서 일할 수 있는 행운을 거머쥔 사람들로 통로가 붐빌 게 분명했지만, 우리가 방문한 그때에는 통행자가 아무도 없었다. 나는 그곳을 지나치며 예전에 봤던 다큐멘터리를 떠올렸다. 그곳 검문소를 다룬 다큐멘터리에는 매일 아침 날이 밝을 무렵이면 나타나 자신의 낡은 바이올린을 꺼내 연주하며 마치 가축처럼 좁은 통로 안에 무리 지어 갇혀 있던 노동자들을 위로해주던 한 이스라엘 바이올리니스트가 나온다. 몇 푼 안 되는 생활비를 벌기 위해 이스라엘 입국 허가를 기다리면서 졸린 눈으로 창살 밖을 응시하던 팔레스타인 노동자들이 이 노인을 어떻게 생각했을지는 분명하지 않다. 노인은 말이 전혀 없었다. 그는 고통스러운 표정으로 바이올린을 연주할 뿐이었다.

우리는 장벽을 따라 걸었다. 장벽은 그 흉물스런 콘크리트 덩어리에 대한 공포와 무상함, 그리고 이스라엘인들을 향한 분노의 표현들이 뒤덮여있었다. 장벽이 구부러지는 지점에서 우리는 머리를 뒤로 단정하게 빗어 넘긴 여성을 만났다. 지적이고 단호한 인상의 그녀는 집에서 걸어 나와 도심으로 향하는 우회로를 따라 걷는 중이었다. 다른 길로는 통행이 허용되지 않았기 때문이었다. 나는 이 장벽 너머에 라헬Rachel+의 무덤이 있을지도 모른다고 넘겨짚으면서 그녀에게 건너편에 무엇이 있는지 물어봤다.

"라헬의 무덤 같은 건 없어요." 그녀가 대답했다. "건너편에는 주차장이 있지요."

이런, 이스라엘 사람들은 고작 유대인 예배자들을 위한 주차장이나 만들려고 그렇게 둥근 방벽을 설치했단 말인가.

"저기가 우리 집이에요." 그녀가 가리킨 집은 삼면이 장벽으로 둘러싸여 있었다. "길가에 상점을 네 개 갖고 있었는데, 지금은 모

+ 구약성서 《창세기》에 나오는 야곱의 두 번째 아내. 요셉과 베냐민을 낳았다.

두 문을 닫았어요."

"소송해 볼 생각은 안 하셨나요?"

"당연히 했죠. 하지만 그들은 우리 얘기를 들으려고 하지 않았어요. 변호사까지 선임했었지만, 방법이 없더라고요. 아무도 우리에게 관심을 두지 않았어요. 사업은 망했고 아이들을 제대로 키울 수도 없습니다. 매일 눈 뜨자마자 마주하는 게 장벽이라고 상상해보세요. 아이들은 행복한 유년시절을 잃어버렸습니다. 그들은 성장을 방해받고 있어요. 하지만 아무도 신경을 안 씁니다. 누구 하나 우리를 생각하는 사람은 없어요. 여기 현실이 그래요. 우리의 삶은 파괴되고 있습니다."

나는 그녀의 집 쪽으로 걸어갔다. 문 앞에는 '메리 크리스마스'라는 글귀가 새겨진 화환만이 아무도 봐주는 사람 없이 외롭게 걸려 있었다. 그녀의 집은 사람들이 늘 붐비던 대로변에 있었고, 관광객들은 집 아래쪽에 있는 가게에 들러 쇼핑을 하곤 했다. 그러나 지금은 그녀의 집 역시 이 도시의 다른 곳과 마찬가지로 유배되고 고립되고 처벌당하고 거대한 콘크리트 벽에 삼면이 둘러싸인 채 작은 울타리 속에 갇혀 외롭고 황폐하게 버려졌다.

나는 장벽이 지나가는 경로를 정한 건 누구의 책임인지가 궁금해졌다. 장벽을 직선이 아니라 지금처럼 고리 모양으로 만드는 데는 분명 돈이 훨씬 더 많이 들었을 것이다. 수지맞는 계약을 따내려는 시멘트 생산업체와 철강 수입업체, 건설회사, 그리고 강제로 수용한 팔레스타인 땅을 차지하려는 사람들이 영향력을 행사했을 게 틀림없다. 그렇기에 이스라엘 사람들에게는 장벽 이쪽 편을 방문하는 게 허락되지 않는다는 사실이 전혀 놀랍지 않았다. 만약 그들이 장벽 이쪽 편을 방문해서 자신들의 이름으로 이웃들에게 어떤 짓이 저질러지고 있는지를 알게 된다면 얼마나 부끄럽겠는가. 안전이든 다른 어떤 이유든 이런 장벽은 정당화될 수 없다.

이 장벽의 진짜 목적은 베들레헴을 예루살렘으로부터 단절시키는 것이다. 이스라엘은 서안지구의 심장부로 영토를 확장함으로써 지도 전체를 바꾸고 있다. 이는 유대인 정착촌이라는 두꺼운 띠를 형성해 동예루살렘을 포위하고 남쪽으로는 베들레헴, 북쪽으로는 라말라에 이르기까지, 아랍인 도시들로부터 동예루살렘을 고립시키기 위한 것이다. 이것은 명백한 현실이다.

그 여성의 집 북쪽, 장벽 건설로 인해 생긴 공간에는 어느 예술가가 설치했다는 투석기 모양의 작품이 있었다. 우리가 그 작품을 보기 위해 올라서자, 13살이 채 안 되어 보이는 소년 둘이 다가왔다. 엽서를 팔기 위해 존재하지도 않는 관광객을 기다리는 일에 지친 두 소년은 잠시 담배를 피우며 쉬려던 참이었다. 내가 어떤 일을 하느냐고 묻자 "관광업에 종사한다"고 대답한 둘은, 그저 몰래 담배를 피우기 위해 그곳에 온 것 같았다. 장벽이 건설되기 전에 그곳은 고속도로 바로 옆에 위치한 노른자위 땅이었다. 하지만 지금은 청소년들이 어른들의 눈을 피해 담배를 피우는 고립무원의 땅이 되어버렸다. 저 찬란했던 고대 도시의 입구가 어쩜 이렇게 황량한 곳으로 변할 수 있단 말인가!

그 암울한 풍경을 뒤로하고 다시 걸음을 옮기던 중, 여인의 집 옆에서 "내 공을 돌려주세요"라는 글귀를 발견했다. 그리고 그 아래에는 "고맙습니다"라고 적혀있었다. 하지만 이곳에 사는 아이들은 공이 장벽 너머로 날아가면 되찾을 방법이 없다.

우리가 이 비참한 콘크리트 미궁에서 벗어났을 때, 묵주를 파는 남자가 우리에게 다가왔다. 수척한 표정의 그는 성가실 정도로 묵주를 사라고 졸라댔다. 다른 가게 주인들은 나를 보고 "데리고 온 관광객들은 어디 있소?"라고 퉁명스럽게 물었다. 어디나 마찬가지겠지만, 관광업계에 종사하는 사람들은 모든 방문자를 그저 잠재적인 구매자로만 볼뿐이다. 이 모두가 여간 괴로운 게 아니었다.

점심을 먹은 레스토랑에서는 이스라엘인들이 '하르 호마Har Homa 라고 부르는, '자발 아부 그님Jabal Abu Gneim' 언덕 위에 우뚝 솟은 건물들을 볼 수 있었다. 동예루살렘을 유대인 정착촌들로 포위하기 위해 이스라엘 측이 건설을 시작한 그곳은, 이미 개발이 완료되어 있었다.

한 영화제작자가 베들레헴의 아이다Aida 난민촌에 사는 사람들에게 비디오 매핑 기술을 가르쳐주고는 난민촌 생활의 다양한 측면들을 촬영해달라고 요청한 적이 있었다. 난민촌과 그 주변 공간이 어떻게 변하고 있는지를 보여줄 요량이었다. 거기에는 유전성 질병을 앓고 있는 딸을 가진 어머니도 포함되었다. 그 아이는 일주일에 한 번씩 주사를 맞기 위해 동예루살렘에 있는 팔레스타인 '알-마카즈드Al-Maquased' 병원에 들러야 했다. 그녀는 아픈 딸을 데리고 병원까지 가는 다양한 경로들을 비디오 매핑으로 기록했고, 거기엔 장벽으로 인해 그들의 병원행이 얼마나 복잡해졌는지가 잘 표현돼 있었다. 스크린에 비친 노선들이 점점 더 복잡하게 뒤엉키면서 이스라엘인들이 우리의 삶을 얼마나 골치 아프게 만들었는지를 눈으로 확인하게 되자, '우리가 미친 사람들 곁에 살고 있구나' 하는 나의 확신은 더욱더 강해져만 갔다.

1월 20일

예루살렘에서 긴 하루를 보내고 이제 막 돌아왔다. 예루살렘은 더 이상 예전에 내가 알던, 즐거운 시간을 보냈던 곳이 아니었다. 돌아가신 내 아버지는 참 낙관적인 분이었기 때문에 타협의 가능성을 믿었고, 이스라엘과 팔레스타인이 예루살렘을 공유할 수 있다고 생각했었다. 나는 아버지의 이런 낙관주의가 어디서 비롯됐는지 모르겠지만, 어쨌든 이스라엘 권력층의 탐욕과 오만으로 이런 낙관주의는 완전히 질식되고 말았다.

살아생전 아버지는 나에게 여러 종류의 도전을 경험하게 한 분이기도 했다. 평화공존을 지지했던 아버지의 눈에는 악이 보이지 않는 것 같았다. 그는 문제가 해결되고 이스라엘과 나란히 팔레스타인 국가가 설립되는 걸 무척이나 보고 싶어 했다. 여름이면 우리는 주말마다 자파Jaffa 근처의 바다로 차를 몰고 가기도 했었다(유대인 정착촌들은 서안지구의 팔레스타인 인구밀집 지역들을 서로 분리시킬 뿐 아니라 이스라엘 내부의 아랍 공동체로부터도 분리시킬 의도로 세워진 거라는 생각이 스친다). 1967년부터 1991년까지는 이스라엘과 점령지의 경계가 제거되고 누구나 두 지역을 자유롭게 여행할 수 있었기 때문이었다. 그리고 자연스럽게 두 지역 출신의 아랍인들끼리 결혼을 하기도 했다.

하지만 지금은 상황이 다르다. 오늘 나는 동예루살렘의 쇼핑 중심가인 살라 에드딘Salah ed-Din을 걸으며 이스라엘 법무부를 둘러싼 철책이 예전보다 훨씬 높아졌다는 것을 알게 되었다. 요르단 정부로부터 몰수한 건물 안에 들어선 법무부는 도시의 점령지 안에 위치하고 있다. 이 건물은 내부에서 일하는 사람들로 하여금 점령이 영원하려면 법적인 구실을 끊임없이 고안해내야 한다는 사실을 상기시키는 역할을 한다. 그렇지 않으면 자신들이 일하는 사무실을 포함해서 모든 것을 잃게 될 것이기 때문이다. 길 건너편에는 예루살렘 지방법원이 자리하고 있었다. 과거 요르단 통치 아래에서 아랍 법정으로 쓰일 당시 아버지와 함께 자주 들르던 곳이었다. 이스라엘은 그 건물을 접수한 뒤 우리 아랍인들의 법원을 라말라로 옮겨버렸다. 그것도 채소 시장으로 사용되던 건물로 말이다. 이것이 우리의 사법부를 존중하는 이스라엘의 방식이다.

법원건물 앞에 서서 나는 아버지의 경험이 내 경험과 얼마나 다른지 생각했다. 아버지가 알던 유대인들은 상당수가 영국 위임통치 시절에 만난 사람들이었다. 사람들 속에서 최선의 것을 보고 끌어낼 줄 아는 능력 덕분에 아버지는 유대인과 아랍인들이 함께 살아갈 수 있다는 믿음을 끝까지 버리지 않았다. 아버지는 나에게 오래된 지인들을 많이 소개해 주셨고, 나는 아버지를 향한 그들의 존경심을 읽을 수 있었다. 그중에는 토지조사부Land Survey Department에서 일하던 이라크 출신의 유대인도 있었다. 아랍 고전문학에 조예가 깊었던 그는 우리가 사무실을 방문할 때면 아랍 시를 낭송해 우리를 즐겁게 했었다. 하지만 그 뒤로 아랍인들에게 친밀감을 느끼며 오랫동안 평화롭게 어울려 살던 옛 세대가 저물고 분노한 사람들이 그들의 자리를 대신 채웠다.

그들 중 최악은 이른바 '부재자 재산 관리인'으로 불린 슈카르지Shukarji라는 사람이었다. 역시나 이라크 출신 유대인이었던 그는, 자신이 바그다드에서 아주 부유하게 살다가 이스라엘로 오면서 모든 재산을 잃어버린 가문 출신이라고 주장했다. 그런 까닭에 자신의 지위를 이용해 팔레스타인 아랍인들의 재산을 이스라엘 정부의 관리 아래 둠으로써 아랍인들을 응징할 수 있게 됐다는 사실에 아주 흡족해하고 있었다. 이와 관련한 소송을 수없이 담당했던 아버지는 엄격한 부재자 재산법에도 불구하고 법의 허점을 이용해 원래 주인이 재산을 되찾도록 돕기도 했다. 하지만 슈카르지는 아버지의 이런 활동을 용납하지 않았다. 지금도 나는 둥글고 부은 얼굴에 배가 많이 나온 그를 생생히 기억한다. 키가 작았던 그가 각종 서류로 뒤덮인 책상 뒤에 앉아 있으면 마치 부풀어 오른 공을 보는 것 같았다. 그는 결코 웃는 법이 없었고, 우리가 뭔가를 요청하면 둥글납작한 머리를 단호하게 흔들며 항상 "안 됩니다"라고 대답하곤 했다.

하지만 아버지는 포기하는 법이 없었다. 그가 요청을 거절하면 아버지는 곧 이 대책 없는 관리 앞에 또 다른 논점을 끌어왔다. 정말 대단한 분이셨다.

아버지와 함께 일했던 그 시절 이후, 새로 들어오는 이스라엘 사람들은 점점 더 형편없어졌다. 나는 벤구리온Brn-Gurion, 베긴Begin, 페레스Peres 같이 대부분 폴란드 출신의 이스라엘 구세대 지도층이 사라지고 이곳에서 태어난 새로운 세대가 등장하면 서로를 더 잘 이해하고 평화를 이룰 가능성 역시 더 커질 거로 생각했었다. 하지만 새로운 세대의 지도자들은 이전 세대보다 더 호전적이었다. 나는 현재의 체제가 이런 인물들과 그 전술, 인종주의적 태도를 양산할 수밖에 없는 식민체제이며, 시간이 지난다고 그 체제가 약해지지는 않는다는 사실을 깨닫지 못했던 것이다.

나는 차를 몰고 완전히 변해버린 도시를 돌아다니며 스스로에게 반문하고 있는 나 자신을 발견했다. 아버지는 이렇게 될 줄 몰랐을까? 모든 일을 자신의 일로 끌어안았던 아버지는 아랍의 패배를 마치 자기 책임이라도 되는 양 가슴 아파했다. 아버지는 왜 당신의 직업과 정치적 활동을 통해 불가능한 일을 이루려는 노력을 멈추지 않으셨던 걸까?

조곤조곤한 말투가 인상적이었던 투르주만Turjuman 씨는 아버지의 고객이었다. 그리고 한때 그의 사유지였던 곳 위에, 지금은 1번 고속도로가 지나고 있다. 그 도로는 도시의 서쪽 지역을 동쪽 지역으로부터 분리시키기 위해 오래전부터 계획된 도로였고, 이로 인해 아랍인 거주 지역은 확장 가능성이 제한된 게토가 되어버렸다. 도로가 장벽보다 훨씬 효율적인 장애물이라는 사실을 이스라엘 도시계획 입안자들은 잘 알고 있었던 것이다. 한때 동예루살렘과 서예루살렘을 이어주던 지역은 이제 단 한 명의 아랍인도 살 수 없는 이른바 무인지대가 되었고, 아랍인들이 소유했던 땅은 몰수되어 유대인 개발업자에게 넘어간 뒤 고급호텔로 변신했다. 이 모든 것은 오래전에 이미 계획되어 있었고, 아버지가 법의 심판과 합리성에 호소하는 부질없는 투쟁을 벌이는 동안 마무리되었다. 아마 아버지는 슈카르지에게 이렇게 말했을 것이다.

"내 고객인 투르주만 씨는 1948년에 이미 거의 모든 걸 잃었습니다. 그런데 지금 당신은 내 고객에게 남은 자투리까지 다 빼앗으려고 하는군요."

맞아요, 아버지. 그들이 원하는 게 바로 그겁니다. 그들은 무자비합니다. 왜 당신은 그것을 인정하지 못하고 그들이 얼마나 악할 수 있는지를 내다보지 못한 겁니까? 왜 당신은 당신의 에너지를 다른 곳에 쏟아붓지 않으셨나요?

분명 당신은 그렇게 할 수 없었을 겁니다. 당신은 불가능할 정도로 어려운 소송들을 담당해야 했고 좌절과 실패를 오롯이 감내해야 했을 겁니다. 당신이 결연하게 맞서려고 했던, 이스라엘 당국을 추동한 그 사악한 정책을 당신은 절대 인정할 수 없었을 겁니다. 그 현실을 말입니다. 그렇게 당신은 가망 없는 대의에 자신을 헌신했고, 그 결과 어머니는 미망인으로 당신의 아이들은 고아로 남겨졌습니다.

"너 배고프니?" 우리가 예루살렘에서 집으로 돌아올 때면 아버지는 내게 이렇게 묻곤 했다.

"배고파 죽겠어요. 아버지는요?"

"요즘은 배도 고프지 않구나. 옛날 같지 않아. 사는 게 재미가 없구나."

나는 아버지가 의기소침해졌고 속을 털어놓지 않고 있다는 걸 느꼈다. 하지만 내가 망가진 사법체계에 적응하는 것이 너무 어렵다고 털어놓았을 때는 오랜만에 아버지와 밀도 있는 대화를 나누기도 했다. 나는 아버지에게 이런 여건에서 무엇을 할 수 있는지 물었다.

"넌 잘할 수 있을 거다." 아버지는 나를 안심시키며 이렇게 말했다. "너만의 방식을 찾을 거다. 난 확신한다."

맞아요, 아버지. 아버지가 옳았습니다. 비록 길고 긴 세월이 걸리긴 했지만, 전 저만의 방법을 찾았거든요.

4월 4일

-

몇 차례 중단된 적이 있긴 했지만, 100년이 넘는 기간 동안 정교회의 부활절 주일을 앞둔 토요일이면 라말라의 중심가는 음악을 연주하며 행진하는 다양한 사람들로 넘쳐났다. 도로 양쪽에는 도시 안팎에서 온 수십만 명의 구경꾼들이 줄지어 늘어선다.

그렇다고 행진에 뭔가 대단한 것이 있는 것도 아니다. 트럼펫은 수시로 불협화음을 내고, 드럼은 열정적인 연주에도 불구하고 시끄럽기 그지없으며 박자를 놓치기 일쑤였다. 하지만 나는 평생 예루살렘 성묘교회의 예수 무덤에서 불꽃이 타오르는 '기적'과 함께 시작되는 이 '빛의 행렬Sabt el Nur'만큼은 절대 놓치지 않으려 애를 써왔다. 불꽃이 타오르면, 대기하고 있던 정교회의 그리스 총대주교가 작고 어두운 방에서 나와 세계 각지에서 모여든 군중들 앞으로 다가가서 빛의 기적이 다시 재현되었음을 전한다. 그런 다음 그 불꽃은 부활절 축제 전에 팔레스타인 전역으로 옮겨져 수많은 교회에서 불을 밝히게 된다. 개중에는 불꽃을 집으로 가져가 일 년 내내 불을 밝히려는 사람들도 있다. 나에게는 해마다 열리는 이런 축제들이 시간을 알려주는 중요한 지표이자, 우리의 이 다사다난한 도시가 헤쳐 온 환경의 변화를 보여주는 거울이 된다.

대부분이 그리스 정교도인 팔레스타인의 소수 기독교도들에게는 부활절이 가장 중요한 축일이다. 이날은 팔레스타인의 날씨가 일 년 중 가장 좋은 때이기도 하다. 부활절은 또한 가장 다채로운 축일이다. 부활절에는 성수태 축일 같은 다른 축제들이 함께 치러지곤 했기 때문이다. '시트나 마리암Sitna Mariam'으로 알려진 성수태 축일이 되면, 이를 기리려는 기독교도들과 이슬람교도들이 예루살렘 구시가지의 사자문 바깥 언덕에서 사흘 동안 진을 치기도 했었다. 하지만 이스라엘의 예루살렘 점령 이후 이 축제는 사라졌다. 구시가지의 '비아 돌로로사Via Dolorosa'+를 따라 펼쳐지는 '십자가의 길' 같은 의식들은 여전히 기념되고 있기는 하지만, 행사의 주체는 주로 세계 각지에서 모여든 관광객들로 바뀌었다. 예루살렘 바깥에 거주하는 팔레스타인 기독교도들은 도시로의 출입이 제한된 탓에 의식에 참여하지 못한다. 그 결과 그나마 명맥을 유지하고 있는 것은 지난 1,200년 동안 기념해온 '빛의 행렬'뿐이다.

《사진으로 보는 라말라의 역사A Pictorial History of Ramallah》를 쓴 나지브 샤힌Naseeb Shaheen에 따르면, 팔레스타인이 분할된 '나크바' 이전에는 라말라와 다른 팔레스타인 도시들에서 온 청년들이 예루살렘으로 직접 가서 불꽃을 옮겨왔다고 한다. 대부분의 경우 라말라에서 온 청년들이 가장 먼저 불꽃을 손에 넣었지만, 때때로 "누가 첫 번째로 불꽃을 획득할지를 놓고 심각한 다툼이 벌어지기도 했다"고 나지브는 전한다. 그중에서도 라말라와 리다Lydda에서 온 청년들 간의 경쟁이 가장 치열했다.

하지만 지난 22년 동안 라말라 사람들은 예루살렘에 들어가서 불꽃을 가져올 수 없었다. 그러니 불꽃을 먼저 차지하려고 경쟁을 벌일 일도 없었다. 요즘에는 라말라와 예루살렘을 갈라놓고 있는 칼란디아Kalandia 검문소에서 불꽃을 건네받아야 한다.

+ 예수 그리스도가 본디오 빌라도에게 재판을 받은 곳에서부터 십자가를 지고 골고다 언덕을 향해 걸었던 길과 골고다 언덕에서 십자가 처형에 이르기까지 걸었던 길 또는 그 과정을 의미한다. '십자가의 길', '슬픔의 길' 또는 '고난의 길'로 불린다.

검문소에서 불꽃이 건네지고 나면 '마나라Manarah(빛의 집)'라고 불리는 도시의 주 광장으로 옮겨진다. 광장에서는 그리스 정교의 성직자와 관리들, 그리고 고위인사들이 불꽃을 맞이한다. 불꽃 행렬은 라말라와 인근 기독교 마을인 지프나Jifna, 아보우드Aboud, 비르제이트Birzeit, 타이베Taybeh, 그리고 가까운 난민촌 등 모두 8개 지역에서 모인 스카우트 대원들을 앞세우고 광장에 도착한다. 그들 가운데는 라말라 이슬람 클럽Islamic Club of Ramallah 소속의 스카우트들도 포함돼 있다. 축제는 기본적으로 기독교 행사지만 기독교도들과 이슬람교도들을 하나로 묶어주는 역할도 담당하는 것이다. 게다가 올해에는 다종교 도시인 이스라엘 리다에서 온 스카우트들도 행렬에 참가했다.

이번 축일에 페니와 나는 도로에 운집한 군중들 틈에 서 있을 필요가 없었다. 마틴 그룹Mattin Group이라는 정책·법률 연구 회사에서 임원으로 일하는 친구의 초대를 받아 라말라 중심가가 내려다보이는 그의 사무실 발코니에서 행렬을 볼 수 있었기 때문이다. 사무실로 향하는 계단을 오르면서 나는 2002년 대략 이맘때쯤에 벌어진 라말라 침공 당시, 이스라엘군에 의해 이 사무실이 파괴되었던 광경을 떠올렸다. 그 해는 이스라엘의 점령이 시작된 1967년 전쟁 직후 몇 년과 첫 번째 인티파다가 벌어졌던 1988, 89년과 더불어 '빛의 행렬' 축제가 열리지 않은 몇 안 되는 해였다. 나는 늘 우리 팔레스타인 사람들이 우리의 삶을 통제하는 외국군의 괴롭힘을 받지 않는 가운데 평화롭게 우리의 축제를 즐길 수 있기를 간절히 바랐다. 물론 지금은 스카우트 대원들이 팔레스타인 깃발을 제복에 달거나, 기수들이 팔레스타인 깃발을 들고 행렬을 이끄는 게 가능하지만,

아직도 팔레스타인 사람들이 자유롭게 축제를 즐길 수 있는 날은 오지 않았다. 팔레스타인 도시와 마을 곳곳에는 팔레스타인 깃발이 수없이 나부끼고 있지만, 오늘 이 거리를 행진하는 스카우트들은 농촌 지역으로 나갈 수가 없다. 농촌 지역 대부분은 여전히 이스라엘의 통제 아래 있기 때문이다.

나는 인티파다가 시작된 이래 처음으로 이스라엘군이 행진을 허용했던 1990년의 일을 결코 잊지 못할 것이다. 당시 이스라엘군은 팔레스타인 깃발을 사용하지 못하게 했다. 하지만 한 무리의 열정적인 청년들이 '마나라'가 내려다보이는 살라Salah 약국의 지붕에 올라가 팔레스타인 국기를 게양했다. 행사 허가를 따낸 주최 측에서 이 광경을 보고는 즉시 한 청년에게 지붕에 올라가서 팔레스타인 국기를 내리라고 요구했다. 우리는 그 청년이 깃발을 내리기 전에 혹시 이스라엘 저격수의 총에 맞지나 않을지 숨을 죽이고 지켜보았다. 청년은 지붕 위로 올라가 깃발에 다가선 뒤 조심스럽고 정중하게 깃발을 접더니, 자신의 입술로 가져가 입을 맞췄다. 그런 다음 그는 깃발을 셔츠 안에 넣고 지붕에서 내려왔다. 우리는 모두 넋을 잃고 그 광경을 지켜봤다. 나는 그 청년이 어디에서 국기 다루는 법을 배웠는지 궁금했다. 그는 분명 이스라엘의 점령 이후에 태어났을 테고, 이스라엘의 점령 이후 국기가 휘날리는 것은 범죄였기 때문이다.

선두의 스카우트 대원들이 열정적으로 드럼을 치며 행진하는 동안, 또 다른 무리들은 시끄러운 소리를 내며 트럼펫을 불어 댔다. 그리고 놀랍게도 그다음 무리는 백파이프를 연주했다. 처음 보는 광경이었다. 백파이프는 팔레스타인에서 연주되던 악기가 아니었기 때문에 누가 그들에게 연주를 가르쳤을지 궁금했다. 요르단군에 영국군 장교들이 있을 때부터 요르단군은 백파이프를 연주하는 데 익숙했다. 그렇다면 그들은 요르단에서 백파이프 연주를 배웠거나 아니면 요르단군 출신 병사들에게서 배운 걸까? 또 하나의 새로운 모습은 망토였다. 십자가 모양이 도드라져 보이는 흰색 또는 빨간색 망토를 제복 위에 걸친 그들은 마치 젊은 십자군들처럼 보였다.

팔레스타인 경찰은 상황을 능숙하게 통제했다. 차량은 모두 우회했고, 행렬은 질서정연했으며, 주변에 엄청난 인파가 몰려들었지만 단 한 건의 싸움도 일어나지 않았다. 모두가 이 따뜻한 봄날을 즐기는 듯했다.

예정대로 마나라 광장에 도착한 불꽃은 다시 라말라 구시가의 그리스 정교회로 옮겨졌다. 불꽃이 옮겨지는 도중에 나는 신부가 자신의 옆에서 걷던 팔레스타인 자치정부의 무슬림 총리에게 불꽃을 전해주는 광경을 목격했다. 그는 다른 편에서 걷던 무슬림 구역 지사에게도 불꽃을 건네주었다. 서로 다른 종교 사이에 벌어진 이 조화로운 광경을 발코니에서 내려다보는 동안, 내 마음속에는 라말라에서 빛의 행렬이 시작되던 시절의 팔레스타인에 대한 애절한 그리움이 떠올랐다. 그 시절 팔레스타인에서는 기독교도와 유대인, 이슬람교도들이 서로의 종교 축제에 참여하고 축하 인사를 주고받는 일이 지극히 평범한 일상이었다. 수백 년 동안 평화롭게 공존해 오는 과정에서 그들은 다른 유일신교의 존재로부터 위협을 느끼는 것이 아니라 스스로가 더욱 고양된다고 느꼈던 것이다.

5월 17일

나의 책《시간 속의 균열A Rift in Time》의 두 번째 교정을 보며 어제 오늘 내내 머릿속을 맴돈 것은 문명의 겉치장과 이스라엘의 품위가 점점 더 엷어지고 있다는 생각이었다. 하지만 그것은 잘못된 생각이었다. 엷어진 것이 아니라 아예 사라지고 없었다.

우리는 요르단 암만Amman에서 출발해 오후 늦게 도착할 예정이었던 노엄 촘스키Noam Chomsky를 기다리는 중이었다. 비르제이트 대학Birzeit University에 '공동체와 공중보건 연구소Institute of Community and Public Health'를 설립하고 오랫동안 이끌어 온 리타 지아카만Rita Giacaman과 '알 무바다라Al Mubadara' 혹은 '팔레스타인 내셔널 이니셔티브Palestinian National Initiative'라는 이름의 정치운동 조직을 책임지고 있는 그녀의 남편 무스타파 바르구티Mustafa Barghouti가 마련한 저녁 식사 자리였다. 월요일인 내일은 비르제이트 대학교에서 촘스키의 강연이 잡혀 있었고, 뒤이어 화요일에는 그를 우리 집으로 초대해 저녁을 대접할 예정이었다. 그런데 그때 전화벨이 울렸고, 리타는 이스라엘 당국이 촘스키의 입국을 허용하지 않았다는 소식을 우리에게 전했다. 촘스키의 사상과 그의 강연을 탐탁지 않게 여긴 이스라엘 내무부가 알렌비 다리Allenby Bridge+를 통해 들어오려는 그를 막아선 것이다. 이런 사태를 전혀 예상하지 않은 건 아니었지만, 막상 일이 터지고 나니 두려움이 밀려왔다. 또 어떤 이스라엘의 월권행위가 있을지, 우리에게 어떤 일이 닥칠지 무서웠다. 예전에 비해 우

+ 요르단과 이스라엘 잇는 다리.

리는 모두 나이를 먹고 노련해졌지만, 오늘의 기다림은 내게 암울했던 과거를 상기시켰다.

촘스키와 함께하지 못해 아쉽기는 했지만, 리타와 무스타파가 마련한 식사 자리를 마다할 이유는 없었다. 리타는 저녁 식사 자리를 품위 있게 이어나갔다. 하지만 무스타파는 저녁 시간 내내 울리는 휴대전화에 응답하느라 바빴다. 그는 세계 각지의 수많은 뉴스 통신사 기자들에게 상황을 설명했다. "이스라엘 당국이 촘스키 같은 인물의 입국조차 허용하지 않는 상황에서 우리 같은 사람들에게는 어떤 짓이든 못하겠느냐"는 게 그의 입장이었다.

나중에 밝혀진 것처럼 지명 수배된 테러리스트도 아닌, 촘스키처럼 세계적으로 유명한 지식인의 방문을 거부함으로써 이스라엘 당국은 스스로에게 큰 손해를 끼친 셈이 됐다.

5월 18일

-

암만에서 화상으로 연결된 촘스키의 강연을 듣기 위해 비르제이트 대학교를 방문했다. 촘스키는 특유의 조용하고 지적이며 철두철미한 태도로 세계 속에서 미국의 지위와 미국-이스라엘 관계에 관해 이야기를 풀어나갔다. 그의 강연은 우리에게 미국-이스라엘 관계의 기초와 양국관계가 그동안 거쳐 온 변화를 다시 한 번 생각하게 하였다. 중요한 것은 양국관계가 가까운 시일 안에 끝날 것이라고 믿어서는 안 된다는 것이다. 돌아가시기 전에 양국관계의 종말을 보고 싶다는 어머니의 희망은 부질없는 것이었다. 아마 나도 살아생전에 그것을 보지 못할 것이다. 하지만 중요한 건 포기하지 않는 것이다.

나는 바람직하고 실현 가능한 미래에 대해 촘스키와 내 생각이 일치한다는 사실을 다시 한 번 확인했고, 그래서 기뻤다. 두 개의 국가를 건설하는 것만이 유일하게 현실적인 방안이다. 그것은 이 지역에서 새로운 관계를 이끌어낼 첫걸음이다. 하지만 궁극적으로는 오토만 시대의 모델을 추구해야 한다. 당시에는 지중해 동쪽의 '그레이트 리프트 밸리Great Rift Valley'+ 전체가 하나로 통일된 지역이었다. 물론 우리가 오토만 제국의 통치와 비슷한 것을 추구해야 한다는 뜻은 아니다. 오토만 제국의 통치는 야만적이고 비효율적이었다. 단지 여러 공동체와 문화들이 통합된 상황으로 되돌아가야 한다는 것이다. 이 지역의 다양한 인종집단들이 민족국가로 분할되기 전에 존재했던 관계들을 활용하는 것은 충분히 검토해볼 만한 가치가 있다.

6월 5일

–

살다 보면 때로는 어떤 사건의 중요성을 이해하는 데 오랜 시간이 걸리는 경우가 있기 마련이다. 가자 전쟁 이후 일 년이 더 지난

+ 요르단 강 계곡에서부터 동아프리카의 잠베지 강 수역에 이르는 광대한 단층지대.

(그리고 이스라엘의 점령을 가져온 1967년 전쟁으로부터 43년이 지난) 지금에서야 나는, 지난해 발생한 이스라엘의 가자지구 침공이 얼마나 극단적인 행동이었는지를 깨닫는다. 이제 팔레스타인과 유사한 전쟁을 치르겠다는 이스라엘의 협박은 그 어떤 위협적인 억제력조차 상실했을지도 모른다.

10년 전만 해도 이스라엘 시민들이 팔레스타인 도시를 방문하는 것 자체가 지금처럼 법적으로 금지되어 있지는 않았다. 이는 서안지구는 물론 현재 포위 상태에 있는 가자지구도 마찬가지였다. 하지만 자국 시민들로 하여금 게토 장벽 뒤에서 살아가는 사람들을 개인적으로 만나거나 직접 보지 못하게 하면, 그들에게 자신들의 생각을 종용하기가 훨씬 쉬워지는 법이다. 70년 전 팔레스타인에서는 도시와 농촌을 막론하고 유대인과 아랍인들이 함께 모여 사는 모습을 쉽게 볼 수 있었다. 모두 영국의 위임통치가 있기 전 수백 년 동안 함께 공존해온 지역들이다. 시간을 좀 더 거슬러 올라가 오토만 제국의 지배 아래에 있던 지중해 동쪽 지역 어디를 둘러봐도 훗날 시리아, 요르단, 레바논 등의 아랍 국가들과 그 후의 이스라엘 유대 국가를 나누는 국경 따위는 없었다.

그러나 현재 상황은 아주 다르다.

이스라엘의 국방부 장관 에후드 바라크Ehud Barak는, 지난 월요일 가자 지구를 향하던 '국제구호선단Freedom Flotilla'을 공격했던 특공대원들에게 "우리는 북미나 서유럽이 아니다"라고 말했다. "우리는 중동에 살고 있다. 이곳에서 약자에게 자비란 없으며, 스스로를 지키지 않는 자들에게 다음 기회는 없다"는 것이었다.

바로 그 바라크는 이스라엘을 가리켜 '정글 속의 저택'이라는 표현을 즐겨 사용한다. 바라크 같은 이스라엘 정치가들은 강한 군대를 보유한 요새 국가 말고는 자국의 생존을 위한 그 어떤 다른 방식을 상상하는 능력이 선천적으로 결여되어 있는 것 같다. 그들은 수백만 명의 아랍인들이 살고 있는 지역에서 총에만 의지해 생존하는 방식을 택했다. 이스라엘은 양쪽 간에 평화적으로 가교를 잇거나 소통을 위해 노력한다든지, 서로의 언어를 배우거나 자신의 위치를 찾고 통합하려는 시도는 전혀 하지 않는다. 오직 무력을 내세우고 힘과 폭력의 언어만을 사용할 뿐이다.

그렇게 현재 이스라엘의 지도자들은 중동과 이스라엘을 각각 야생의 정글과 순백의 식민지 저택으로 구분함으로써, 자신들이 가장 선호하는 환상에 빠져든다. 이스라엘은 서구의 일부라는 환상 말이다. 그런 그들이 '이웃에 사는 테러리스트들'을 위해 국경을 개방해야 할 이유가 있겠는가? 오히려 국경을 봉쇄하고 아파르트헤이트 방식의 멋진 고립을 유지하는 것이 낫지 않은가? 서구와는 하늘과 바다로 관계를 유지하면 될 테고 말이다.

하지만 2010년 5월 31일 공해상에서 발생한 사건으로 인해 이 같은 거짓된 균형이 무너졌다. 이날 이스라엘은 국제구호선단을 공격해 터키 선적의 '마비 마르마라Mavi Marmara' 호에 타고 있던 9명을 살해하고 수십 명에게 부상을 입혔다. 이 선박들에는 이스라엘의 계속된 가자지구 봉쇄에 항의하기 위해 수백 명의 서구인들이 승선해 있었는데, 그들 가운데는 서구에서 최고의 성취를 이룬 작가, 정치인, 인권운동가 등 저명인사들이 다수 포함돼 있었다. 그런데도 이스라엘 선전가들은 이들을 테러리스트로 묘사하는데 망설임이 없었다.

이스라엘이 국제구호선단을 공격한 명분 중 하나는 그들이 가자지구에 대한 자신들의 정책에 도전했다는 것이었다. 하지만 이것은 항해를 조직한 사람들이 공개적으로 내세운 목표였다. 그들은 시민사회의 일원으로서 자신들의 정부가 가자지구에 고립된 150만 주민들의 인권을 외면하고, 또 이스라엘에 대해 국제법을 강제하지 않는 것에 절망한 사람들이었다.

이스라엘은 이런 대중운동의 힘을 이해하지 못하거나 오만하게 무시한다. 팔레스타인 점령지 정책에 도전하는 사람들에게 반사적으로 무력을 사용하는 이스라엘의 행위는 그들이 이 선박들에 대해 왜 그렇게 강경하게 대응했는지를 설명해준다. 이는 팔레스타인의 첫 번째 봉기 이후 이스라엘 지도자들이 보여줬던 반응과 똑같다. 당시 이츠하크 라빈Yitzhak Rabin 총리는 이스라엘군에게 "그들의 뼈를 부러뜨려 버려!"라고 명령했다. 그렇게 하면 비무장한 시위대가 두려움에 몸을 웅크리고 집 밖으로 나오지 않으리라고 생각한 것이다. 하지만 그러한 강경책은 그때나 지금이나 효과를 발휘하지 못하고 있다.

가자지구 봉쇄와 그를 끝장내려는 투쟁은 실로 중차대한 사건임이 분명하다. 하지만 이번 사건이 한층 더 큰 의미를 갖는 것은 터키로부터 도움의 손길이 뻗어 나왔다는 사실 때문이다. 이는 아랍 역사상 최고의 암흑기로 기록되어 온 오토만 제국의 400년 통치가 막을 내린 지 거의 100년 만의 일이었다. 오토만 통치의 역사적 상흔이 아무는데 100년이라는 시간이 걸렸고, 이제 터키로부터 가자 사람들을 돕기 위한 움직임이 나타났다. 무슬림 형제들을 돕기 위해 터키 사람들이 기꺼이 위험을 무릅쓴 채 선박을 몰고 등장한 것이다. 이는 포위된 가자 사람들에 대한 즉각적인 영향보다 훨씬 지대한 파장을 미칠 중대한 사태변화다.

이스라엘과 터키는 출발부터 많은 유사점을 지니고 있는 나라들이었다. 공히 19세기 말 민족주의의 산물인 두 나라는 과거와의 단절을 선택하고 새로운 언어를 창조했다. 터키의 경우 문자를 바꿨고 이스라엘은 이디시어+의 사용을 배제한 것이다. 결과적으로 오늘날 터키인들이 1923년 이전에 쓰인 자신들의 문헌을 읽지 못하는 것처럼 대부분의 이스라엘 사람들은 이디시어로 쓰인 수많은 문헌들을 읽지 못한다.

두 나라는 또한 건국 이후 자신들의 영토로부터 수십만 명을 추방했다. 터키는 과거 아르메니아 영토의 일부였던 땅에서 아르메니아인들을 추방했고, 이스라엘은 자신들의 영토가 된 팔레스타인에서 팔레스타인 사람들을 추방했다. 두 나라는 모두 자신들의 과거를 수용하려는 의지도 능력도 없었다. 이스라엘은 나크바를 부인하고, 터키는 아르메니아인들의 추방을 부인한다.

두 나라 모두 군대가 특권과 지위를 누린다는 점도 똑같다. 군은 정치에서 핵심적인 역할을 하고 있고, 국가의 통제와 정책, 방향 설정에서도 중심적인 역할을 수행한다.

게다가 둘은 모두 미국의 동맹국이다.

가자의 고립은 나의 일이기도 하다. 하지만 이제 스웨덴의 범죄 소설가 헤닝 만켈Henning Mankell 같은 국제주의자들과 터키 덕분에 봉쇄가 무너졌다. 특히 헤닝은 나와 개인적인 인연이 있었다.

+ 중부 및 동부 유럽 유대인들이 사용하던 언어로 이스라엘에서는 사용이 억압되었다.

작년에 팔레스타인 문학제에 참가한 헤닝을 만나 함께 언덕을 산책한 적이 있기 때문이다. 그러던 차에 오늘 영국 일간지 〈가디언Guardian〉에 실린 그의 일기를 읽게 되었고, 그 즉시 나는 그에게 이 메일을 보냈다.

친애하는 헤닝에게,

오늘 자 〈가디언〉에 실린 당신의 일기를 읽고 느낀 감정을 어떻게 표현해야 할지 모르겠습니다. 그것은 마치 침묵 속에 빠진 것만 같았던 고난의 세월(오늘은 이스라엘 점령 43년째 되는 날입니다)을 빠져나와, 마침내 제가 겪은 고난과 고통이 입증된 것 같은 느낌이었습니다. 그동안 제 고통의 원인은 철저하게 부인 당했고, 제 경험은 늘 의심의 눈초리를 받아왔습니다.

당신은, '말이 아니라 행동'이 중요하다는 사실을 보여주는 것이 당신의 목적이며, '오직 행동만이 자신의 말을 입증할 수 있다'고 말합니다. 그리고 오늘 발행된 신문 기고에서 설명했던 당신의 행동은, 당신이 신념에 따라 행동했다는 분명한 증거를 보여줬습니다. 당신은 단지 팔레스타인의 정당한 대의만을 도운 것이 아닙니다. 당신은 우리가 살고 있는 냉혹한 세계에 대한 냉소주의로부터 저를 포함해 세계 각지에 있는 많은 사람들을 구했습니다. 당신의 배가 가자 사람들을 위해 어떻게 시멘트와 철근, 조립식 목조주택을 운반했는지를 읽었을 때 저는 크나큰 감동을 느꼈습니다. 저 멀리 지구의 북쪽 스웨덴에 있는 사람이 집도 없는 가자 주민들의 고난에 관심을 기울이고 있다는 사실, 그리고 당신과 당신 친구들을 통해 지구촌 사람들이 가자 주민들의 고난을 외면하지 않고 있음을 깨닫는 것은 그 어떤 비난이나 연대의 말보다도 중요합니다.

이스라엘 지도자들이 자신들의 나라가 '정글 속의 저택'이라는 주장을 끊임없이 되풀이하는 것도 바로 그런 이유 때문이 아닐까요!

라말라에서 정다운 인사를 전하며,

라자

6월 7일

가자 구호선단을 둘러싼 사태의 전개는 이렇다.

이스라엘은 공해상에서 '마비 마르마라 호'를 공격해 사람들을 죽이고 납치하는 명백한 국제법 위반을 저지른다. 그러고는 진실이 드러나는 것을 막기 위해 무단으로 모든 비디오 녹화장치를 압수하고, 선박의 모든 통신을 불법적으로 방해한다. 그들은 자신들에게 유리한 증거에 대해서만 공개를 허락한다. 물론 그것들은 심각하게 조작된 것들이다. 그리고 이스라엘은 오늘 자로 자국 일간지 〈하아레츠Haaretz〉에 마비 마르마라 호 선장의 인터뷰를 내보내게 된다. 이 인터뷰에서 선장은 자신이 승객들의 난폭한 행동을 막기 위해 노력했다고 말한 것으로 보도되었다. 현재 이스라엘은 자국의 고등법원 판사가 이끄는 조사위원회를 통해 사태를 해결하려 한다. 물론 이스라엘의 요구가 그렇더라도 자기네가 그런 요구를 내놓는 게 모양새가 더 낫지 않겠느냐고 '주장'하던 미국도 결국 여기에 '동의'하게 된다.

6월 8일

나는 세계 각지의 사람들이 가자 주민들에게 보여준 연대 덕분에 다소 들뜬 기분이었다. 내가 영국 위임통치 시절부터 법조계에서 활동했던 원로 변호사와의 대화 자리에서 그 주제를 끄집어내며 마비 마르마라 호 사건에 대해 열심히 떠들어대자, 그는 이렇게 말했다.

"모두 말뿐이지 행동이 없으면 얻을 수 있는 건 아무것도 없다네. 내가 결코 잊지 못하는 사람 중에 영국 위임통치 정부에서 일하던 키스 로치Keith Rotch란 인물이 있었어. 하루는 그의 사무실 직원이 전단과 현수막을 갖고 들어와서는 바깥에서 시위가 벌어지고 있다고 보고를 한 거야. 그러자 그가 묻더군. '그자들이 총은 갖고 있나? 단 한발이라도 총알을 갖고 있느냐는 말일세'라고 말이야. 직원은 '그렇지는 않아요'라고 대답했지. 그러자 로치는 보고서 위에다 'PA'라고 적는 거야. 무슨 뜻인지 알겠나? Put Aside. 즉, 무시하라는 말일세. 아마 그 보고서는 선반 위에 놓인 채 먼지만 뒤집어쓰는 신세가 됐을 테고, 실제로 더 이상 아무 일도 발생하지 않았네. 자네는 이스라엘이 자신의 정책을 밀어붙이는 걸 막는 방법이 무엇이라고 생각하나? 말? 이스라엘의 정책에 대해 떠드는 나라들이 이스라엘을 원하는 방향으로 강제하기 위해 군대를 파견할까? 절대 그런 일은 없을 걸세. 그러니 무시하게."

6월 11일

—

어젯밤 나는 마비 마르마라 호에 대한 이스라엘의 공격내용을 담은 알자지라Aljazeera 방송의 탐사 보도 프로그램을 시청했다.

알자지라 영어 방송은 큰 변화를 가져왔다. 짜증과 절망감만 안겨주던 CNN이나 BBC World의 편향된 보도를 더 이상 보지 않아도 되기 때문이다.

두 달 일정의 여행을 떠나기 전, 나는 이 깊은 분노를 떨쳐버리고 싶은 심정이다. 그렇지 않으면 나의 신간 출간에 맞춘 강연을 완전히 망쳐버릴 것만 같다. 성난 연설가는 무시당하기 십상인 법이니 말이다.

최근 미국 백악관에서 정치인들을 대상으로 강연을 진행했던 무스타파 바르구티는 자신과 그 지지자들은 미국이 항상 요구해왔던 바로 그 비폭력적인 저항운동을 펼치는 반면, 이스라엘은 거기에 폭력으로 대응하고 있다고 지적했다. 그러면서 그가 미국이 왜 이스라엘을 저지하지 않는지 이유를 묻자, 돌아온 대답은 이랬다.

"팔레스타인 사람들이 자꾸 이스라엘 쪽으로 넘어가니까 그렇죠. 팔레스타인 경찰이 이스라엘 사람들에게로 향하는 팔레스타인 사람들을 막아줘야 합니다."

그래서 무스타파는 이렇게 대답했다.

"이스라엘 사람들이 우리 쪽으로 넘어오는 거지요. 시위가 벌어지는 것도 이스라엘의 장벽이 팔레스타인 영토 안에 세워지니까 거기에 반대하기 위해서가 아닙니까. 넘어오는 건 우리가 아니라 이스라엘 사람들이란 말입니다."

미국 정치인들은 핵심을 이해하지 못하거나, 못하는 척하거나 둘 중 하나인 것 같다.

6월 16일

-

오늘 아침 나는 고수를 심어 놓은 정원 텃밭에서 잡초를 뽑고 있었다. 그런데 갑자기 페니가 소리를 지르며 안으로 들어와 보라고 외치는 것이었다. 집 안으로 황급히 뛰어들어가자, 잔뜩 겁을 먹은 표정의 페니가 욕실 배수구 옆에 서 있는 광경이 눈에 들어왔다.

"무슨 일이야?" 내가 물었다.

"배수구를 청소하다가 손을 집어넣었는데 안에 뱀이 있었어요. 내 손에 닿았단 말이에요."

그녀는 공포에 떨고 있었다.

뱀은 우리 집 배수구에서 무얼 하고 있었을까? 나는 의아했다.

차마 손을 집어넣을 용기가 없던 나는 막대기를 가져와서 배수구 속을 찔러보았다. 뭔가 기다란 것이 느껴졌지만 딱딱했다. 만약 뱀이었다면 벌써 도망가고도 남을 시간이었다. 화석이 아닌 한 말이다!

조금 더 살펴본 결과 그것은 배수관 가까운 곳에서 자라고 있는 체리나무나 석류나무의 뿌리인 것으로 밝혀졌다. 건조한 토양에서 물을 찾다 보니 뿌리가 배수구 안으로 뻗쳐 들어온 것이다. 두 나무를 그렇게 가까이에 심었을 때는 나무들이 생존을 위해 사투를 벌일 것이라는 점을 생각했어야 했다. 나는 체리나무가 유력한 범인이라고 생각했다. 영양 과잉이 원인일지 모른다고 들었던 질병 증세를 보여 왔기 때문이다. 이를 통해, 좀 더 강하고 공격적인 뿌리를 갖기 위해 항상 돈을 들여야 하는 건 아니라는 사실이 증명된 셈이다.

6월 20일

-

1996년 팔레스타인 자치정부가 라말라에 대한 통치권을 획득한 직후, 야세르 아라파트Yasser Arafat가 임명한 새 시장은 고압 모래분사기를 이용해 상점 앞을 깨끗하게 청소하고 건물 벽에 그려진 낙서를 모두 지우기로 했다. 다양한 팔레스타인 분파들의 과도한 열정으로 인해 손상된 도시의 외관을 고려할 때 환영할만한 조치였다. 문제는 청소작업이 아무런 사전조치 없이 진행됐다는 점이다. 건물 앞에는 가림막조차 설치되지 않았다. 그 결과 먼지 구름이 공기를 오염시켜 숨쉬기가 힘들었고, 모든 것이 잿빛 가루로 뒤덮였다. 도시를 아름답게 꾸미는 작업은 주민들을 위해서가 아니라, 시장이 잘 보이고 싶어 하는 다른 누군가를 위해 진행되는 것처럼 보였다. 누구를 위해서였을까?

나는 오늘 차를 몰고 시내를 통과하면서 은행대출을 광고하고, 미국 국제개발처USAID의 프로젝트를 알리고, 또 그들이 가능하다고 말하는 새로운 삶을 홍보하는 대형 포스터들을 보았다. 그들은 이렇게 선언하고 있었다.

“당신이 꿀 수 있는 꿈에는 한계가 없습니다.”

그들은 우리에게 돈을 빌리고 물건을 사고 꿈을 꾸라고 말한다. 하지만 우리가 점령군에 의해 제지당하지 않고 작은 도시 밖으로 여행한다는 것을 상상조차 하지 못했던 시절에는, 지금 우리의 하늘을 뒤덮고 있는 저런 광고판들을 본 적이 없었다. 대출 역시 마찬가지였다. 적어도 거짓 평화가 찾아오기 전까지는 말이다. 지금은 은행 광고판들이 우리의 하늘을 가득 채웠듯이 은행들이 우리의 삶을 지배한다. 오슬로 협정 전에는 이곳에 은행이라고는 없었다. 이스라엘이 은행을 허용하지 않았기 때문이다. 과거에는 제한된 대출만을 제공하는 이스라엘 3대 주요 은행의 지점들만이 있었을 뿐이다. 그러나 이제는 이스라엘군이 주요 도시들에서 철수하면서 그 은행들도 철수했다. 그러자 완화된 대출조건 덕분에 건축 공사가 크게 늘었다.

물론 개발과 건축이 그 자체로 나쁜 것은 아니다. 마치 광풍이 몰아치듯 마구잡이로 이뤄지는 방식이 문제인 것이다. 건축은 주민들의 삶의 질이나 건강에 미칠 영향은 전혀 고려하지 않고 진행되고 있다. 공공의 공간인 인도 위에 모래더미들이 쌓여 있고, 그 모래가 도로로 흘러넘친다. 모래가 날리는 것을 막을 아무런 장치도 설치되지 않아 바람이 불면 주변은 온통 모래와 시멘트로 뒤덮인다. 건설현장에는 비계나 가림막이 없어 드릴과 굴착기, 콘크리트 혼합기와 대형트럭들의 소음이 끊임없이 이어지고 주변의 공기는 먼지로 가득 찬다.

이는 모두 유럽과 미국의 자금 제공자들이 고안한 계획의 일부로, 과거 북아일랜드에서도 반란을 억제하기 위해 이와 비슷한 정책이 추진된 바 있다. 개발계획은 일자리 창출을 통해 사람들의 주의를 다른 곳으로 돌리고 경제발전에 몰두하게 하는 것을 목표로 하고 있다. 그렇게 된다면 사람들은 파업이나 저항운동이 자신들에게 해를 끼칠 것이라는 사실을 깨닫게 될 것이다. 개발계획은 일종의 충격 흡수장치인 셈이다. 이런 계획이 북아일랜드에서 그 효과를 톡톡히 봤다는 게 토니 블레어Tony Blair의 생각이다. 그러니, 팔레스타인이라고 안 될 건 뭐가 있겠는가?

7월 9일

어제 저녁, 새로 문을 연 라말라의 한 레스토랑에서 우리는 한눈에 보기에도 엄청나게 비싸 보이는 명품 드레스 차림의 지인과 우연히 마주쳤다. 레스토랑에는 근사한 정원이 있었지만, 분위기가 영 마음에 들지 않았다. 요즘 나는 유행의 첨단을 달리는 신흥 부유층의 호사스러운 생활이 걱정스럽기만 하다. 평소 알고 지내던 한 남성은 '매번', 자신은 어디에 가든 얼굴 마사지를 받는다고 자랑을 늘어놓는다. 그리고 많은 여성들(아마도 남성들 역시)은 입술을 도톰하게 만들고, 코를 높이거나 볼을 팽팽하게 하기 위해 보톡스 시술을 받는다. 볼썽사납게도 말이다.

메뉴마다 붙어있는 요란한 미사여구에도 불구하고, 레스토랑의 음식 맛은 그저 그랬다. 말할 필요도 없이 모든 메뉴는 영어로 되어 있었다. 거기엔 '스페니쉬 라비올리'+도 있었다. 하지만 전통적으로 올리브 오일과 레몬을 곁들였을 때 가장 맛있는 타불리Tabouleh에는 파인애플 소스가 얹혀서 나왔다.

식사를 하는 중에 한 여성이 다가와 우리에게 카드를 돌렸다. 대형 TV에서 방송 중인 축구 경기의 승자를 알아맞히는 카드였다. 그녀는 승자를 맞힌 사람 중 당첨된 한 명에게 술 한 잔을 무료로 준다고 말했다. 우리가 그녀에게 어떤 술인지 묻자, 그녀는 대답하지 못했다. 심지어 우리가 웨이터에게 아랍어를 사용해달라고 요청했음에도, 그들은 굳이 영어로 대답하기를 고집했다. 너무나 기괴한 광경이었다.

팔레스타인 자치정부(파타Fatah)는 7월로 예정돼 있던 지방선거를 취소했다. 파타는 내부를 제대로 추스르지 못했고, 예정대로 선거가 진행됐다면 아마도 패배했을 것이다. 이에 비해 다른 후보들은 강력한 연대와 연합을 할 수 있었기 때문에 승리했을 가능성이 높았다. 파타는 자신들이 대중들로부터 외면받고 있다는 사실이 드러나는 것을 원하지 않았던 것이다.

+ 고기, 치즈 등으로 속을 채운 작은 사각형의 파스타.

7월 12일

전화벨이 울렸을 때, 나는 브람스의 바이올린 협주곡을 감상하는 데 정신이 팔려 있었다. 처음엔 그 울림이 음악 소리에 묻혀버렸지만, 이내 나는 전화가 왔다는 사실을 부인할 수 없었다.

"샬롬." 수화기를 들자 한 여성의 목소리가 들렸다.

"샬롬." 나는 무의식적으로 대답했다.

그녀는 히브리어로 페니를 바꿔달라고 말했다. 물론 나는 그녀의 말을 알아들을 수 있었지만, "할 줄 아는 언어가 히브리어 말고는 없나보죠?"라는 말을 내뱉고야 말았다. 분명 무례한 행동이었다.

그러자 그녀는 곧바로 영어로 말하기 시작했고, 나는 페니에게 수화기를 넘겼다. 치과 예약을 확인하는 전화였다. 아내가 통화를 끝낸 뒤 나는 다시 음악을 틀었지만, 더는 거기에 집중할 수가 없었다. 마음의 평화를 잃어버린 것이다.

수화기를 통해 히브리어를 듣는 순간 내 마음속에 밀려든 감정은 불안과 공포였다. 이스라엘군이 심문을 위해 내게 전화로 소환을 통보했던 일이 떠올랐기 때문이다. 반사적으로 튀어나온 나의 공격적인 반응은 위험에 직면했을 때 나타나는 본능적인 투지였던 셈이다. 하지만 이것은 내 개인사의 맥락에서 이해될 수 있는 반응일 뿐, 상대방은 이런 사실을 알 리가 없다.

병원에서 따분한 일상을 보내던 수화기 건너편의 여성은 "히브리어로 얘기하지 마시오!"라는 나의 신경질적인 반응을 어떻게 이해했을까? 아마도 그녀는 내가 히브리어를 할 수 없을 정도로 멍청하다고 생각했을 테고, 영어로 대답해야겠다고 생각했겠지. 하지만 그녀는 내 그 짧은 말 속에 담긴 분노와 경멸을 느끼지는 못했다.

'당신들의 더러운 언어로 내 귀를 더럽히지 마시오. 나는 이 땅에 사는 사람들이 모두 당신처럼 날 때부터 히브리어를 쓸 것이라고 생각하는 것이 싫소. 당신들만 여기에 사는 게 아니라는 걸, 그리고 이 땅은 당신들만의 땅이 아니란 걸 알아야 하오. 점령자인 당신들은 스스로의 자리를 알고 그 자리에 머물러야 할 것이오. 그리고 무조건 히브리어로 말을 거는 그 끔찍한 습관은 버리기 바라오.'

아, 43년이라는 시간이 흘렀건만 이스라엘 치과 간호조무사에게 버럭 화를 내는 나 자신은 아직도 변함이 없구나!

7월 17일

오랫만에 친구 알렉스, 마하와 함께 외출한 날이었다. 알렉스는 최근 벤구리온 공항을 통과할 때 당했던 몸수색에 관해 이야기했다. 공항 보안요원들이 그를 발가벗기고 발가락 사이까지 샅샅이 들여다보는 것도 모자라, 머리에 붙이고 있던 반창고까지 떼어 보았다는 것이다.

"무슨 일 때문에 이러는 건가요?" 알렉스는 부드럽고 상냥한 목소리로 자신을 검색하던 요원에게 물었다.

"질서와 안전을 위한 겁니다." 젊은 보안요원은 판에 박힌 듯 대답했고, 알렉스는 계속 점잖은 말투로 말했다.

"그럼 저기 저 가방을 검사하는 기계들은 뭔가요? 안전이 내 발가락 사이를 수색하는 걸 의미하는 게 아닐 텐데 말이죠. 내가 당신 아버지뻘인 것 같은데, 미안한 마음도 없습니까?"

그 젊은 보안요원은 미안한 마음이 들었던지 나중에는 알렉스에게 편의를 제공하려고 최선을 다했다. 덕분에 알렉스는 순서를 기다릴 필요 없이 조종사들이 이용하는 출입국수속 통로를 이용해 신속하게 통과할 수 있었다.

알렉스는 내게 말했다

"나는 늘 스스로를 평화주의자라 생각했고, 실제로도 그렇게 살아왔다네. 하지만 2002년과 라말라 침공 이후부터는 무언가 변한 것 같아. 그 뒤로는 검문소를 통과하거나 이스라엘 군인들을 볼 때면 스스로를 주체하기가 힘들다네. 그들을 향한 강렬한 증오가 꿈틀거리는 게 느껴진단 말일세. 뭔가가 변한 거지. 우리가 그들을 물리칠 수 없다는 건 알고 있네. 우리는 그럴만한 힘이 없지. 하지만 분명 전환점이 생긴 거야. 이미 내리막길에 접어든 저자들은 이스라엘 내부의 힘에 의해 결국 패배하게 될 거야. 그들은 점점 더 탐욕스러워지고 있어. 점령할 수 있는 땅이 널려 있는데, 그걸 왜 그냥 놔두겠나. 누가, 무엇이 그들을 막을 건가 말이야. 미국? 아랍국가들? 그들의 양심? 도덕성? 국제사회의 비난? 당연히 아닐세. 그들이 더 많은 걸 차지하면 할수록 이스라엘 사회의 반민주적인 세력은 그만큼 더 견고하게 뿌리내려서 자기 몫을 지키려고 싸울 테고, 그럴수록 부패는 더 심해지고 몰락은 더 빨라질 걸세."

7월 18일

-

오늘 페니와 나는 11살 난 내 조카 아지즈와 14살 난 조카딸 탈라를 데리고 예루살렘 구시가에 있는 '하람 알샤리프Haram al-Sharif'에 가기로 했다. 하람 알 샤리프는 바위 사원과 '알아크사al-Aqsa' 사원이 있는 종교 성지로, 나는 아이들이 나처럼 우리나라의 이슬람 문화유산에 자부심을 느끼기를 바랐다. 라말라에서 남쪽으로 불과 16㎞밖에 떨어지지 않은 예루살렘에는 이슬람 건축의 가장 매력적인 보물 중 하나이자 우마이야Umayyad 왕조 시대의 유산인 바위 사원이 자리하고 있고, 하람 알 샤리프는 종교적인 의미로 비춰볼 때 메카와 메디나의 사원에 이어 세 번째로 중요한 곳이다.

나는 비잔틴 예루살렘이 이슬람의 지배 아래 들어간 8세기 이래로 팔레스타인을 지배해 온 이슬람-기독교 문화가 내 자아를 형성했다고 생각한다. 실제로 바위 사원은 비잔틴 양식과 이슬람 장식이 결합된 건축물이기도 하다.

이스라엘의 점령 이후, 서안지구의 중심이자 팔레스타인의 영적인 수도인 예루살렘은 고립되었고 왕래는 제한됐다. 이스라엘 경비병들이 비이슬람교도들의 출입을 허용하지 않는 오전 시간에는 하람에 들어갈 수 있는 허가를 받는 것도 쉽지가 않았다. 그래도 이래저래 해서 순례자와 참배자, 구경꾼들 틈에 뒤섞여 하람을 둘러보고 나자, 이번에는 팔레스타인 경비 요원 하나가 미심쩍은 표정으로 다가와 우리가 무슬림인지 기독교도인지를 물었다. 우리가 사실대로 말하자 그는 화가 난 것 같았다. 이곳은 우리를 위한 장소가 아니라는 것이었다. 우리는 무슨 종교를 따르는지가 중요한 것은 아니라고 주장했다. 팔레스타인 아랍인으로서 이슬람 문화유적을 누구 못지않게 자랑스럽게 여기면 그뿐 아니냐고 항변한 것이다. 하지만 그게 그의 화를 북돋운 듯했다. 그는 하람이 우리 팔레스타인 기독교도들의 유산이기도 하다는 사실을 도저히 받아들이지 못했다. 결국, 나중에 가서 '와크프Awqaf(무슬림 종교재단)'의 책임자로부터 사과를 받아내긴 했지만, 이 사건은 우리 시대의 편협한 사고방식을 그대로 드러내 주는 충격적인 경험이었다. 물론 바위 사원이 자리하고 있는 언덕을 둘러싸고 서로가 각자의 성지라 주장하며 치열한 경쟁을 벌이고 있다는 점을 고려하면, 경비원이 우리에게 의심의 눈길을 보낸 건 그리 놀라운 일이 아니다. 이슬람 건축의 걸작인 이곳이 이스라엘의 국가정책에 의해 시달림당하고 유대인 극단주의자들로부터 파괴 위협을 받고 있는 상황에서는 더더욱 그렇다. 그렇지만 나는 늘, 우리 스스로 압제자들처럼 행동하고 또 그들의 방법과 태도를 채택하는 것을 어떻게 경계할 것인지가 이스라엘 점령 하에서 우리에게 주어진 가장 큰 도전이라고 믿어왔다.

그 뒤 우리는 한동안 보지 못했던 친구, 카릴과 사미아의 새집으로 자리를 옮겨 함께 저녁을 먹었다. 저녁 내내 누구도 정치에 관해서는 단 한 마디 입에 올리지 않았다. 다만 이런 우스갯소리가 오간게 전부였다.

런던을 방문한 어느 이스라엘 사람이 출입국 심사대에서 질문에 답변을 하던 중이었다.

"이름이 뭔가요?"

"숄로모입니다."

"나이는요?"

"쉰둘입니다."

"직업(Occupation)은?"

"아뇨, 점령(Occupation)하러 온 게 아니라 그냥 여행 온 겁니다."

우리는 또한 일부 사람들이 누리고 있는 특권에 관해서도 얘기를 나눴다. 예를 들어 이동의 자유를 최대한 누릴 수 있게 해주는 증명서류와 신분증 같은 것들 말이다.

사미아는 이스라엘 당국과의 오랜 투쟁 끝에 획득한 팔레스타인 신분증 때문에 예루살렘을 방문하거나 텔아비브 공항을 거쳐 출국하는 게 불가능해졌고, 심지어 감금되었던 경험까지 가지고 있었다. 더 큰 문제는 그럼에도 그녀가 팔레스타인 신분증을 포기할 수 없다는 사실이다.

"그들은 내 이탈리아 여권을 존중해주지 않아요. 이스라엘 국경에서 그들은 오직 입국 도장을 찍기 위해 여권을 요구할 뿐입니다. 그리곤 내가 아랍 국가를 방문하는 걸 제한해버리죠."+

라말라 출신의 남자는 예루살렘이나 가자, 또는 요르단 출신의 팔레스타인 여성과 사랑에 빠지지 않는 것이 좋다. 왜냐하면, 둘은 결혼을 할 수 없을 뿐 아니라 함께 살 수도 없기 때문이다. 녹색 신분증을 가진 서안지구 사람들이 불만을 토로하는 데에는 다 이유가 있는 법이다. 그들은 예루살렘 거주자들이 가지고 있는 파란색 신분증을 부러워한다. 하지만 예루살렘 거주자들이라고 해서 불만이

+ 국적에 상관없이 여권에 이스라엘 입국 도장이 찍혀 있을 경우, 이집트와 요르단을 제외한 대부분의 아랍권 국가들에서는 입국이 거부된다.

없는 것도 아니다. 이 문제에 관해서는 예전에 한 택시 기사가 아주 정확하게 짚어 준 적이 있는데, 그의 얘기는 이랬다.

"예루살렘에는 축복Baraka이 없어요. 아이들을 보나, 돈을 보나, 집 문제를 보나 마찬가지죠. 유대인들 때문에 우리는 축복을 느끼는 감성을 상실했습니다. *Ma feesh baraka*(축복은 더 이상 존재하지 않아요)."

7월 19일

오늘 아침, 사무실로 가는 길에 합승 택시를 이용했다. 마지막 정류장에서 걸어 내려오면서 보니 그랜드 호텔의 정문이 열려 있는 것 같았다. 찌는 듯한 날씨였다. 바람 한 점 없는 날씨에 태양은 뜨거운 빛줄기를 내리쏘는 듯했다. 라말라에서 이 무더위를 피할 수 있는 곳은, 지난 28년 동안 폐쇄됐던 이 외로운 호텔 정원에 있는 나무 아래가 유일할 것 같았다. 나는 막상 가보면 정문이 잠겨 있으리라 생각했다. 그렇다면 내가 할 수 있는 일이란 말뚝 울타리 너머로 정원을 들여다보는 것뿐이었다. 그런데 놀랍게도 호텔 정문이 열려 있었다. 무언가 위급한 상황이 발생해 이제 80대 후반인 호텔 여주인 아이다Aida를 병원으로 데리고 가면서 문 닫는 걸 깜빡한 걸지도 모른다고 생각했다. 나는 망설이다 호텔로 들어갔다.

예전 우리 집은 그랜드 호텔에서 걸어서 몇 분 거리에 있었고, 여름이면 친할머니 줄리아Julia는 오후 시간 대부분을 그곳에서 보내곤 했다. 나는 텅 빈 주차장을 지나 첫 번째 타원형 정원을 감싸고

도는 길을 따라 걸어 들어갔다. 정말 오랜만이었다. 나는 그곳이 얼마나 변했는지를 확인하려고 이곳저곳을 주의 깊게 살펴봤다. 정원은 잘 관리되고 있었다. 잡초라고는 보이지 않았고 관목들은 건강하게 꽃을 피우고 있었다. 모든 게 어릴 때 봤던 모습 거의 그대로였다. 어릴 적 내가 뛰어놀던 곳이자, 청소년기에는 시험공부도 하고 식물을 사랑하는 법을 배운 이곳은 라말라에서 시간이 정지한 유일한 곳이었다. 나는 정원이 그대로 보존되어 있다는 사실에 안도의 한숨을 내쉬었다. 내 기억에 현관 앞에 있는 소나무 아래에는 과꽃과 제라늄, 국화가 있었다. 아마릴리스는 기억이 잘 나지 않았다. 흙을 돋아 만든 둥근 화단 끝에는 백합들이 자라고 있었다. 먼지를 뒤집어쓴 국화잎들과 달리, 백합의 넓은 잎들은 윤기 나는 녹색 빛을 띤 채 부채처럼 펴져있었다. 하지만 화초들로 가득 찬 이 모든 풍경 속에서 가장 매력적인 자태를 뽐낸 건 노란색, 빨간색, 주황색 꽃잎들이 섞인 종 모양의 꽃들이었다. 그 꽃들은 지적이고 아름다운 파란 눈을 가진 젊은 시절의 아이다처럼 생기 넘치고 이국적이었다.

아이다는 라말라에서 자유롭게 일하고 여행하며 남성들과 개방적인 관계를 맺었던 첫 번째 여성이었다. 그녀가 '카지노'라 불리던 라말라 최초의 나이트클럽을 연 건 1960년대의 일이었다. 여러 도시에서 몰려든 팔레스타인과 요르단의 중산층 사람들이 그곳에서 아이다가 매해 여름 이탈리아에서 불러온 라이브 밴드의 음악에 맞춰 춤을 췄다.

나는 야외무도장의 상태를 확인하기 위해 정원을 가로질러 걸었다. 무도장 입구에 도착하자 철창문이 굳게 잠겨 있었고, 창살 사이로 바라본 무대 위에는 둥근 갈색 팔걸이가 있는 구식 고리버들 의자 하나만이 쓸쓸하게 놓여있었다. 그 뒤로 분장실로 가는 문이 보였다. 아마도 저 문을 통해 연주자들이 무대에 올랐을 것이다. '카지노'의 중앙에 있는 원형 댄스 무대는 내 기억 속 모습 그대로 여전히 연분홍색의 부드러운 표면을 지니고 있었고, 그 위로 솔잎들이 얇게 덮여 있었다. 단체 손님들을 위해 마련된 모퉁이의 커다란 부스 안에는 연철로 만든 연녹색 탁자와 의자 대신, 오랫동안 버려졌던 나이트클럽에 낯선 손님이 등장했음을 알아차린 암탉 다섯 마리와 수탉 한 마리가 자리를 차지하고 있었다. 수탉이 앞에 서고 암탉들은 그를 뒤따르는 모습이었다. 그들은 나의 존재 따위는 아랑곳하지 않고 엄숙하게 그곳을 지키고 있었다. 슬프고도 기괴한 광경이었다. 어린 시절 나와 내 친구들은 오후 무렵이면 함께 무도장으로 가서 몸을 앞뒤로 흔들며 트럼펫을 불던 연주자를 흉내 내곤 했다. 때로는 공연 중간중간 연주자들이 모습을 감추던 분장실을 몰래 엿보기도 했다. 그곳은 우리를 끊임없이 매혹시키는 신비하고 마술 같은 신세계였다.

그곳에 들어서면서 단 한 번도 심장이 요동치지 않은 적이 없었다. 내가 처음 공중그네 쇼와 벨리댄스, 마술을 본 것도 이곳에서였다. 하지만 나는 끝내 여기서 춤을 출 기회는 얻지 못했다. 보수적인 라말라에서 내가 지녁에 외출할 수 있는 나이가 되었을 무렵 이스라엘이 도시를 점령했기 때문이다.

이 얼마나 기구한 운명인가. 내가 태어난 건 나크바로부터 3년이 지난 1951년, 부모님이 가장 가난하고 힘든 시기를 보낼 무렵이었다. 당시 부모님의 삶을 괴롭히던 긴장은 지금까지도 나에게 영향을 미치고 있다. 그리고 내가 16살이 되어 비로소 무도장에 출입할 수 있게 된 바로 그때, 이 무도장이 문을 닫았다. 그래서 나는 춤을 배울 기회도 없었고 즐길 기회도 없었다. 밖으로 나가 인생을 체험해야 할 시기에 24시간 내내 통금 상태로 집 안에 틀어박혀 있어야 했다.

나는 소나무 정원으로 걸어 들어갔다. 이곳은 여러 가족이 둘러앉아 차를 마시고 아이다가 구워낸 진귀한 케이크를 맛보던 곳이자, 어느 아침나절 내가 생전 처음으로 노란색과 검은색 무늬 날개를 가진 호랑나비를 본 곳이기도 했다. 이내 눈길은 다 허물어져가는 연주대로 향했다. 바로 그 위에서 이탈리아에서 온 음악가들이 주말마다 우리를 즐겁게 해주곤 했다. 그곳에 서자, 오래전 한 밴드가 강렬한 연주로 자신들의 첫 곡을 시작할 때 느꼈던 전율이 순간적으로 등줄기를 타고 전해졌다. 음악 소리에 작은 소나무 숲이 요동치던 그 느낌 그대로였다. 곧이어 발코니를 올려다보았다. 이번에는 다리로 목을 감싸고 팔을 자유자재로 비틀어 그 시절 우리의 혼을 쏙 빼놓았던 인도 출신 요가 전문가의 모습이 떠올랐다. 숨을 내뱉으면 배 부분이 움푹 들어갔다가, 숨을 들이쉬면 배가 농구공처럼 부풀어 오르는 그 모습이라니! 당시 위장병을 앓고 있던 나는 자신의 배를 자유자재로 움직이던 그가 그렇게 멋져 보일 수 없었다. 그 말라빠진 몸이 부풀어 오를 때면 금방이라도 그의 배가 터져버릴 것 같았다. 요가를 선보인 다음 날, 그는 자신의 작은 침실 발코니에서 키 큰 달리아가 활짝 꽃을 피운 정원 앞에 서 있던 나를 내려다보았다. 나는 내리쬐는 햇볕에 눈을 찡그리며 그를 올려다보았고, 그의 시선이 나를 응시하고 있다는 걸 깨달았다. 그 순간 나는 그 자리에서 얼어붙었다. 그의 시선은 내 몸 전체를 관통하고 있었다. 그는 보란 듯이 나를 관찰하고 평가하는 것 같았다. 마치 나 자신을 외부에서 바라보는 것 같은 경험이었다. 그날, 그랜드 호텔에 서서 강렬한 태양 아래 꽃들에 둘러싸인 채 처음으로 나의 존재를 온전히 느낄 수 있었던 그 순간을 나는 절대 잊지 못한다.

그러다 다시 길고 깊은 침묵 속에 잠긴 현재의 나로 되돌아오자, 솔잎을 흔드는 잔잔한 바람 소리가 들려왔다. 침묵을 깨기는커녕 침묵을 더욱 깊게 만드는 그 소리는 세상의 어떤 소리보다 마음을 편안하게 만드는 소리였다. 나는 대학입학 시험을 준비하는 동안 아침마다 그곳에서 바스락거리는 그 소리를 듣곤 했다. 지금도 그 편안한 소리를 몇 시간이고 듣고 있을 수 있을 정도다. 그렇게 잠시 생각에 잠겨있던 중, 이번엔 문이 삐걱거리며 닫히는 소리가 들려왔다. 순간 나는 추억이 가득한 이 꿈의 궁전에 갇혀버리는 것이 아닌가 하는 두려움이 밀려왔다.

밖으로 나가기 위해 걸음을 옮기다가, 이른 오후가 되면 줄리아 할머니가 항상 앉아 계시던 레몬버베나 그늘 아래에 시선이 멈췄다. 일찍 가서 그 자리를 예약하는 건 언제나 내 몫이었다. 할머니가 웨이터에게 차를 주문하면, 웨이터는 주방으로 달려가 "샤하다 부인에게 차 한 잔!" 하고 외쳤다. 그럼 굳이 설명하지 않아도 주방에서 일하는 사람은 차를 어떻게 만들어야 할지를 미리 알고 있었다. 찻잔을 덥힐 수 있도록 뜨거운 물을 가득 담아야 했고, 차는 적당히 진해야 했으며, 우유는 따끈해야 했다. 그렇지 않으면 할머니가 주문을 취소해버렸기 때문이었다. 늦은 오후가 되면 할머니는 수국 화분이 옆에 놓인 식당 창가 탁자로 자리를 옮기곤 했다. 해가

기울면서 그 자리에 그늘이 지면, 아이다의 어머니인 아우데Audeh 부인이 구석에 쳐 놓았던 커튼을 걷었다. 그늘을 좋아하는 수국을 위해 쳐놓았던 커튼이 더 이상 필요 없어지기 때문이었다. 그때쯤이면 할머니의 친구인 에스더 잘라드Esther Jallad 씨가 극장에서 영화를 보고 돌아와 뒤늦게 합석을 하곤 했다. 우리가 모두 '오뗄Outel+ 아우데'라 부르던 그곳을, 해안도시 자파에서 온 에스더만큼은 유독 '로칸다Locanda'++라 불렀다.

그러나 이 강인했던 괴짜 여인들은 이제 세상에 없다. 그녀들과 동년배였던 레바논 출신 호텔 소유주 아우데 부인 역시, 그녀의 뛰어난 요리 솜씨와 상차림 솜씨를 딸 아이다에게 물려준 채 세상을 떠났다. 우리는 늘 아이다를 '부인'이라고 불렀고, 아이다는 시종일관 울먹이는 쉿소리로 불평을 늘어놓았다. 호텔의 경영 상태에서부터 손님들과 그들이 어지럽힌 자리까지, 모든 것이 그녀의 심기를 불편하게 만들었다. 꼬맹이들이 화단을 망치는 것도 불평거리였다. 그러다 급기야 화단에 물을 주던 호스가 떨리기 시작하면 그녀가 울음을 터뜨리기 시작했다는 신호였고, 어떤 때는 호스에서 나오는 물만큼이나 많은 눈물이 쏟아지기도 했다.

아이다는 학창시절 성적이 뛰어난 학생이었다. 대학을 우수한 성적으로 마친 그녀는 외국에서 일하려고 했지만, 호텔을 경영하는 오빠를 돕기 위해 어쩔 수 없이 돌아와야 했다. 아이다의 오빠는 포부가 컸다. 1950년대 초반, 호텔을 5성급으로 탈바꿈시키길 원했던 그는 카지노가 들어설 새로운 건물을 짓고 테니스장을 만들었다.

+ 호텔의 아랍식 표현.

++ 이탈리아어로 밥집과 술집을 겸한 작은 식당 혹은 여관이라는 뜻.

그리고 이 원대한 구상을 뒷받침하기 위해 큰돈을 빌렸다. 하지만 일을 벌인 지 얼마 지나지 않아 그는 급성 암에 걸렸고 몇 달 만에 세상을 떠나고 말았다. 갑작스러운 아들의 죽음에 어머니는 몸져누웠고, 아이다의 여동생마저 정신분열증에 걸려 베들레헴의 정신병원에 입원했다. 하지만 팔레스타인에 하나뿐인 이 정신병원은 환자들을 제대로 돌 볼 수 있는 곳이 아니었다. 눈물 속에 세월을 보내는 어머니를 대신해 결국 아이다가 상황을 수습하고 사업을 건사해야 하는 상황이 닥친 것이다. 그 뒤 여러 해 동안 그녀가 열심히 일한 덕에 1960년대 초반에는 그럭저럭 부채를 다 갚을 수 있었다. 호텔은 번창했고, 호텔의 명성이 높아지면서 각지에서 사람들이 몰려들었다. 라말라를 방문한 요르단 국왕과 그 수행단도 그곳에서 점심을 먹었다. 하지만 어머니와 단둘이 사는 미혼 여성이 주류까지 제공하는 호텔을 운영한다는 건 결코 쉬운 일이 아니었다. 호텔을 최고급으로 운영하기 위해서는 인맥을 쌓아야 했고 힘과 지혜를 가지고 행동해야 했다. 그러던 1967년 성수기를 코앞에 두고 아랍과 이스라엘 간의 제3차 중동전쟁이 발발해 라말라가 이스라엘에 점령당하는 사태가 벌어졌다. 어느 정도 상황이 정리되고 이제야 좀 돈을 모으는가 싶더니, 또 다른 난관이 들이닥친 것이다. 호텔을 사령부로 삼기로 한 이스라엘군은 아이다와 그녀의 어머니를 방 하나에 몰아놓고는 나머지 공간을 죄다 차지했다. 이런 상황에서 아버지가 아이다와 그녀의 어머니를 대신해 사방팔방으로 뛰어다닌 덕분에 결국 이스라엘군은 호텔에서 떠났지만, 호텔은 이미 군인들에 의해 엉망진창이 된 뒤였다.

아이다와 그녀의 어머니는 호텔을 정상화하기 위해 피땀을 흘려야 했다. 그러나 그 무렵엔 이미 호텔의 단골이었던 중산층들은 대부분 사라졌고, 외국 손님들의 발길도 끊어졌다. 지역에서 호텔을 찾던 고객들마저 더 이상 호텔을 방문할 수 없게 되자 아이다의 고통은 이만저만이 아니었다. 호텔을 계속 운영하긴 했지만, 사정은 예전 같지 않았다. 밤에 연주하는 밴드도 사라졌고, 카지노는 폐쇄되었다. 불안한 정적만이 호텔을 감쌀 뿐이었다.

그즈음 등장한 인물이 아이다보다 대략 열다섯 살 쯤 어린 조Joe였다. 항간에는 신붓감을 구하러 미국에서 건너온 청년이라는 소문이 돌기도 했지만, 사실 그는 아이다 가족과 오래전부터 알고 지내던 사이였다. 아이다는 그를 반갑게 맞아 주었고, 덕분에 그는 호텔이 완전히 문을 닫은 뒤에도 자신의 방에 계속 머물 수 있었다. 어머니는 그가 마치 저녁 식사에 초대되어 왔다가 그대로 눌러앉은 손님 같다고 말하곤 했다.

호텔이 문을 닫은 뒤 아이다의 어머니인 아우데 부인은 알츠하이머에 걸렸고, 아이다는 그런 그녀를 돌봐야 했다. 그때 커다란 도움이 된 게 바로 조였다. 그는 원래 성공회 교인이던 아이다를 성모 마리아의 품으로 인도했고, 조의 영향을 받아 가톨릭으로 개종한 아이다는 하루도 빠짐없이 미사에 참석하기 시작했다. 아우데 부인이 돌아가신 뒤 거리에서 마주친 아이다는 내게 "성모 마리아가 아니었다면 나는 버티지 못했을 거야"라고 말한 적도 있었다. 생전에 아이다의 어머니는 자신의 죽은 아들과 이름마저 똑같았던 조를 보며 아들이 환생한 것으로 여겨 점점 더 그에게 집착하곤 했다. 아이다 역시 조를 자신과 어머니를 구원하기 위해 성모 마리아가 보내신 하늘의 선물로 생각해 여간 끔찍이 여긴 게 아니었다. 그만큼 조는 자신의 역할을 잘 수행했고, 좋은 벗이었다.

어머니를 여읜 뒤, 가까운 가족 하나 남지 않은 아이다는 아우데 부인이 특히나 좋아했던 아프리카 제비꽃을 우리 할머니가 즐겨 앉던 테이블 옆 창틀에 계속 놓아두고는 어머니가 생전에 돌볼 당시처럼 늘 꽃이 피어있도록 세심하게 돌봤다. 그녀는 그것이 어머니의 넋을 기리기 위한 일이라고 입버릇처럼 말하곤 했다.

그녀의 어머니처럼 아이다도 식물을 좋아했고, 훌륭한 정원사이기도 했다. 요리든 정원 가꾸기든 호텔 경영이든 그녀는 마음먹은 일이라면 뭐든지 척척 해냈다. 모든 면에서 그녀는 많은 사람에게 행복한 기억을 남겨준 유능한 여인이었다.

추억이 깃든 내 꿈의 궁전 여행을 끝내고 나오려던 즈음 누군가 내 이름을 불렀다. 조였다. 본관 문 앞에는 그와 아이다가 나란히 서 있었다. 그들은 바깥에 앉아 햇볕을 즐길 참이었고, 내게도 함께 하자고 권했다.

84살의 아이다는 내가 기억하는 모습과 그리 다르지 않았다. 짙푸른 눈은 여전히 생생했고 얼굴색도 좋았다. 그녀는 짙은 청색 스웨터에 꽃무늬가 새겨진 청색 치마를 입고 있었다. 조가 내게 속삭였다.

"푸른색 옷을 입으면 눈도 푸르게 된답니다."

아이다를 끔찍이 보살피던 그는 곁에 서서 그녀를 조금이나마 더 편하게 해주기 위해 애쓰는 모습이 역력했다. 그런 그가 얼른 의자를 가져다준 덕분에 나는 아이다 옆에 앉을 수 있었다. 내가 다가가자, 그녀는 미소를 지으며 반가운 눈빛으로 나를 맞았다. 몇 년 전 뇌졸중을 겪은 뒤로 그녀는 말을 하지 못했다. 대신 그녀는 내게 손을 내밀었다. 내가 기억하기에 그녀의 손에 입을 맞춘 건 이번이 처음이었다. 그녀는 내 손의 촉감을 느끼고 싶은 듯 내 손을 꽉 움켜쥐었다. 그녀의 손은 섬세하고 따뜻했다. 그러다 그녀의 어머니가 그랬듯이 아이다가 울기 시작하자, 조가 그녀를 달랬다. 조는 우리 어머니가 돌아가신 걸 아이다에게 얘기하지 않았다며 내게도 입조심을 해달라고 신신당부했다.

나는 계속 그 자리에 남아 그녀가 얼마나 아름다운지, 그녀가 가꾼 정원이 얼마나 사랑스러운지, 그리고 지금 태양 아래 이렇게 앉아 있는 것이 얼마나 멋진 일인지를 이야기하며 그녀를 다독이려 애썼다. 옆에 있던 조 역시 맞장구를 치며 이렇게 말했다.

"맞아요. 아이다는 실내에 있는 걸 답답해합니다. 밖에 나와 있는 걸 좋아하죠. 다행히 아직 혼자 설 수는 있지만 도움이 필요해요. 뇌졸중으로 손이 불편하고 말도 잘 못 하거든요. 그녀의 친구 중 한 분도 7년 전에 뇌졸중을 앓았는데, 지금은 다시 말을 하세요. 그러나 불행하게도 아이다는 말을 못합니다. 뇌졸중이 온 건 2008년이었는데, 바로 알아차리질 못했어요. 당시에 의사는 알츠하이머라고 했지만, 완전히 잘 못 짚은 거였죠."

그녀는 계속 내 손을 잡고 있었다. 나는 그녀에게 들려줄 기분 좋은 얘깃거리가 없나 계속 머리를 굴리다가 예나 지금이나 그녀가 얼마나 사랑스러운지, 그리고 그녀의 정원이 얼마나 아름다웠는지를 재차 강조했다. 그러자 아이다가 그녀의 손을 내 머리에 올리며 힘겹게 말했다.

"고마워."

그 한마디를 꺼내는 것도 그녀에게는 엄청난 노력이 필요한 일이었을 것이다. 하지만 그녀는 말을 했고, 나는 그녀가 말하는 걸 듣고 볼 수 있어 기뻤다.

그곳을 떠나면서 나는 마지막으로 정원을 한 번 더 쳐다봤다. 그녀가 죽고 나면 누가 이 정원을 가꿔줄까 하는 데 생각이 미치자 안타까운 마음이 일었다. 누가 이 정원을 차지하게 될까? 아마도 그녀는 상관하지 않을 것이다. 조가 정원을 갖게 될까? 그렇다면 조는 정원을 어떤 식으로 가꿀까? 혹시 우리 같은 도시 토박이들의 추억이 깃든 이곳을 작은 땅덩어리들로 나눠서 파는 건 아닐까? 그래서 확 트인 이곳이 괴물 같은 고층건물들로 가득 찬 밀림이 되는 건 아닐까? 그녀에게는 유산을 상속할 가족이 없기 때문에 조가 호텔을 물려받게 될 테고, 그녀도 이를 잘 알고 있을 것이다. 동기가 무엇이든 간에 조는 이곳을 최상의 상태 그대로 유지하기 위해 노력해왔다. 그리고 그녀는 비록 남편도 자식도 없지만 조의 따뜻한 보살핌을 받으며 자신의 집이자 호텔인 이곳에서 계속 머물다가 결국 눈을 감게 될 것이다.

아이다를 만나고 난 뒤, 나는 페니와 내가 죽고 나면 우리 집이 어떻게 변할지 생각해봤다. 소설《하워즈 엔드Howards End》에서 작가인 E. M. 포스터Forster는 이렇게 적고 있다.

> 집들은 각기 고유한 소멸의 방식을 갖고 있다. 집들은 사람들만큼이나 다양한 방식으로 몰락한다. 어떤 집들은 비극적인 울부짖음과 함께 소멸하고, 어떤 집들은 조용하게 소멸해 유령도시에서 내세의 삶을 산다. 반면 다른 집들은 …… 육체가 소멸하기 전에 영혼이 먼저 빠져나간다.

내가 바라는 게 있다면, 우리가 살아있는 동안 이 집의 선한 기운이 지속되고 우리가 그것을 가능한 한 오래도록 누렸으면 하는 것이다. 그 이상은 더 바랄 게 없다.

7월 21일

-

새로 문을 연 라말라 문화궁전 마당에서 열린 대중예술센터의 댄스 공연을 보고 이제 막 돌아왔다. 공연은 서안지구가 겪고 있는 물 부족 사태에 관한 관심을 환기하기 위해 마련된 것이었고, 그곳에서 우리는 그와 관련된 다양한 정보를 얻을 수 있었다. 비록 늦게 도착하는 바람에 공연을 소개하는 내용 전체를 듣지 못했지만, 주최 측이 양심수 가족들을 무료로 공연에 초대했다고 말하는 대목은 들을 수 있었다. 당연히 노래와 춤 중에는 저항을 주제로 하거나 연대를 촉구하는 것들이 많았다. 전체적으로 공연은 생동감이 있었고 뛰어난 춤꾼들도 눈에 띄었다. 나는 양심수 가족들이 이 공연을 보며 무엇을 느꼈을지 상상해보았고, 대중예술센터가 춤을 저항의 한 방식이라고 주장한 것은 뛰어난 발상이었다는 결론에 도달했다. 춤에는 분명 적극적이고 희망을 주는 무언가가 있었다. 지금처럼 엄혹한 시기에는 우리 모두에게 이런 것이 필요하다.

한편 그곳에서 젊은 남녀들이 스스럼없이 편하게 어울리는 모습을 지켜보며, 나는 내가 얼마나 이방인으로 키워졌고 또 머물러 왔는지를 생각했다. 부모님이 자파를 떠나오면서도 끝까지 놓지 않으려 했던 저 거추장스러운 체면은 도대체 무슨 의미가 있으며, 그들이 젊었을 때의 삶을 다시 즐길 기회는 언제 사라져 버린 걸까? 사람들과 동떨어진 내로라하는 집안 출신의 초연한 이방인으로 남느니, 차라리 저렇게 뒤섞여 어울리며 살아가는 게 더 낫지 않았을까?

사람들의 외출을 망설이게 하던 이스라엘 군용 지프들이 거리에서 사라지면서 라말라의 밤 문화는 다시 번성하고 있다. 팔레스타인 경찰력이 늘어남에 따라 길에서 위협적으로 말을 걸어오던 무장 민간인들과 마주치거나 차를 도둑맞을 일이 줄어들었다. 좋지 않은 과거를 지닌 우리의 보안군에 비해, 지역 경찰은 법과 질서를 유지하는 임무를 잘 수행하고 있다. 거리에는 한 유럽국가에서 보내 준 경찰차들이 순찰을 하고 있는데, 차츰 그 횟수가 늘고 있다. 경찰들의 처신도 전체적으로 훌륭하며, 다들 제복을 입고 무전기를 갖추고 있다. 야세르 아라파트가 살아 있을 때와 비교하면 모든 것이 달라졌다. 그가 살아 있을 당시에는 모든 것이 유동적이고 무질서가 팽배했다. 그로 인해 팔레스타인 사회는 부패했고 국가를 가질만한 자격이 없다는 인상을 준 것이 사실이다. 항상 자신의 자동차가 도난당할지도 모른다는 불안 속에서 누가 살고 싶겠는가? 그래서였을까? 한때는 나조차, 이스라엘 사람들이 장벽을 건설해 그런 불량배들을 들어오지 못하게 함으로써 우리가 평화롭게 살 수 있는 가능성을 열어주는 게 더 낫겠다고 생각한 적이 있었다.

7월 22일

방금 미국 영사관의 발표를 들었다. 가자 지구 학생들이 미국에서 주는 장학금을 받게 되면, 미국은 그들을 예루살렘에 있는 영사관으로 보내 다른 사람들로부터 격리하고 서안지구에 있는 사람들과의 접촉을 차단할 거란다. 그리고 그들이 비자를 받고 나면 알렌비 다리를 통해 요르단으로 이송한 뒤 똑같이 격리할 거라고 자랑스럽게 선언하는 내용이었다. 미국이 이제 이스라엘의 운전기사 노릇을 할 것이라는 얘기다. 권력관계가 완전히 뒤집혀버린 순간이다!

좀 전엔 팔레스타인 아메리카 연구센터PARC에서 일하는 하딜 카자즈Hadil Qazzaz가 우리 집에 들렀다. 그녀는 가자 출신이었지만 가자에 살고 있는 여동생을 지난 5년 동안 보지 못했다. 그러다 동생이 풀브라이트 장학금을 받고 예루살렘의 미국 영사관으로 옮겨졌다는 소식을 들은 그녀는 어렵게 방문 허가를 받아서 동생을 보기 위해 예루살렘으로 갔다.

하지만 자매는 만나지 못했다. 미 영사관이 이스라엘과의 협약에 따라 그녀의 동생을 영사관 안의 다른 민원인들과 격리했기 때문이다. 이런 사실을 몰랐던 그녀는 궁여지책으로 주유소에서 동생을 기다렸다. 동생을 '호송해' 가는 미국 관리들이 주유소에 들렀을 때 동생을 볼 수 있게 해달라고 부탁할 참이었다. 다행히 그 방법이 먹혀들어 영사관 차가 주유소에서 기름을 넣는 동안 자매는 잠깐이나마 재회할 수 있었다고 한다.

7월 23일

우리 집 옆에 있는 언덕 아래에서 산호 화석을 좀 가져와야겠다는 생각을 전부터 하고 있었다. 새 도로가 뚫리고 건물 공사가 진행되면 화석들이 모두 산산조각이 날 것이기 때문이다. 마침내 오늘에서야 계획을 실행에 옮긴 나는 가능한 한 많은 산호 화석을 집으로 가져왔다. 꽤 무거웠다. 배낭 가득 산호 화석을 넣고 집으로 오던 중, 크고 멋진 돌 하나를 발견하고는 그것까지 손에 집어 들고 왔다. 숨을 헐떡이며 서둘러 언덕을 오르는데, 지인과 그 어머니가 사륜구동 자동차를 타고 새 건물 부지로 향하는 모습이 눈에 들어왔다. 그들은 나를 보고 반가워했다.

"도와 드릴까요?" 그들이 말했다.

"예쁘죠?"

내가 그들에게 들고 가던 돌을 보여주자, 지인은 건성으로 "좋네요"라고 대답했다. 그 돌이 무엇이고 어디서 났는지, 내가 왜 그 돌에 관심을 기울이는지는 묻지도 않았다. 그들은 할아버지 대부터 물려 내려온 땅을 둘러보기 위해 차를 몰고 가던 중이었지만, 주변 풍경에는 전혀 흥미가 없는듯했다. 그들의 관심은 온통 할머니 품에 안겨있는 지인의 아이에게만 집중되어 있었다. 이 따분한 사람들의 계보에 최근 새롭게 등장한 아이였다.

화석으로 가득 찬 배낭을 지고 다시 언덕을 오르며 그들이 내 별난 행동을 보고 가족들에게 이 '광경'을 어떻게 전할지 상상하자 웃음이 절로 나왔다.

한편, 봄이 되면 언덕에서 이따금 눈에 띄는 피라미드 난초가 우리 집 정원에 나타났다. 분명 건설공사로 언덕에서 쫓겨난 뒤 살아남기 위해 우리 집 정원으로 들어온 것이리라. 이렇게 집중적으로 진행되는 공사로 인해 한때 잔디뿐이었던 우리 집 정원은 언덕에서 쫓겨난 야생화들의 피난처가 되어버렸다. 나는 그곳에다 아무것도 심지 않고 그대로 내버려두려고 한다. 그리고 그곳에 주워 온 산호화석들을 전시해놓을 생각이다.

7월 26일

\-

오늘 아침에 거울을 들여다보다가 근엄한 표정에서부터 안경을 쓴 눈과 가늘게 다문 입술까지, 내가 점점 외할아버지 살림Salim을 닮아가고 있다는 생각이 들었다. 갑자기 외할아버지를 떠올린 건 아마 내가 자파를 방문할 예정이었기 때문일 것이다. 외할아버지는 지금의 나보다 더 젊은 나이에 자파를 떠나야 했고, 얼마 지나지 않아 돌아가셨다. 페니와 나는 초창기 팔레스타인 사진작가 중 한 명인 칼릴 라드Khalil Raad의 작품전과 또 다른 회화 전시회인 '로컬 히어로: 이스라엘 그림 속 아랍인의 이미지Local Hero: The Image the Arab in Isareli Paintings'를 보기 위해 텔아비브로 향했다. 그리고 전시회를 본 뒤 자파 해변에서 점심을 먹었다.

칼릴 라드는 1854년에 태어나 1957년에 세상을 떠났다. 그러므로 그의 작품들은 모두 나크바 이전, 즉 영국 위임통치기의 팔레스타인에 관한 것이다. 그리고 상당히 많은 사진은 내 어머니가 태어

나서 인생에서 가장 행복했던 22년의 세월을 보낸 항구도시 자파를 배경으로 하고 있었다. 자파의 항구와 분주한 시장 풍경이 기록된 사진을 보면서 나는 어머니가 이곳에서 어떤 어린 시절을 보냈을지 상상해보았다. 좁고 번잡한 길을 따라 텔아비브로 걸어가거나 수영을 하러 바다로 내려가는 어머니의 모습이 머릿속을 스쳐 지나갔다.

어머니가 돌아가신 뒤 우리는 침대 옆 작은 수납장에서 직접 손글씨로 쓴 영어 일기장을 발견했다. 자파에서 살면서 예루살렘에서 공부하던 1944년부터 1945년까지를 기록한 그 일기장에는 예루살렘 레하비아Rehavia의 영국 여학교에서 기숙사 생활을 하며 유대인, 무슬림 친구들과 같은 방을 썼던 당시 어머니의 일상이 고스란히 담겨 있었다. 일기의 시작은 이랬다.

1944년 1월 1일 토요일

성대한 파티와 함께 1943년이 기분 좋게 끝이 났다. 살마 다하니Salma Dajani의 결혼을 축하하기 위해 열린 파티에는 그녀의 남편을 포함해 대략 30여 명 정도가 참석했다. …… 파티가 끝날 무렵 딥은 얼큰하게 취했고, 우리는 그를 놀려댔다. 파티는 새벽 2시쯤 끝났다.

나는 평소보다 아주 늦게, 아침 9시쯤에야 일어났다. 무척 피곤했다.

1944년 1월 2일 일요일

아침 8시에 일어나서 서둘러 옷을 입고 아침을 먹은 뒤, 9시쯤 살리브에게 들렀다가 11시 30분에 텔아비브로 갔다. 살리브는 그녀의 어머니를 위한 블라우스 한 벌을 샀고, 나는 내가 입을 회색 옷을 한 벌

샀다. 다하니가 우리를 데리러 텔아비브까지 와준 덕분에 우리는 옷을 입고 그녀와 함께 떠났다.

크리스마스 휴가는 1월 10일 월요일에 끝났다. 휴가의 마지막 일요일에 어머니는 일기장에 이렇게 적어놓았다.

> 12시에 우리는 점심을 먹고 텔아비브로 가서 빨간 두건을 샀다. 그 두건을 사기까지 먼 길을 걸으며 마음이 수백 번도 더 바뀌는 걸 경험해야 했다.
> 그런 다음 극장에 갔다. 줄을 서 있는데 에밀 앞으로 끼어들려는 유대인 때문에 둘 사이에 실랑이가 벌어졌다. 어쨌든 그 날 우리는 오리온 극장에서 〈마음의 행로Random Harvest〉를 봤다.

일기는 2학기에도 계속 이어지고 있었다. 그중 3월 20일 화요일 일기에는 이런 내용도 있었다.

> 오늘은 우리 기숙사생들이 준비한 연극을 공연하는 날이다. 우리는 모두 매우 흥분된 상태로 잠에서 깼다. 오후에는 다들 학교에 가는 대신 공연준비에 매달렸고, 2시 15분에 여학생들이 입장하기 시작했다. 곧바로 바로우 양이 연극의 등장인물들을 소개했다. 미스 마치 역에 루시 와히드, 베스 역에 위다드 샤하다, 에이미 역에 타마라 코헨, 조 역에 살와 압델하디, 요리사 한나 역에 시함 샤와, 미스 크로커 역에 나자 아주니가 소개되었다. 마지막에 미스 크로커 역이 나자라는 얘기를 듣자, 소녀들은 모두 자지러졌다.

연극은 대성공이었고, 관객들은 배꼽을 잡았다. 연극이 끝난 뒤 돈을 세어보니 모두 14파운드가 입장료로 들어왔다. 바로우 양이 늙은 목사님에게 나자와 타마라를 소개했고, 살마와 나자가 목사님에게 돈을 전달했다. 모두가 즐거운 시간이었다.

오슬로 협약이 체결되고 5년이 지난 1998년 어머니는 이스라엘 영화감독 에스더 다Esther Dar의 요청으로 살마 다하니, 샤로나 아론Sharona Aharon, 올가 벨카인드Olga Belkind와 함께 〈네 친구들Four Friends〉이라는 영화에 출연했다. 네 사람은 영국 여학교에 함께 다니며 기숙사 생활도 같이했던 친구 사이였다. 살마는 당시 살고 있던 런던에서 날아왔고, 두 이스라엘 여성은 텔아비브에서, 그리고 어머니는 라말라에서 합류했다.

네 사람은 예루살렘의 아메리칸 콜로니 호텔에서 졸업한 지 근 50년 만에 처음으로 재회했다. 그녀들은 레하비아에 있는 모교를 함께 방문했다. 살마와 어머니는 각자 1948년에 쫓겨났던 자파의 집을 찾아보기도 했다. 그것은 씁쓸하면서도 달콤한 경험이었다. 애초 어머니는 영화에 출연하는 것을 두고 많이 망설였지만, 내가 적극적으로 권유한 덕분에 그런 경험을 누릴 수 있었다.

영화 속에는 살마가 버려진 아버지의 무덤 앞에 서서 눈물을 흘리는 가슴 뭉클한 장면이 나온다. 그녀의 어머니는 남편이 설립하고 운영했던 병원의 정원에다 그를 묻었더랬다. 이와 대비되는 장면으로 감독은 올가와 그녀의 오빠가 텔아비브에서 한때 살았던 집을 찾는 장면을 찍었다. 하지만 올가 남매가 이사 때문에 집을 옮긴 것을 나크바 때문에 집을 잃은 살마의 경우와 동일 선상에 놓는다는 건 나크바의 의미를 깎아내리는 것이었다. 이로 인해 영화의 진실성과 신뢰가 훼손되었고, 처음엔 설렘으로 영화를 보셨던 어머니께서는 그 이후 다시는 영화를 보지 않으셨다.

그러다 어머니가 돌아가시고 1년이 지난 어느 날, 올가로부터 전화가 걸려왔다. 그 사이에 샤로나도 세상을 떠났고, 살마는 건강이 좋지 않았다.

"어머니 번호로 전화했는데 통 받지를 않네요. 여러 번 전화를 걸었는데, 어머니는 어떻게 지내나요?" 올가가 물었다.

"어머니는 돌아가셨습니다."

"세상에, 언제 그랬나요? 많이 아팠나요?"

곧이어 그녀의 딸이 수화기를 넘겨받아 자신의 어머니가 내 어머니를 사랑했고 두 사람이 특별한 우정을 지녔었다는 이야기를 건넸다.

"당신이 이런 사실을 알고 있는지는 모르겠지만, 저는 알고 있었답니다. 저 역시 당신 어머니 걱정을 많이 했어요. 어머니와 저는 당신 어머니 위다드를 생각하며 꼭 만나러 가보자고 얘기했어요."

나는 묵묵히 듣고만 있었고, 그녀는 계속해서 말했다.

"당신의 책도 갖고 있는데, 한 번 들러 주시면 정말 좋겠어요. 우리는 자파에 살고 있습니다. 제 휴대전화 번호를 불러드릴게요. 다른 책은 또 안 쓰시나요?"

전화를 끊고 나서 나는 생각에 잠겼다. 만약 친구 올가가 자신이 쫓겨난 도시로 가서 살고 있다는 소식을 어머니께서 들으셨다면 어떤 반응을 보이셨을까? 아마 틀림없이 자애로운 태도로 어떤 원망도 드러내지 않고 올가와 긴 통화를 이어나가셨을 것이다. 둘은 사이좋게 수다를 떨고 서로의 근황을 전했겠지. 어머니는 당신의 운명을 견뎌낸 것처럼 그때그때의 상황에 잘 대처해나가는 분이셨다. 나는 돌아가신 뒤에야 어머니가 어떤 역경을 지나왔는지를 깨달았고, 그녀가 겪어야 했던 고통에 아직도 나 자신이 분노하고 있다는 사실을 발견했다.

처음에는 모든 것이 순조롭기만 했던 게 어머니의 삶이었다. 자파에서의 나날은 꿈만 같았고, 학교를 졸업한 뒤 얼마 되지 않아 아버지와 결혼도 했다. 두 분의 결혼식은 한동안 자파에서 가장 멋진 결혼식으로 기억되었다. 어머니는 도라Dora가 만든 아름다운 웨딩드레스를 입었고, 카풀스키Kapulski가 만든 커다란 웨딩케이크가 등장했으며, 꽃을 든 흰옷의 소녀들은 천사 같았다. 당시의 결혼식 사진들을 보면 모든 것이 얼마나 세심하게 준비되고 진행되었는지 잘 알 수 있다.

하지만 부모님은 신혼집에서 채 3년을 지내지 못했다. 유대인 테러리스트 집단인 스턴갱Stern Gang+이 신혼집에서 가까운 '사라야Saraya'•란 이름의 보육원에 폭탄을 투척하면서 안전에 위협을 느끼게 되자, 모든 것을 남겨둔 채 어린 딸과 함께 보금자리를 떠날 수밖에 없었던 것이다. 결국 부모님은 자파에서 그리 멀지 않으면서 여름별장이 있던 라말라로 이주했다. 자파를 떠나면서 어머니는 인생에서 유일하게 평온하고 행복했던 시기와도 결별했다. 이후 어머니 앞에는 힘겹고 굴곡진 삶이 놓여 있었다.

어머니의 행복한 삶이 오래 지속될 수 없었던 건 어쩌면 모든

+ 영국령 팔레스타인에서 창설된 전투적 시온주의 집단.

• 터키어로 궁전이라는 뜻.

게 너무나 완벽했기 때문인지도 모르겠다. 외할아버지는 성공한 판사이면서 동시에 성공한 투자가였다. 그는 현명한 투자를 통해 자파 중심가에 있는 누자 거리Nuzha Street의 호텔 소유주가 되었다. 그뿐만 아니라 아버지는 자파에서 가장 잘 나가는 변호사였다. 외할아버지와 부모님은 빠르게 발전하는 국제적인 도시를 기반으로 원대한 야망과 계획을 갖고 있었다. 여름휴가 때면 유럽이나 레바논으로 여행을 떠났고, 해외로 나가지 않을 때는 라말라에 있는 여름 별장에서 휴가를 보냈다. 그러던 세 분이 이 모든 것을 잃고 궁핍 속에 살아야 하는 신세가 된 것이다.

만약 그렇지 않았다면 어머니는 앞날이 창창한 여성으로 성장해갔을 것이다. 그러나 어머니는 한 번도 경험해본 적이 없는 가난을 감내해야 했고, 적은 돈으로 근근이 살림을 꾸려나가야 했다. 어머니의 일기 마지막 페이지들은 피아스터+로 계산된 가계부로 채워져 있었고, 거기에는 빵과 우유를 사는 데 쓴 돈이 실링 단위까지 기록돼있었다. 덕분에 우리는 라말라에서도 가장 가난한 동네에 있는 데다 외풍이 심해 난방마저 거의 불가능할 정도로 추운 집에서 자랐다.

그럼에도 비극은 어머니 곁을 떠날 기미를 전혀 보이지 않았다. 어머니는 모든 안락함을 빼앗김과 동시에 사랑하는 이들을 하나둘씩 잃었다. 자파의 안락한 집과 남편의 사무실을 잃어버린 데 이어, 정신적 충격으로 무너져가던 외할아버지마저 망명지 레바논에서 심장마비로 돌아가신 것이다. 생의 마지막 순간까지도 어머니는 외

+ 터키, 레바논, 이집트, 시리아, 수단 등지의 화폐단위.

할아버지가 살아계셨으면 1948년 나크바 이후 아버지가 정치에 투신하는 것을 단념시킬 수 있었을 테고, 그랬다면 우리 가족의 삶이 더 나빠지지는 않았을 것이라고 믿었다. 아버지를 일찍 여읜 사위에게 외할아버지는 아버지 같은 존재였기 때문이다. 외할아버지가 돌아가신 뒤 까다롭고 이기적인 외할머니를 돌보는 것도 어머니의 몫이었다. 외할머니를 모셔야 했던 부모님에게는 선택지가 그만큼 좁을 수밖에 없었다. 한때 부모님은 미국 이민을 생각하기도 했지만, 외할머니를 홀로 두고 떠날 수가 없었다. 그 뒤 어머니가 모든 면에서 의지했던 아버지가 범죄자에게 살해당하는 일이 벌어졌다. 무법천지의 이스라엘 군사통치가 빚어낸 살인이었다. 과부가 된 어머니는 홀로 살림을 꾸려나가야 했다. 어머니는 말년에 "1936년 아랍 봉기부터 1948년 전쟁, 1967년 점령, 2002년 라말라 침공까지 내 인생엔 한시도 전쟁이 끊일 날이 없었다"고 입버릇처럼 말씀하시곤 했다. 그런 어머니가 팔순을 넘겼을 때 이스라엘 당국은, 어머니가 사랑했고 또 일상생활에서 모든 걸 의지했던 가사도우미의 비자 갱신마저 거부했다.

얼마 전에는 최근에 개봉한 신작 영화 〈아자미Ajami〉를 봤다. 어머니의 도시, 자파에 관한 영화로 아카데미 외국어 영화부문 후보에 올랐던 이 작품은 보는 내내 나를 고통스럽게 했다. 영화는 마약과 살인, 복수와 범죄조직의 공포를 다루고 있다. 배경이 자파가 아니었다면 영화는 걸작이 되었을 것이다. 멕시코나 시카고를 배경으로 한 비슷한 영화들처럼 말이다. 하지만 영화는 멕시코나 시카고 대신 자파의 오늘을 배경으로 한다.

일단 영화가 깔고 있는 이데올로기적인 전제 자체가 나를 언짢게 만들었다. 영화는 은연중에 이스라엘을 정글처럼 위험한 지역의 한복판에 놓인 국가로 묘사한다. 이는 자신들이 이웃들을 상대로 주기적으로 치르는 살인적인 전쟁과 군사주의를 정당화하는 이스라엘인들의 시각을 그대로 답습하는 것이다. 영화 내용만큼이나 불쾌한 일이다. 영화는 아랍 남성을 서로 포옹하는 버릇이 있는 야만인으로 묘사한다. 이들은 잔인무도한 살인자들이지만 서로에게는 한없이 부드럽다. 일례로 안경을 쓴 왜소한 체격의 점잖은 이스라엘 사람이 일단의 아랍인들에게 다가가 양들이 울어대는 통에 밤에 잠을 잘 수가 없다고 항의하자(감독은 양들이 밤에는 울지 않는다는 사실을 모르는 것 같다), 거리의 물담배 카페Nergila에 둘러앉아 있던 남자들은 잠자코 말을 들어주지는 못할망정 아예 그를 칼로 찔러 죽여 버린다. 정말 단순하지 않은가? 이것이 아랍인의 모습이며 일반적인 행동 방식이라는 것이다.

영화는 이스라엘 안에 있는 아랍인들의 모습을 왜곡하는 데서 그치지 않는다. 일자리를 찾기 위해 서안지구에서 몰래 숨어들어온 아랍인들 역시 도둑에다 살인자들로 묘사된다. 이를테면 실종됐던 유대인 병사 한 명이 살해된 채로 발견된다. 그가 늘 끼던 손목시계는 도난당한 상태였다. 이와 동시에 자파로 숨어들어온 서안지구 출신의 한 노동자가 등장한다. 영화 속에서 불쌍하기 짝이 없는 인물로 묘사되는 그는 이스라엘 사장에게 죽은 병사의 시계를 선물한다.

이렇게 영화 속 이스라엘 유대인들의 모든 고통은 범죄 집단에 불과한 잔혹한 아랍인들과 나란히 이웃하며 살아야 하는 현실에서 비롯된다. 아랍인들의 정의는 '술하Sulha'+와 관습법에 따른 정의다. 그들은 주변부, 다시 말해 문명화된 이스라엘의 규범 바깥에서 살아가며, 따라서 무고한 이스라엘 시민들에게 항구적인 위협이 된다는 것이다.

하지만 아랍인들은 왜 이런 삶을 살게 되었는가? 무엇이 그들을 이렇게 이끌었고, 왜 그들은 이렇게 가난한가? 영화는 이런 문제들에 대해서는 침묵한다. 아랍인들이 사회 속에서 부닥치는 차별이나 그들을 향한 경찰의 야만적인 억압에 관해선 아무런 언급도 암시도 없다. 역사적 배경과 사회적 환경에 관해서도 마찬가지다. 아자미란 동네가 어떤 곳이며 지금 그곳에 살고 있는 사람들은 어디에서 왔는지, 원래 그곳에 살던 사람들은 어떤 이유로 어디로 갔는지에 대한 설명이 전혀 없다. 이스라엘의 모든 범죄행위는 철저히 무시되고, 아랍인들의 악행만이 그려질 뿐이다. 그러니 관객들로서는 아랍인들이 본성적으로 폭력배이자 다혈질적인 살인자들이라고 믿게 된다. 게다가 영화 속에서는 어떠한 구원이나 희망의 가능성도 발견할 수 없다. 이 영화에 따르면 아랍인들은 너무 폭력적이기 때문에 이스라엘의 처지에서는 그들을 억압하고 서안지구 안에 분리장벽을 건설하는 것 말고는 다른 대안이 없는 것처럼 보인다. 야만인들로부터 문명인들을 분리해서 보호해야 한다는 것이다. 범죄자들을 격리해야 평화를 사랑하는 이스라엘 유대인들이 고상하고 교양 있는 생활을 영위할 수 있다.

결국, 이 영화는 내 부모님들의 도시, 자파에 대한 모욕의 완결판

+ 아랍사회에서 내부의 갈등을 합의를 통해 해결하던 방식을 뜻한다.

처럼 느껴졌다. 이스라엘의 초대 총리 벤구리온이 그토록 파괴하길 원했던, 그리고 그 안의 사람들을 강제로 추방하는 걸 넘어 욕보이고 싶어 했던 바로 그 도시 자파 말이다. 1936년 7월의 한 일기에서 그는 "자파의 항구와 도시가 파괴되는 건 대환영이다. 자파가 파괴되도록 내버려두라. 그게 낫다. 자파가 지옥이 된다 해도 나는 슬퍼하지 않을 것이다"라고 적고 있다. 그리고 이 영화는 한때 바다의 신부로 칭송받던 도시를 벤구리온과 똑같은 방식으로 조롱한 셈이다.

자파의 시련은 아직 끝나지 않았다. 요즘은 유대교에 기초한 종교적 시온주의자들과 세속적 시온주의자들 사이의 갈등이 이스라엘 중심 지역으로 이동했다. 이 갈등의 화약고 중 하나가 바로 자파다. 유대교 광신도들에 따르면 이스라엘 중부지역을 차지하기 위한 투쟁은 반드시 이겨야 할 힘겨운 싸움이다. 이에 대해 텔아비브-자파 시의회에서 이스라엘 좌파 정당 '메레츠Meretz'의 당수는 이렇게 말했다.

"우리가 알지 못하는 사이에 조용히, 바로 우리의 코 밑에서 선동적인 핵심 집단들이 자신들의 영향력을 강화하고 유대인과 아랍인들 사이에 적대감과 불신을 부채질하고 있다. 자파를 유대화 하려는 유대인 정착민들의 이런 움직임을 그 주민들이 알고 있는지 모르겠다. 그들은 스스로를 늪지를 개간한 개척자 세대의 후손이라고 여긴다."

2년 전에 랍비 엘리야후 말리Eliyahu Mali는 부인과 아홉 자녀를 그대로 둔 채 라말라 인근의 유대인 정착촌 베이트 엘Beit El을 떠나, 한때 자파의 상류층 동네였던 아자미로 이주했다. 한 인터뷰에서 그는 자신들이 지난 30여 년 동안 정착촌에서 거대한 계획을 수행해왔다고 말했다. 그리고 그 땅에서 유대인들의 정착이 안정화됨에 따라, 이제 투쟁의 장소를 다른 곳으로 옮길 필요가 있다는 것이다. 말리가 아자미에서 구상하는 새로운 계획은 '아터렛 코하님Ateret Cohanim'+ 웹사이트에 올려놓은 그의 강의에서 확인할 수 있다. 예를 들어 이스라엘 왕국의 초대 왕 사울과 그들의 영적인 뿌리에 관한 강의에서 말리는 "준비된 나라, 영원의 왕국이 있다"고 설명한다. 그런 다음 그는 학생들에게 묻는다.

"자네들은 아무 문제없이 와크프를 몰아내고 오마르 사원을 파괴한 뒤 성전산을 정복해 유대교 사원을 건설할 수 있을 걸세, 그렇지 않나? 하지만 텔아비브 북쪽에 사는 누군가는 '당신들 정신 나갔어?'라고 하면서 자네들의 무책임한 행동이 시온주의의 구상 전체를 위험에 빠트리고 있다고 말할 걸세. …… 그들이 상황을 어떻게 바라보는지 이해할 수 있겠나?"

그러고는 계속해서 이렇게 말을 잇는다.

"민족의식을 형성한다는 건 점진적이고 느린 과정이야. 민족이 자네들 편에 설 때까지 기다리기 전에 텔아비브에 진출해야 해. 그거 말고는 다른 방법은 없어."

이 광신도들은 아랍인들을 물리치기 위한 싸움은 끝났다고 믿는다. 이미 승리했다는 것이다. 그러므로 그들에게 남은 과제는 세속적인 유대인들과 싸우는 것뿐이다. 내가 이걸 다행이라고 여겨야 할까?

+ 예루살람 구시가의 무슬림 지역에 있는 정통파 유대교도들의 단체. 그들은 동예루살렘에서 무슬림을 몰아내기 위한 다양한 활동을 벌이고 있다.

7월 27일

라말라의 예루살렘연구소에서 나크바에 대한 아딜 마나Adil Manaa의 강연을 들었다. 아딜 마나는 이스라엘 출신의 팔레스타인 역사학자다. 나는 나크바에 관한 구체적인 역사적 사실들을 다시 한 번 들으면서, 내가 1948년과 나크바에 관한 이야기를 듣거나 영화를 보는데 식상함을 느낀 적이 단 한 번이라도 있었는지 궁금했다. 그것은 천일야화에 등장하는 샤흐리야르Shahryar 왕이 셰에라자드Scheherazade의 이야기에 귀를 기울였던 것과 비슷했다. 우리는 매번 당혹스러웠고 어떻게 그런 일이 일어날 수 있었는지, 왜 일어났는지, 또 그것이 어떻게 설명되고 이해되는지 끊임없이 생각했다. 앞으로도 계속 그럴 것이다.

홀로코스트 이야기에 매번 감동하는 유대인들의 심정도 이런 걸까?

7월 28일

어젯밤에 친구 레마Rema의 아버지 하산Hassan을 저녁 식사에 초대했다. 그는 내게 자파에 남아 있는 아랍인 구역을 보호하기 위해 자파의 옛 거주자들과 현 거주자들을 접촉하고 지원을 끌어내기 위해 노력하는 단체, '라비타Rabitah'에 관해 설명해줬다. 원거주민들 중 현재 자파에 살고 있는 사람은 6,000명이 채 되지 않는다. 그러나 하산은 1948년에 쫓겨난 사람들의 후손을 100만 명 정도로 추산하고 있었고, 이들과 아직도 자파에 살고 있는 아랍인들 사이의 관계를 어떻게 이어나갈지 고심하고 있었다. 내게 그것은 거의 불가능한 일처럼 느껴졌지만, 가족의 재산을 모두 잃고도 이곳에서 자수성가한 하산에게 불가능이란 없어 보였다.

하지만 자신의 가정과 재산을 잃은 사람들의 입장에서는 차라리 모든 것이 끝났다고 생각하는 편이 나을지도 모른다. 후손들이 아직 그곳에 살고 있다는 사실을 상기시키고 그것에 집착하는 것은 강제로 추방되었던 사람들의 마음속에서 텅 빈 도시의 이미지를 불식시켜주긴 하겠지만, 남겨진 것은 이미 이스라엘 당국에 몰수당했고 이제 그들의 것이 아니기 때문이다. 그런데도 왜 옛 자파의 모습을 지키려 애를 쓰는 걸까? 우리가 사랑하는 사람을 잃었을 때 대처하는 방식만 봐도 그렇지 않나? 일단 우리가 죽음을 받아들이기 시작하면, 다시는 되돌릴 수 없다는 사실 자체가 심리적인 부담을 덜어준다. 도시 속에서 꿈틀거리며 남아있는 아랍인들의 삶을 떠올리는 행위는 고통스러운 일이며, 과거와 직면하는 걸 더욱 어렵게 만들지도 모른다. 하지만 이런 의구심에도 불구하고 결국 나는 낙관론자인 하산이 자파를 방문하는 길에 따라나서기로 했다.

우리는 먼저 라비타의 전 의장이었던 가비 아베드Gaby Abed를 방문했다. 그의 아내는 프레레 성 요셉 대학Frères St Joseph College의 총장으로, 두 사람은 아자미의 전형적인 중산층 저택에 살고 있었다. 부부는 한때 이스라엘 정부의 차지였던 이 집을 오랜 투쟁 끝에 다시 사들일 수 있었다. 정말 멋진 저택이었다.

그 집은 오늘날의 음울한 현실 속에서도 예전의 모습을 그런대로 잘 보존한 아랍식 고택으로, 한 시대의 특징을 보여주는 박물관 같았다. 자파의 아랍 부유층 저택이 어떤 모습이었는지를 보여주는 몇 안 되는 본보기 중 하나임이 분명했다. 바닥에는 이제까지 본 것 중에 가장 아름다운 타일이 깔렸고, 웅장하고 높은 천장과 뾰족한 아치들로 장식된 길고 널찍한 거실을 중심으로 다른 방들이 펴져 있었다. 지금 우리가 사는 형편에 딱 맞는 구조는 아니었지만, 아주 매력적인 내부를 갖춘 것만큼은 부정할 수 없었다.

자파의 아랍인 인구는 주변 도시와 농촌들에서 새로 유입된 사람들을 포함해 대략 2만 명 정도로 추산된다. 이들 대부분은 힘겨운 생활을 이어가고 있다. 많은 사람이 다 쓰러져 가는 건물에서 살고 있지만, 개축은 허용되지 않는다. 건물의 개보수를 금지해놓고는 건물이 위험하니 포기하고 나가라고 하는 이스라엘 당국의 기만적인 전술 때문이다. 그렇게 해서 거주자들을 내몰고 나면 건물을 인수해서 개조하는 것이다. 현재 약 200여 채가 넘는 주택이 허가 없이 건축되었거나 개조되었다는 이유로 이스라엘 당국과 소송 중에 있다고 한다.

가이드 중 한 사람은 현재 라비타의 의장인 오마르 식식Omar Siksik 이었다. 오마르의 가족은 시장 번화가에 자신들의 이름을 딴 건물 몇 채를 소유하고 있었다. 그런 오마르가 건물 하나를 가리켰다. 안전에 문제가 있지만, 개보수가 불가능하다는 이유로 이스라엘 당국에 몰수됐다가, 새 유대인 건물주에게 소유권이 넘어간 뒤 개축이 진행되고 있는 오마르 가족의 건물 중 하나였다. 또 다른 건물은 위층으로 올라가는 계단이 낡아서 무너졌지만, 허가가 나지 않아 아직도 수리하지 못하고 있었다. 집주인이 자기 집 위층에도 올라갈 수 없는 상황이었다. 하지만 오마르는 기가 막힌 해결책을 찾아냈다. 바퀴가 달린 철제 계단을 사서 설치한 것이다. 바퀴가 달린 계단은 땅에 고정된 것이 아니므로 허가가 필요 없었다.

1948년 이전에 텔아비브는 비좁은 골목들로 가득 찬 불결한 인구밀집지역으로 여겨지던 자파와 확연히 다른 모습으로 건설되었다. 이 새로운 유대 도시에는 넓고 곧은 도로와 탁 트인 공공용지가 확보되었고, 그 결과 '하얀 도시'라는 별명까지 얻을 수 있었다. 하지만 현재 자파 아자미 구역에 남아있는 건물들은 텔아비브에 있는 어떤 집들보다 높은 인기를 누리고 있으며, 비싼 값에 팔리고 있다. 자파는 고급주택지로 변화하고 있고, 그곳에 남아있는 아랍인들의 자산은 이스라엘 당국에 수용된 뒤 부유한 유대인들에게 팔리고 있다. 지중해를 내려다볼 수 있는 절벽 꼭대기같이 최고로 목 좋은 곳에 있는 건물들은 인기가 높다. 우리가 이스라엘 당국에 의해 수용되어 유대인들에게 넘어간 건물들을 둘러보는 동안, 나는 하산의 기분이 어떨지가 궁금해졌다. 내가 그에 관해 묻자, 그는 외국인들이 자신의 고향 마을에서 마치 주인인 양 거드름을 피우며 걷는 것을 보면 가슴이 찢어지는 것 같다고 말했다. 그는 정통 유대교인들을 외국인이라 부르고 있었다.

라비타 사무실 벽에는 1949년 자파의 풍경을 담은 사진 하나가 걸려 있었다. 자파를 떠나지 않고 남은 2,900여 명의 주민들을 가축처럼 가둬놓기 위해 아자미 주변에 철조망을 쳐놓은 모습을 촬영한 사진이었다. 그 사진은 나치 점령 아래 있던 유럽의 유대인 게토를 연상시켰다. 당시 아버지는 자파로 돌아가기 위해 무던히 애를 썼었다. 처음에 아버지는 자파를 떠나 라말라로 이주한 모든 사람을 조직해 대규모 귀환을 시도했었다. 사람들이 자파를 떠나온 지 얼마 되지 않았을 때였다. 그들은 두니아 극장Cinema Dunia에서 집회를 열고 고향으로 돌아갈 계획을 세웠다. 하지만 바로 그날 밤 아버지는 요르단군으로부터 위협을 받았고 계획은 좌절되었다. 이는 이스라엘 임시정부의 정책에 따른 것이었다. 벤구리온은 자파를 점령한 지 한 달 뒤에 열린 모임에서 자파의 아랍 주민들이 돌아오지 못하도록 막는 것이 중요하다는 점을 강조했다. 그 뒤 아버지는 난민 대표로 이스라엘 당국과 협상하기 위해 스위스 로잔으로 갔다. 하지만 신생국 이스라엘의 대표는 자기들은 오로지 국가만 협상 상대로 인정한다며 대화를 거부했다. 자신들이 점령한 지역에서 팔레스타인 사람들을 몰아내려는 이스라엘의 의도는 너무나 명백했다. 그러나 어쩌면 아버지가 자파로 돌아가지 않은 덕에 자파에 남은 사람들이 겪어야 했던 고통을 우리가 겪지 않았는지도 모른다.

우리는 식식Siksik 사원에도 들렀다. 오마르가 가까스로 몰아내기 전까지 이스라엘 플라스틱 공장으로 이용되던 곳이었다. 현재 그는 사원에 접해 있는 '칸khan'+까지 사들이기 위해 엄청난 금액을 제시해놓고 있었다. 이스라엘 법에 따라 종교시설은 몰수 대상에서 제외되지만, 나머지 부동산은 죄다 몰수된 상태였기 때문이다. 그 유명한 식식 시장Siksik Market이 대표적인 사례다. 비스트리스-이스칸다르 아와드Bistriss-Iskandar' Awad와 알 발랍세al-Balabseh처럼 특정 아랍 가문의 이름을 딴 시장 거리도 마찬가지 상황에 처해있었다. 그런데도 몇몇 사람들은 수수료 몇 푼 때문에 혹은 무관심 때문에

+ 대상(隊商)의 숙소

자신들의 오렌지 과수원을 제대로 등록하지 않았고, 그 결과 이스라엘 당국이 그들의 땅을 더 수월하게 빼앗을 수 있는 환경을 만들어주었다.

나는 쉬쿠님Shikunim이라 불리는, 이스라엘 건국 이후 초기 이민자들에게 주거를 제공하기 위해 급하게 지어 올린 시멘트 건축물들 가운데에서 유일하게 살아남은 과수원도 둘러보았다. 그 과수원 주인은 곡절 끝에 자파에 계속 머물 수 있었고, 자신의 소유임을 증명할 수 있는 등록서류를 갖고 있었던 덕에 과수원을 되찾을 수 있었다. 식식 가문 역시 자파 동부에 수천 두남Dunam+의 과수원을 소유하고 있었다. 땅이 어찌나 넓었는지 다 둘러보려면 말을 타고 다녀야 할 정도였다고 한다. 그런데 이 넓은 땅이 모두 이스라엘로 넘어가고 그 위에 아무 특징 없는 상자 모양의 시멘트 건물들이 들어선 것이다. 그곳의 한 주택 발코니에서 나는 와이셔츠 차림의 나이 든 퇴직자가 난처하고 지루한 표정으로 텅 빈 상자들 사이에 앉아 있는 모습을 봤다. 한때는 자파에서 가장 번창했던 오렌지 과수원의 현재 모습이었다.

땅을 되찾기 위한 투쟁은 이제 고집스러운 개인의 노력 수준으로 내려왔다. 하지만 여기서 조금, 저기서 조금 되찾는 것 외에 더 이상 그들이 할 수 있는 것은 없었다. 자파란 도시는 물론이거니와 이곳에 살던 100만 명의 거주자와 집주인들, 그리고 그들의 후손들에게 이 도시가 의미하던 것들은 이제 영원히 사라져버렸다.

나는 우리 가족이 자파에서 쫓겨나지 않았더라면 내 삶이 어떻

+ 이스라엘의 토지 면적 단위. 1두남은 1,000㎡이다.

게 변했을지 궁금했었다. 하지만 자파에서 날 맞아준 이들에게 우리 가족이 자파에서 살다가 나크바 때 모든 걸 잃긴 했지만, 원래는 라말라 출신이라는 사실을 털어놓는 것만으로도 나는 어렴풋이 그 답을 알 것 같았다. 우리가 처음 방문했던 집에서 라비타와 우리의 만남에 관한 의제를 토론하기 시작한 순간, 나는 내가 다른 사람들로부터 배제되었다고 느꼈다. 나는 그들 속에 포함될 수 없는 이방인이었고, '야파위Yaffawi'+가 될 수 있을 만큼 중요한 사람이 아니었다. 그 모든 시련을 겪은 후에도 여전히 자부심이 강하고 위계에 충실한 그들은 아직도 사람들을 진정한 '야파위' 또는 그것에 속할 수 있는 사람과, '야파위'가 아니거나 그것에 속할 수 없는 사람으로 나누고 있었다.

자파는 북적이는 좁은 골목길이 가득한 혼잡한 도시였다. 오마르가 내게 알려줬던 일명 '얼간이들의 카페Kahwat el Tuyus'에서는 한 때 오렌지 과수원을 소유했었던 부자들이 담배를 피우고 도미노 게임을 하며 시간을 보내고 있었다. 자파에는 여섯 개의 극장과 다수의 신문사, 클럽들이 있었지만, 생활만큼은 그다지 문학적이지 않았던 것 같았다. 만약 우리 가족이 자파에 계속 살았다면, 나는 지금과는 달리 바다에 대한 애착을 갖게 됐을지도 모른다. 그리고 상업주의와 물질주의에 물든 자파 시민들의 생활방식에 반기를 들었을지도 모를 일이다. 하지만 만약 그랬다면 과연 내가 지금처럼 작가로 살 수 있었을까?

+ 자파 사람.

9월 15일

—

스코틀랜드에 다녀오니 정원이 엉망이었다. 너무 건조해서 바짝 말라버린 것이다. 우리 집뿐만 아니라 온 나라의 들판이 햇볕에 형편없이 타들어 가고 있었다.

내가 물을 뿌리자 때아닌 축복에 대지가 깜짝 놀랐는지 첫 비가 내리면 땅에서 퍼져 나오는 특별한 냄새가 코끝을 스쳤다. 《향기와 대곰보버섯The Perfumier and the Stinkhorn》이라는 책에서 작가 리차드 메이비Richard Mabey는 "자연의 냄새는 단순히 무작위적인 화학적 배출이 아니다. 그것은 식물과 식물, 동물과 식물 사이의 복잡한 전달체계의 한 부분이다"라고 적고 있는데, 정말 딱 맞는 말이었다. 그는 또한 메마른 대지에 소나기가 내린 뒤 풍기는 냄새는 '돌의 정수the essence of stone'라는 이름을 갖고 있다고 말한다.

> 그것은 당신이 상상하는 그대로다. 떨어지는 꽃잎과 얇게 벗겨진 참나무이끼, 그리고 꽃가루와 송진, 마른 버섯으로부터 피어나온 향기의 거대한 조화가 물에 씻겨 땅으로 스며들고 암석과 흙에 흡수된다. 그리고 다시 따뜻한 비가 오면 그것이 공기 중으로 다시 나와 그 성분들에 대한 우리의 기억을 일깨운다.

물을 뿌린 다음 나는 한동안 정원에 서서 그렇게 서로 뒤얽힌 향기들을 음미했다.

돌아오는 길에 나는 물을 주지 않아도 초록빛과 가녀린 색깔을 유지할 수 있는, 가뭄에 강한 꽃피는 관목들을 집중적으로 키워봐

야겠다고 결심했다. 어쨌든 많은 변화를 주고 싶었다. 우선 봄이 오면 일년생 식물을 몇 가지 심을까 한다. 그리고 올리브 나무 주변에는 2층으로 된 화단을 만들어 계단식 언덕 같은 느낌도 내 볼 생각이다. 돌 사이에는 작은 벽을 따라 시클라멘을 심고, 작은 화단에는 빨간색과 주황색의 금련화를 심어 돌 위에 늘어지게 한 다음 시클라멘과 금련화 사이에 파랗고 하얀 붓꽃을 심을 것이다. 거기까지 생각이 미치니 어느덧 완성된 화단의 모습이 그려졌다. 그리고 정원을 아로새길 다채롭고 사랑스러운 빛깔들로 머릿속이 가득 차자, 텔아비브 공항에서 출입국 심사 관리를 마주하고서도 내 눈이 초롱초롱 빛나는 게 느껴졌다. 그는 내 여권에 도장을 찍고는 지나가라는 신호를 보냈다. 이제 다시 집으로 돌아온 것이다.

지난달에는 벤구리온 공항에서 영국 에든버러Edinburgh로 가는 길에 공항 당국이 터미널 바깥에 오렌지밭을 조성해놓은 걸 봤다. 이 공항을 통과하는 여행객들이 감당해야 할 고통을 누그러뜨려 주려는 것이었을까? 나에게는 주차장에 도착하기 전 공항 외곽의 게이트에서부터 인내심 시험이 시작된다. 이 검문소에서 일하는 경비원들은 공항 당국이 계약을 체결한 보안회사의 직원들이다. 그들은 운전기사와 승객들의 억양을 통해 아랍인인지를 식별하는 훈련이 되어 있다. 나를 태운 택시 기사에 따르면 요즘엔 번호판을 스캔하면 차량 주인의 이름이 표시되는 장치를 사용한다고 한다. 만약 아랍 이름일 경우 그들은 자동차를 도로변에 세우고 모든 승객을 내리게 한다. 짐을 죄다 갖고 내려야 하는 승객들은 여기서부터 비행기에 탑승하기 전까지 수많은 검색과정을 거치게 된다. 어이없게도 경비원들은 우리의 휴대전화도 검색했다. 기사 말로는 아랍 테러리스트들이 휴대전화를 이용해 자동차를 폭파하는 걸 방지하기 위한 절차라고 했다. 30분에서 1시간, 운이 나쁘면 2시간까지 걸리는 이 첫 관문을 통과하고 나서야 공항 출입문으로 이동하게 된다. 여기서부터는 사복을 입은 보안요원들의 이목을 끌지 않도록 각별히 주의해야 한다. 마침내 터미널 안에 들어가서 검색을 기다리며 다른 승객들과 함께 줄을 서게 되면 일단 성공이다. 하지만 이때에도 숨을 천천히 깊게 내쉬고 마음을 다잡는 게 중요하다. 기다리는 것이 지루해 화를 내거나 민감하게 반응을 하면 상황은 더욱 나빠진다.

우리 차례를 기다리며 줄을 서 있는 동안 젊은 러시아 남성 두 명과 그 두 사람의 여권에 어떤 보안등급을 붙일지 결정해야 하는 이스라엘 관리 사이에 오가는 대화를 들을 수 있었다. 그녀는 정해진 질문들을 던졌다. 이스라엘에는 왜 왔는지, 누구를 만났는지, 아랍인들을 만나지는 않았는지, 짐은 누가 쌌는지 등등. 그런 다음 "개인적인 질문 하나 해도 되나요?" 하더니 답변을 듣기도 전에 "둘이 커플인가요?"라고 물었다.

"아닌데요."

"그럼 두 사람은 어떤 관계인가요?"

"친구입니다."

"둘이 같이 사나요?"

"아니요."

우리 차례가 되었다. 우리는 보안 분류에서 6번을 받았다. 6번은

+ 성경에 나오는 숫자는 때로 상징적 의미로 사용된다. 흔히 완전함을 상징하는 숫자 7과 달리 숫자 6은 불완전함 또는 사탄의 세력을 상징한다.

'매우 위험'하다는 뜻으로, 히브리어로는 '쉐시shiesh'+라고 발음한다. 엑스레이 검색대를 조작하는 갈색 피부의 남성이 우리 짐이 검색대 안으로 들어가자 건너편에 있는 여성에게 소리쳤다.

"여기 쉐시 갑니다."

우리 짐에는 꼬리표가 붙었다. 단순한 꼬리표가 아니라, 여행이 끝나고 지구 반대편에 도착해서도 떼기 어려울 만큼 엄청나게 접착력이 강한 꼬리표였다. 그들은 마치 우리가 어디에 가든 꼬리표가 붙어 있기를 원하는 것 같았다.

나는 '3번', 그리고 그보다 훨씬 높은 '2번' 등급을 부여받은 사람들이 슬슬 부러워지기 시작했다. 그러고는 고개를 숙여 웃옷에 붙은 꼬리표를 봤다. 가방은 물론 옷에까지 온통 꼬리표가 붙어 있었다. 검색요원들이 우리 가방에서 짐들을 하나하나 꺼내 꼼꼼히 살펴보고 찔러보고 검사하는 광경을 지켜보는 동안, 1971년에 바로 이 공항에서 지금과 똑같은 취급을 당했던 일을 떠올렸다. 대학을 다니러 떠나는 길이었다. 당시 나는 내 개인 소지품과 속옷뿐만 아니라 사람들이 보는 앞에서 여성 승객들의 속옷까지 뒤지는 모습에 무척이나 분노했었다. 그러나 이젠 그때처럼 분노가 일거나 하지는 않았다.

다음은 몸수색이었다. 그들은 내게 바지를 내리라고 요구했다. 예전에 알렉스가 당했던 수모를 늘 기억하고 있던 나는 이러다 그들이 내 발가락 사이까지 검색하는 건 아닐까 궁금해졌다. 그러는 사이 허리띠와 신발, 지갑은 다른 검색대를 통과하고 있었다.

"돈은 빼고 지갑만 줘 봐요." 지갑을 가져가기 전에 젊은 보안요원이 내게 말했다.

“그러죠.” 나는 돈을 꺼내며 비꼬는 투로 덧붙였다. “그렇다고 당신을 못 믿는다는 뜻은 아닙니다.”

“난 우리를 안 믿어요.” 그가 대답했다.

그런 다음 보안요원이 우리를 줄 맨 앞으로 데리고 갔다. 그러자 우리 앞에 있다가 뒤로 밀려난 데 화가 난 한 영국인이 “왜 그러는 겁니까?”하고 물었다. 보안요원은 한 마디로 잘라 대답했다.

“보안 문제입니다.”

‘666’이란 숫자 낙인이 찍힌 요한계시록의 짐승 마냥 ‘쉐시’라는 꼬리표를 붙인 채, 우리는 마침내 검색대를 통과해 비행기 탑승을 위해 줄을 섰다. 내 시선은 앞에 선 남성이 들고 있던 짐에 붙은 ‘1번’이란 숫자에 날아가 꽂혔다. 자식, 운 좋군! 나는 그를 쳐다봤다. 키가 크고 배가 불룩 나온 남아프리카공화국 백인처럼 보였다. 그는 어떻게 해서 ‘1번’을 받았을까? 이 운 좋은 사나이에게 말을 걸려는 순간, 나는 그가 히브리어로 쓰인 신문을 들고 있는 걸 봤다. 역시나 그는 우등한 인종인 이스라엘 사람이었던 것이다.

이스라엘로 돌아올 때마다 나는 그들이 우리나라를 강탈하고 원래 살던 주민들에게 국경을 차단한 침략자들이라는 사실을 뼈저리게 느낀다. 우리가 떠나고 돌아오는 건 모두 침략자들의 재량에 달려 있다. 내 마음속에는 늘 국경에서 입국을 거절당할지도 모른다는 불안이 어른거린다. 그래서 돌아오는 여정 내내 불안에 떨다가 어느새 입국서류를 확인하고 있는 내 모습을 발견했다. 지난 6주 동안 고향에서라면 어디를 가나 지니고 있어야 하는 내 이스라엘 신분증에 얽매이지 않고 지냈는데 말이다. 나는 마치 거기에 내 인생이 달린 것처럼, 거의 강박적으로 이스라엘 신분증이 제대로 있는지 반복해서 확인했다.

런던 히스로 공항에서 텔아비브행 비행기를 타기 위해 탑승구로 걸어 내려오면서 나를 기다리고 있는 것들을 생각하자, 일종의 피로감이 몰려들며 정신이 혼미해지기 시작했다. 그러다 나는 내가 혼잣말로 중얼거리고 있다는 사실을 깨달았다. '이 모든 상황은 조만간 끝나지 않을 것이다. 그러므로 환상에 빠져서는 안 된다. 귀국길에 나를 기다리고 있을 현실을 직면해야 한다'고 말이다.

그때 나는 게이트에서 배가 불쑥 나온 남자들을 봤다. 그들은 줄도 무시한 채 커다란 면세점 쇼핑 가방들을 들고 사람들을 밀치며 아예 통로를 가로막다시피 했다. 긴 머리에 멋진 선글라스를 쓴 그들은 자신들이 뼛속까지 서양 사람이라 믿는 것 같았다. 그리고 마치 비밀스러운 딴 세상에 사는 사람들처럼 자신들의 은밀한 언어를 아무도 알아듣지 못한다는 듯이 큰 소리로 떠들어댔다. 뭐 알아들어도 상관없다는 투였다. 나는 그들 틈에 슬프고 불안한 표정을 한 아랍인들 몇 명이 섞여 있고, 나도 그중 한 명이라는 사실을 감지했다. 이제 평등하고 정상적인 상황과는 작별을 고해야 할 때다.

나는 스스로 운명을 받아들이라고 되뇌며 마음을 가라앉히려고 애썼다. '네 운명을 받아들이란 말이야', 나는 몇 번이고 곱씹었다. 그렇다면 내 운명이란 게 뭘까? 끊임없이 계속되는 충격, 지체, 차별, 폐쇄, 역경, 투쟁. 그리고 고통, 슬픈 소식, 축복의 부재, 낙이랄 게 별로 없는 삶. 우리들의 삶은 불만 가득한 관리들에게 볼모로 잡혀있다. 그들은 끊임없이 바뀌는 규정을 우리에게 적용하지만, 그게 무엇인지는 절대 알려주지 않는다. 그러나 나는 더 이상 화낼

여력조차 없는 처지라는 사실을 스스로 고백할 시간이 찾아올 것이라는 걸 알고 있다. 다른 이유 때문이 아니라 내 약한 심장을 생각해서라도 말이다. 아마 그때는 내 기분을 통제하고 감정을 누그러뜨려야만 하겠지. 물론 그런 상태에까지 이르는 걸 원하지는 않는다. 마치 자기 자신만이 세상에서 가장 중요한 존재인 양, 늙어서 이 한 몸 보전하기에만 급급해 억지로 웃음을 지으며 자신의 건강만 챙기는 그런 사람이 되기는 싫다. 계속해서 화를 느끼고, '꺼져가는 빛에 분노하고, 분노하며Rage, Rage against the dying of the light'+ 살고 싶다.

스코틀랜드에서 돌아온 직후부터 나는 우리의 메마른 대지와 스코틀랜드의 푸른 초원을 비교하는 버릇이 생겼다. 물론 스코틀랜드에 비가 많이 내리는 것을 고려하면 그건 공정한 비교가 아니다. 나는 곧 적응할 것이고, 라말라를 혼돈상태라 생각하는 걸 그만두게 될 것이다. 라말라의 어수선한 건축물들에도 곧 익숙해지겠지. 매력적이고 좋은 부분만 골라서 바라보기 시작할 테고 말이다. 이것이 이곳에서 살아남을 수 있는 유일한 방법이다.

아침이 밝았을 때 정원의 관목들에는 온통 거미줄이 뒤덮여 있었다. 그 모습이 너무나 매혹적이라, 복잡하게 얽힌 그 디자인을 몇 시간이라도 들여다볼 수 있을 것만 같았다. 하지만 나는 거미줄을 그냥 놔둘지 제거할지를 결정해야만 했다. 거미줄이 있으면 정원이 버려졌다는 느낌을 줄 텐데, 내가 돌아온 이상 그대로 두고 볼 수만은 없는 노릇이기 때문이다.

+ 딜런 토마스(Dylan Marlais Thomas)의 시 'Do not go gentle into that good night'의 반복구.

나는 정원에다 정성을 쏟아부어 그곳을 작은 천국으로 만들고 싶은 마음이 간절하다. 우리가 살고 있는 이 혼돈과 예상치 못한 분열의 세상에서 오아시스가 되게 하고 싶은 것이다.

9월 16일

집에 돌아와 제일 먼저 만난 사람 중 하나는 나도 어느 정도 관여하고 있는 '인권을 위한 독립위원회'의 사무총장 맘두 아커Mamdouh Aker였다. 나와 친한 친구 사이이기도 한 그는 최근 한 회의에서 벌어진 일들을 내게 들려줬다. 이스라엘이 팔레스타인 영토에 유대인 정착촌 건설을 계속하는 한 그들과의 협상을 재개해서는 안 된다고 주장하는 지역 활동가들과의 회의였다. 그 자리에서 활동가들이 주장을 펼치기 시작하자, 대부분 젊은 남성들로 구성된 사복 차림의 팔레스타인 자치정부 보안 요원들이 벌떼처럼 일어나 포스터를 펼쳤는데, 거기엔 "마흐무드 압바스Mahmoud Abbas 정부는 합법적인 정부다", "우리는 협상을 전적으로 지지한다" 같은 문구들이 적혀 있었다고 한다. 그리고 그들은 큰소리로 구호를 외쳐 다른 사람들의 발언을 가로막았다. 그들이 그 자리에 온 목적은 회의 진행을 방해하기 위함이었다.

맘두는 조용하고 평화롭게 상황을 진정시키려고 노력했다. 압바스의 사진을 거꾸로 들고 있는 한 요원에게는 대통령의 사진을 뒤집어 들고 있는 건 불경한 일이라는 농담까지 건넸다. 하지만 회의를 계속 진행하려던 그의 노력은 무위에 그쳤다. 사람들은 대치를 감수하기보다는 자리를 떠나는 쪽을 택했고, 맘두 혼자 회의장을 꿋꿋이 지키게 된 것이다. 회의를 요구했던 사람들은 거리로 나가 시내 중심가에 있는 마나라 로터리 쪽으로 행진을 시작했다. 그곳은 오랫동안 시위대와 이스라엘 군인들이 숱하게 대치하던 곳이었다. 그러나 시위대는 그곳에 접근할 수 없었다. 경찰이 강제로 길을 막아서며 허가 없이는 시위를 벌일 수 없다고 주장했기 때문이다.

이 이야기를 들으면서 나는 결국 경찰국가가 현실로 다가오는 게 아닌가 하는 불안감에 사로잡혔다.

10월 7일

나는 팔레스타인 자치정부를 상대로 미국에서 제기된 소송과 관련해 전문가 의견을 준비하고 있다. 오랜 시간을 끌고 있는 이 소송은 팔레스타인 정부에 1억 1,600만 달러라는 엄청난 액수의 보상을 요구하는 소송이다. 소송을 제기한 당사자는 이스라엘과 미국 시민권을 동시에 가진 어느 가자 정착민으로, 그의 가족들은 1996년 이스라엘 베이트 세메쉬Beit Shemesh에서 차를 몰고 가던 중 하마스의 소행이라 주장되는 테러공격으로 목숨을 잃었다.

1심 재판에서 팔레스타인 자치정부를 대변한 변호사는 팔레스타인 자치정부가 주권을 가진 독립체이기 때문에 면책특권을 지닌다고 주장했다. 물론 미국 법원은 이 주장을 받아들이지 않았고, 원고의 손을 들어줬다. 소송을 맡은 로드아일랜드Rhode Island의 원고 측 변호사는 팔레스타인 자치정부의 미국 내 자산을 동결하고 미국에서의 경제적 외교적 활동 대부분을 제한토록 하는 법원명령을 받아냈다. 당시 팔레스타인 금융청장(팔레스타인 중앙은행장)이 법정에 전달한 의견대로, 자치정부의 자산을 동결하는 것은 미국을 거치는 팔레스타인의 모든 달러 거래를 중지시켜 '팔레스타인에 금융위기를 초래할 수 있는 조치'였다.

나는 전문가 의견으로, 사건이 팔레스타인 자치정부의 사법권 밖에서 일어났을 뿐 아니라 피고인들이 팔레스타인 보안기관 요원들에 의해 구금돼 헤브론에서 나블루스 교도소로 이송되던 도중에 이스라엘 당국에 체포됐다는 사실을 지적했다. 또한, 테러공격 용의자들의 출신지로 알려진 헤브론 남쪽 지역은 B 구역[+]으로 분류돼 팔레스타인 보안군의 사법권이 제한된 곳이었다. 이스라엘이 서안지구의 상당수 지역에 팔레스타인 보안군의 진입을 막는 바람에 범법자들이 그곳에 몸을 숨길 수 있었던 것이다. 그뿐만 아니라 이스라엘은 자국 내에서 발생한 살인에 대해 팔레스타인에 책임을 묻고 미국에 있는 팔레스타인 자치정부의 자산을 동결함으로써 팔레스타인 공동체 전체를 처벌하려 하고 있다. 탐욕스러운 정착민들은 이처럼 팔레스타인 땅에 정착하는 과정에서 이스라엘 국적자로서의 이점을 이용하는 동시에 미국 법과 사법제도의 혜택을 받으려고 한다.

나는 잠시 기분 전환이나 할까 하고 온라인 뉴스를 들여다봤다.

+ 오슬로협정에 따라 요르단 강 서안은 A, B, C, 세 구역으로 나뉘게 되었다. A 구역은 팔레스타인 자치정부가 행정권과 사법권을 가지며, B 구역은 팔레스타인 자치정부가 행정권을, 이스라엘이 사법권을 가진다. C 구역은 이스라엘이 행정권과 사법권을 가진다.

하지만 온통 우울한 소식뿐이었다. 이스라엘은 정착촌 확대 중단 요구를 단호하게 거부했다. 어째서 우리는 2달이라는 짧은 시간만이라도 정착촌 건설을 중단해달라는 요구를 이스라엘 정부가 수용해주기만을 노심초사 기다리고 있는 걸까? 벨푸어 선언 이후 100년의 세월이 흘러 우리에게 원래 팔레스타인 영토의 27%도 남지 않은 지금, 어째서 우리는 갈등을 끝내기 위해 협상을 벌이는 마당에 우리 땅에다 정착촌을 건설하는 걸 중단해달라고, 더 이상 국제법을 위반하지 말아 달라고 이스라엘에 애원해야 한단 말인가?

10월 15일

무와틴Muwatin의 연례회의에 참석하고 막 돌아오는 길이다. 무와틴은 팔레스타인의 민주주의를 연구하고 개발하기 위해 1992년에 설립된 기관으로, 이번 연례회의는 16번째였다. 올해의 주제는 투쟁의 새로운 양상이었다. 이번 회의에서는 새로운 3차 인티파다라 명명된, 잘 다듬어진 프로그램이 제시되었다. 3차 인티파다는 팔레스타인에 국한된 게 아닌, 전 지구적인 차원에서 비폭력저항의 양상을 띠고 있는 것이 특징이었다. 나는 그 자리에서 오랜 친구인 조지 지아카만George Giacaman의 발표를 들을 수 있어서 기뻤다. 무와틴의 설립자이자 비르제이트 대학의 철학 교수이며 리타의 오빠이기도 한 그는 통역들을 배려해 느리고 침착한 어조로 이미 시작된 새로운 인티파다의 요소들을 설명했다. 그리고 그렇게 오랜 세월을 거쳐 왔음에도 아직까지 우리의 성년기 전체를 지배해온 점령에 맞서 싸우고 저항하라고 촉구하고 있었다. 지금도 지치지 않고 이론을 세우고 설명하고 앞장서는 그 모습이라니! 정말 존경스러웠다. 그렇게 기나긴 세월을 거쳤지만, 우리는 아직도 포기하지 않았다. 처음에는 비폭력 투쟁, 그다음에는 군사적인 저항, 그리고 이제는 전 지구적인 불매와 투자 철수, 제재Boycotts, Divestment and Sanctions, BDS를 비롯한 다양한 비폭력적인 수단들까지, 우리는 참으로 해볼 수 있는 건 다 시도해본 것 같다.

집으로 돌아와 나는 페니와 소파에 나란히 앉았다. 동쪽으로 난 프랑스식 창에는 커튼이 쳐져 있었다. 나는 영국 국립 도서관과 비르제이트 대학 학생들을 대상으로 진행할 지도제작법 강의를 준비했고, 페니는 책을 읽었다. 그러고는 함께 차를 마셨다. 나이 든 우리 고양이가 가르랑 기분 좋은 소리를 내는 동안 서서히 날이 저물어갔다. 순간 내가 선택한 일을 최선을 다해 하고 있구나 하는 생각에 만족감이 밀려왔다. 집안에는 온기가 돌았고, 바깥에서 내리는 비는 대지의 생명을 적시고 있었다. 세상만사 아무런 걱정이 없는 듯했다.

10월 19일

–

팔레스타인해방기구Palestine Liberation Organization, PLO 협상지원단과의 모임에 참여하고 방금 막 돌아오는 길이다. 협상지원단은 이스라엘과의 영토 교환에 있어 법률적 측면들을 논의하길 원했다. 그러나 토론의 분위기와 수준은 내 기억 속의 예전 모습보다 훨씬 못 미쳤고, 참석자들 상당수는 이스라엘과의 진지한 협상이 조만간 이뤄질 것이라고 믿지 않았다. 모임에 앉아 있으면서 한때 내가 존경했던 젊고 발랄한 남녀들이 이제는 생기마저 잃은 채 애처롭고 피곤해 보이기만 할 뿐 자신들의 잠재력을 전혀 발휘하지 못하고 있다는 사실을 눈치챌 수 있었다.

십중팔구 열리지도 못할 협상의 법적 측면에 관한 의미 없는 논의를 이어가는 동안, 내 머릿속에는 불현듯 이스라엘이 서안지구에서 자행하는 모든 적대 행위들을 통해 스스로 이미지를 망가뜨리고 추해져 간다는 생각이 떠올랐다. 마치 오스카 와일드Oscar Wilde의 소설 《도리안 그레이의 초상The picture of Dorian Gray》에 나오는 청년 도리안같이 말이다. 자신의 아름다움을 너무나 사랑한 도리안은 온갖 추악한 일들을 저지르지만, 매번 그가 추악한 일을 저지를 때마다 얼굴에 상처가 늘어난다는 사실을 알지 못한다. 엉터리 거울을 보고 있었기 때문이다. 그는 자신의 진짜 얼굴을 감추고 스스로 절대 늙지 않는다고 믿는다. 자신은 남들과 다른 특별한 존재이고 마법에 걸린 불멸의 존재이기 때문에 악을 포기할 필요도 없고 현실 사회에 정착할 필요도 없다. 그래서 그 결말은 어떻게 됐을까? 도리안이 스스로를 찌르면서 그의 얼굴은 노인의 얼굴로 변하고, 이때 드러난 늙고 추한 얼굴은 그가 살면서 저지른 온갖 악행의 흔적들을 보여주게 된다.

1979년 무렵 나는 라말라 군사법정에서 사건 변호를 맡곤 했는데, 당시 이스라엘이 멋들어지게 제작해놓은 '보호식물' 포스터에 감동을 받았던 기억이 있다. 포스터에는 보호해야 하는 야생화와 약초들의 이름이 아랍어와 히브리어로 모두 표기되어 사진과 함께 실려 있었다. 그리고 이스라엘 군사법정의 서기 사무실에서도 눈에 아주 잘 띄는 곳에 붙어 있던 그 포스터 옆에는 휴식을 취하는 동안 책을 읽는 농부들의 지적인 모습이 담긴 키부츠Kibbutz의 생활에 관한 또 다른 포스터가 나란히 붙어 있었다.

재판을 진행하기 위해 검사와 판사가 입장하기를 기다리는 긴 시간 동안 나는 그 포스터를 유심히 살펴보곤 했다. 그러던 어느 날 군복을 입은 젊은 서기가 포스터를 바라보고 있는 나를 쳐다보고 있다는 걸 느꼈다. 당시에는 미처 생각지 못했지만 아마 그녀는 그 포스터 옆에 앉아 있다는 사실만으로도 우쭐해지는 걸 느꼈음이 틀림없다. 그녀가 속한 이스라엘인들이 자연보호에 큰 관심을 갖고 있는 수준 높은 사람들이라는 걸 입증해주는 증거라고 여겼을 테니까 말이다. 하지만 250개가 넘는 정착촌들이 자연경관을 파괴한 지금은 그것도 다 지난 이야기일 뿐이다.

10월 20일

–

영국의 위임 통치 기간, 팔레스타인 사람들은 수많은 민속축제를 즐겼었다. 자파에서 열린 나비 루빈Nabi Rubin, 에리코 교외에서 열린 나비 무사Nabi Musa, 예루살렘 올리브 산에서 열린 시트나 마리암이 대표적이었다. 그러나 결국 이 축제들은 금지되고 제한되거나 점차 그 중요성과 인기를 잃어가면서 나중에는 달력에서 아예 빠져버렸다. 이제 남아있는 것이라곤 올리브 따기 축제 정도뿐이다. 그러나 그마저도 유대인 정착민들이 올리브를 따러 과수원에 접근하는 농민들을 막아서기 시작하면서 더 이상 흥겹고 즐거운 축제가 아닌 투쟁의 장이 되어 버렸다.

10월 21일

오늘 조지 지아카만을 만났다. 그는 이스라엘 보안군이 팔레스타인 보안군의 도움을 받아 헤브론 지역의 하마스 조직을 소탕하면서 거드름을 피우는 동안, 바로 그 팔레스타인 보안군이 이스라엘 정착민들을 보호하려고 애쓰는 상황을 도저히 참을 수가 없다고 말했다. 정작 우리 팔레스타인 사람들은 아무도 보호해주지 않는 상황에서 누가 이런 현실을 받아들일 수 있겠는가? 올리브 재배 농민들이 올리브를 따러 가다가 유대인 정착민들의 공격을 받았음에도 도움을 요청할 곳이라곤 찾을 수 없다. 이스라엘 경찰들은 한쪽에 서서 구경만 하고 팔레스타인 경찰은 개입할 수가 없기 때문이다.

인권운동가들과 만난 자리에서 S는 내게 무언가 터질 것 같은 느낌이 든다고 말했다. 이스라엘 당국은 물론이고 파타가 지배하는 팔레스타인 자치정부가 어느 한쪽(하마스)을 괴롭히고 공격한다면, 그들 또한 반격을 가할 수밖에 없다. 하마스는 무자비한 공격을 받아왔고 이제 보복을 공언하고 있다. 만약 하마스가 반격을 가한다면, 팔레스타인 내부의 싸움은 격렬한 양상을 띨 것이고 아무도 그것을 막을 수 없을 것이다. 이스라엘이 원하는 것이 바로 그것이고, 실제로 그들은 그런 상황을 부추기고 있다.

S는 지난해 2월까지만 해도 자금을 틀어쥔 팔레스타인 총리가 치안 서비스까지 책임지고 있었지만, 그 뒤로 모종의 일이 벌어져 알 수 없는 그 누군가에 의해 팔레스타인 자치정부의 또 다른 누군가에게로 권력이 옮아갔다고 생각하고 있었다. S는 숨은 권력자가 상황을 통제하고 있지만, 그가 누구인지는 확신할 수 없다고 말했다. 그는 이미 고삐가 풀린 보안군은 법의 지배 따위는 존중하지 않는다고 덧붙였다. 그의 말대로 그들은 인정사정없고, 자신들의 관할 아래 있는 팔레스타인 사람들에게 품위와 존중심을 갖고 대하지 않는 게 사실이다. 이런 행동은 매우 위험할 뿐만 아니라 관행으로 굳어지면, 정치적 상황이 바뀌더라도 멈추거나 돌이키기 어렵게 될 수도 있다.

오늘 만나 얘기를 나눴던 무스타파 바르구티는, 협상이 재개되어 우리가 반투스탄+ 국가로 전락하게 되면 보안군은 그런 결과에 대한 어떠한 반대도 진압해버릴 것이고 우리는 끔찍한 상황에 부닥치게 될 것이라는 점을 걱정했다. 그래서 그는 팔레스타인 국가에 대한 국제사회의 즉각적인 승인을 강력히 지지하고 있다. 그 이후의 방향은 그때 가서 정하면 된다는 것이다. 실제로 이것은 이

+ 원래는 백인 인종차별 정권이 남아프리카 공화국과 인접한 남서 아프리카(현재의 나미비아)를 지배할 당시에 흑인들만을 강제 분리시켜 거주하도록 지정한 지역을 일컫는 말로서, 오늘날 팔레스타인인들을 서안과 가자지구, 동예루살렘에 몰아넣고 분리장벽과 검문소 등으로 가둬놓는 이스라엘의 정책을 가리킬 때 흔히 사용된다.

스라엘과의 협상을 시작하기 위한 전제조건으로 나쁜 정책이라고 할 수 없다.

10월 22일

-

맑고 푸른 하늘. 기온은 다소 쌀쌀하고 상쾌하다. 우리 집 정원에 있는 세 그루의 아름다운 올리브 나무에서 열매를 따야 하는 시기가 찾아온 것이다. 집에 올리브 나무가 세 그루밖에 없다는 건 다행스러운 일이다. 그렇지 않았다면 페니와의 결혼생활은 오래가지 못했을 테니 말이다. 매일 아침 나는 말한다. "오늘은 올리브 열매를 따야 해"라고. 그러면 페니는 커피라도 한 모금 마신 뒤에 그 얘길 꺼내면 안 되느냐고 불평하곤 했다.

작년에는 올리브 열매를 함께 수확하기 위해 조카들을 불렀었다. 아이들은 일을 끝낸 뒤, 살면서 이렇게 지루한 일은 처음 해 본다고 말했다. 그 뒤로는 조카들을 부르지 않았다.

며칠 전 사무실에서 집으로 오던 길에 평소 알고 지내던 한 여인이 아들과 함께 그들 집 옆에 있는 들판에서 올리브 열매를 따고 있는 광경을 보았다. 그런데 따분함 속에서도 열심히 일하는 두 사람과는 달리 목이 워낙 짧아서 머리가 어깨에 달라붙은 것처럼 보이는 그녀의 남편은 전혀 거들 생각을 하지 않았다. 내가 아는 한 그는, 자신의 누이 소유인 그 땅을 바라보며 어떻게 하면 그걸 자기 손에 넣을지 꿍꿍이를 꾸미고 있는 게 틀림없었다. 누이에게는 자식이 없기 때문에, 누이가 죽고 난 뒤 그 땅이 엉뚱한 사람 손에 들어갈까 봐 늘 걱정이었기 때문이다. 이렇듯 우리가 밟고 살아가는 땅을 갈고 그것과 조화를 이루며 공존하는 기쁨은 이제 그렇게 사라져버렸다. 땅값이 꾸준히 오르면서 이제 토지는 오직 투자와 돈을 의미할 뿐이다. 우리는 여전히 땅에 기대어 살고 있지만, 그 땅으로부터 소외되고 강제로 추방당하는 현상은 더욱더 두드러져만 간다.

올리브 수확을 끝낸 뒤 페니와 나는 베란다에서 아침을 먹었다. 페니는 가을을 노래한 D.H. 로렌스Lawrence의 시, '죽음의 배The Ship of Death'를 가져왔다. 그리고 우리는 소리 내어 그 시를 읽었다.

당신은 죽음의 배를 지어본 적이 있는가, 그러한가?
오, 죽음의 배를 지어라, 그것이 필요하리라.
음산한 서리가 손에 내리고 사과가 떨어질 때
딱딱한 땅 위에 큰 소리를 내며
죽음은 재 내음처럼 공기에 퍼진다!
아, 당신은 이 냄새를 맡지 못하는가?
……
오, 죽음의 배를 만들고
너의 작은 방주에 음식을, 작은 케이크를, 와인을 들여 놓아라
망각 아래의 어두운 항해를 위해.

10월 24일

어제 우리는 친구인 팔레스타인 사진작가 바삼 알모호르Bassam Almohor와 함께 아줄Ajoul 마을까지 산책을 했다. 산책을 하는 도중 우리는 라와비Rawabi라는 이름의 팔레스타인 신도시가 건설될 예정인 지역을 지났다. 라말라 주변에 100개가 넘는 마을들이 있는데 굳이 새로운 도시를 건설하려는 이유가 뭘까? 왜 기존의 도시들을 넓히지 않고 언덕들의 등고선을 따라 개발을 계속해나가는 걸까? 토지를 취득한 뒤 산 정상을 깎아 경관을 파괴함으로써 우리는 스스로 오랫동안 비판해왔던 이스라엘의 방식을 그대로 모방하고 있을 뿐이다.

우리는 아줄 출신의 한 지주와 대화를 나눴다. 그는 새로운 개발을 마음에 들어 하지 않았다. 개발로 인해 자신의 작은 농장과 과수원에 물을 대오던 샘이 파괴되진 않을까 걱정하고 있었다.

"우리는 40년 동안 정착촌 주변에 살았지만, 그 사람들 때문에 큰 어려움은 없었습니다. 하지만 정작 이 투자자들이 우리의 삶을 파괴하고 말 겁니다."

10월 25일

푸른 하늘과 상쾌한 공기에 아침 일찍 눈이 떠졌다. 감기는 거의 떨어졌고, 페니는 피아노로 바흐Bach의 '푸가Fugue'를 연주하고 있다. 요즘은 팔레스타인에서 특히나 아름다운 시기다. 춥지도 덥지도 않은 날씨에 푸른 하늘에는 하얀 구름이 떠 있고, 대기는 건조하고 상쾌하다. 몇 시간 동안 내린 비로 여름의 먼지가 모두 씻겨나가고 세상 만물은 이제 새로운 탄생을 위해 겨울을 준비하고 있다. 내 주변을 둘러보며 삶이 얼마나 아름다운 것인지를 생각한다. 삶은 정말 소중한 것이고 우리는 그것에 충실해야 한다. 그리고 어머니를 생각한다. 어머니는 생의 마지막 몇 년이란 시간을 즐길 수 있었을까. 아니면 다가올 일들에 대한 불안과 공포와 슬픔으로 삶을 만끽할 여유조차 없이 불행에 빠져 계셨던 걸까. 무슨 일이 있어도 죽는 게 낫다는 생각을 품어서는 안 된다. 살아 있다는 건 언제나 다행스러운 일이다.

페니와 나는 집이 가져다주는 즐거움과 삶의 안정감을 만끽하며 이 짧은 평온을 즐기기 위해 우리가 할 수 있는 모든 걸 다 하고 있다. 이 안에서는 아무도 괴롭히는 사람 없이 잠에서 깨어 아름다운 아침을 즐기고 정원을 내다보며 하루를 맞는다.

하지만 우리를 둘러싼 모든 것은 불확실하다. 레바논에서는 전쟁이 일어날지 모른다는 두려움이 강하게 엄습하고 있다. 평화적 해결을 위한 협상에 나서라는 압박에 시달릴 때면 이스라엘은 언제나 전쟁을 통해 탈출구를 찾는다. 직접 전쟁에 나서든지 제3자들 간의 전쟁을 부추기든지 말이다. 안방에서는 팔레스타인 자치정부가 경쟁세력인 하마스의 활동가들을 체포, 고문하면서 압박을 가하는 통에 내전의 가능성이 어른거리고 있다. 과연 이 차분함과 평온은 얼마나 갈 수 있을까?

〈런던 리뷰 오브 북스London Review of Books〉에서 엥겔스Engels는 친

구 마르크스Marx처럼 역사적 요구라는 고통 속에서 사는 걸 거부했었다는 글을 발견했다. 엥겔스는 구원의 고통을 점점 희미해지는 미래로 미루고 쓰러진 현재를 즐겼다. 그에게 구원의 고통은 다른 사람들이 감내해야 할 문제였다. 베를린 대학 시절 엥겔스의 급우였던 키에르케고르Kierkegaard는 헤겔Hegel을 가리켜 거대한 궁전을 짓고도 그 옆에 있는 헛간에서 살기로 한 남자에 비유함으로써 헤겔에 반대하는 자신의 견해를 요약했다. 궁전은 절대적인 미래임에 반해 헛간은 실존적인 현재라는 것이다. 엥겔스는 그 반대였다고 말할 수도 있다. 공산주의의 미래는 거대한 헛간일 수 있다. 하지만 그 미래가 오기 전까지 그는 현재라는 작은 궁전을 즐겼다. 엥겔스는 유언장에서 프롤레타리아 혁명을 촉진하기 위해 독일 사민당에 거대한 유산을 남긴 뒤 당 지도자인 아우구스트 베벨August Bebel에게 이렇게 전했다.

"이걸로 좋은 포도주나 한 병 마시게. 나를 기억하면서 말일세."

이것이야말로 저세상으로 가는 순간을 기다려야 하는 문제에 대처하는 엥겔스의 해법이었던 것으로 보인다. 나 역시도 이런 태도를 내 것으로 만들려고 노력하는 중이다.

11월 27일

며칠 전 이스라엘 일간지 〈하아레츠〉에 이스라엘 정착민들이 근처의 베두인 캠프에서 풍겨오는 빵 굽는 냄새를 못 견뎌 하고 있다는 내용의 기사가 실렸었다. 오늘 한 청년이 텔레비전을 고치러 왔는데 강한 향수 냄새가 났다. 요즘 팔레스타인 남성들은 향수 뿌리는 걸 선호하는 데다 향이 강하면 강할수록 더 좋다고 여긴다. 이런 유행은 향수 산업과 금전적 이해관계가 있는 게 틀림없는 한 이슬람 지도자가 선지자 마호메트 역시 향수 뿌리는 걸 좋아했다고 밝혔기 때문이다. 마호메트는 사막에서 살았다. 당시에는 목욕이 대중적이지도 않았고 물이 부족했기 때문에 가능하지도 않았다. 이런 사정을 생각하면 마호메트가 사람들이 냄새를 가리는 것에 관심을 가졌을 거라는 건 충분히 이해할만한 일이다. 그리고 어쩌면 이게 정착민들의 고충에 대한 해법이 될 수 있을지도 모른다. 베두인들에게 무료로 향수를 나눠주라. 그러면 모두가 행복해질 것이다.

11월 28일

오늘 아침 지역 라디오 방송인 '아히얄Ajyaal'에서 생쥐에 관한 이야기를 들었다.

라말라의 쌍둥이 도시 비레Bireh에서 히브리어가 쓰인 고리를 목에 걸고 있는 생쥐 한 마리가 발견되었다. 미심쩍은 생각이 든 사람들은 검사를 위해 그 생쥐를 보건당국에 가져갔다. 라디오 진행자가 생쥐를 발견한 사람과 검사를 담당하는 박사를 동시에 연결해서 얘기를 나눴다. 박사는 다음과 같이 공식적인 입장을 밝혔다.

"우리는 검사를 위해 그 생쥐를 가져다 달라고 요청했습니다."

진행자는 그에게 생쥐 목에 걸려 있던 링에 새겨진 글자가 어떤 내용인지 물어봤다. 하지만 박사는 "모릅니다. 저는 히브리어를 읽을 줄 모릅니다"라고 대답했다. 진행자는 정착민들이 우리 쪽 언덕에 야생돼지들을 풀어놨던 것처럼 병든 생쥐들을 보내고 있는지도 모른다고 말했다. 보건당국이 검사를 위해 생쥐를 요청한 것도 이 때문이라는 것이다.

물론 정착민들이 아직 알려지지 않은 방법으로 우리에게 해를 끼치기 위해 그 생쥐를 보냈을 수도 있다. 아니면 어느 정착민이 애완동물로 키우던 놈일지도 모른다. 정착촌에서의 생활을 더 이상 견디지 못해 자유를 찾아 팔레스타인 게토로 탈출한 것일 테고 말이다. 어쨌든 그 쥐에게 뭔가 의심스러운 구석이 있는 것만큼은 확실하다!

12월 1일

최근에 공개된 위키리크스Wikileaks 문서에 따르면, 이스라엘은 하마스가 가자지구에서 권력을 장악하길 원했던 듯하다. 그렇게 되면 가자지구를 적대적인 국가로 몰아 전쟁을 벌일 수 있기 때문이다. 그리고 이스라엘은 실제로 그렇게 했다.

용감하고 정직한 전직 이스라엘 군인들이 '브레이킹 더 사일런스Breaking the Silence'라는 단체를 결성했다. 이 단체는 구성원들이 군

복무 시절 명령에 따라 자행했던 일들에 관한 증언을 모아 증언집을 발간했다. 한 병사는 자신의 증언에서 어느 비 오는 날 말쑥하게 차려입은 남자에게 굴욕감을 줄 목적으로 그를 강제로 차에서 내리게 했던 경험을 묘사했다. 그때까지 그 병사는 팔레스타인 사람들에게 친절을 베풀던 인물이었기 때문에, 당시 그 장면을 지켜본 동료 병사들은 무척이나 기뻐했다고 한다. 그것은 일종의 신고식 같은 행위로, 그는 나중에 그 일을 후회하게 된 것으로 보인다. 그리고 어쩌면 내가 바로 모욕을 당한 그 팔레스타인 신사였을지도 모른다.

12월 2일

12월 2일. 나는 이 날짜를 결코 잊을 수 없다. 25년 전 아버지가 살해당한 날이 바로 오늘이고, 그로 인해 내 인생은 영원히 달라졌기 때문이다. 지난주에는 아버지의 동년배 한 분이 돌아가셨다는 소식을 들었다. 아버지가 그처럼 천수를 다하셨다면 어땠을까? 그랬다면 내 인생은 어떻게 달라졌을까?

Y. N.의 업적은 그의 가족들이 '타이핑 & 속기 학교'라고 부르는 학교와 여행사를 설립한 것이다. 이로 인해 그는 여러 정부로부터 훈장을 받았고, 훌륭한 삶을 살았다. 하지만 그의 삶은 내 아버지의 그것과 비교하면 아주 수월하기 그지없었고, 팔레스타인이라는 짜증나는 나라에서 멀리 떨어져 살았던 그는 당연히 팔레스타인에 기

여한 것도 거의 없었다. 공공의 이익은 생각하지 않고 수지맞는 장사만 생각하는 게 과연 득이 될까? 물론 그렇겠지. 하지만 그런 삶이 보람 있고 충만한 삶일까? 그건 확신할 수 없다.

나는 이스라엘 경찰이 마치 내게 협조하는 척하면서, 차를 타고 텔아비브까지 한 남자를 따라가게 한 일만 생각하면 지금도 화가 치밀어 오른다. 당시 그 남자는 우리로부터 사례금을 지급받은 뒤에야 자신이 내 아버지의 죽음에 관한 정보를 갖고 있다고 털어놓았었다. 그러나 그때 이미 경찰은 살인범이 누구인지를 알고 있었고, 그럼에도 끝까지 입을 닫고 있었다. 그들의 입장에서는 비밀을 유지하는 것이 편했고, 선전 목적으로 활용하기에도 유리했기 때문이었다. 그들은 우리의 감정과 삶을 마치 장기판의 졸처럼 가지고 놀았으며, 어머니의 삶을 파괴하고 나에게 오랫동안 고통을 안겨줬다.

오늘 아침 거울을 보다가 문득 얼굴의 주름들에 눈길이 갔다. 환갑에 가까워지면서 아버지를 더욱더 닮아가는 것 같다는 생각이 들었다.

늦은 아침, 구시가를 걷다가 아침 식사로 후무스hummus+를 먹었다. 기분이 좋고 힘이 났다. 나는 늘 일찍 하루를 시작하던 아버지의 모습을 기억해냈다. 아버지는 실제 나이보다 훨씬 젊고 활기 넘치는 분이셨다. 아버지가 살해당했을 당시의 73세라는 나이가 그리 많은 나이는 아니란 걸 이제야 깨닫게 된다.

+ 으깬 병아리콩 으깬 것과 오일, 마늘을 섞은 중동 지방 음식.

12월 5일

—

라말라의 프랑스-독일 문화센터에서 열릴 출판 발표회 준비를 이제 막 끝냈다. 두 나라는 수백 년 동안 이어진 쓰라린 적대관계와 둘 사이에 벌어졌던 수많은 전쟁에도 불구하고 지금은 라말라에서 하나의 문화센터를 공유하고 있다. 언젠가 유대인과 아랍인들도 평화와 문화, 부활의 사절로 함께 세상에 나설 날이 올 거라는 걸 발표회 때 반드시 언급하고 넘어가야겠다.

12월 9일

—

어제 나는 무스타파 바르구티, 그리고 에야드 사라즈Eyad Sarraj와 함께 점심을 먹었다. 가자지구에 사는 정신과의사인 에야드 사라즈는 '가자지구 정신건강 프로그램the Gaza Community Mental Health Programme'을 만든 인물이었다. 그에게 요즘 가자지구에서 사는 건 좀 어떤지 묻자, 그가 대답했다.

"집에 있을 때는 행복합니다. 저는 정원이 딸린 큰 집에다 바닷가에 별장도 있으니까요. 하지만 집을 나서기만 하면 온통 비극이죠. 돌아버릴 정도예요. 좋은 음식을 먹을 때마다 일용할 양식을 주신 신에게 감사합니다. 너무 많은 사람이 굶주리고 있거든요. 그들에게 고기는, 들어본 적은 있지만 먹어본 적은 없는 음식이에요. 그래도 사람들은 어떻게든 살아가고 있습니다. 난민으로서 그들은 항상 어려운 날들이 닥칠 것을 생각하며 아끼죠. 여자들은 힘겨운 시절에 대비해 금을 지니고 있습니다. 그들은 이렇게 근근이 살아가고 있습니다."

그는 계속해서 말을 이어갔다.

"가자지구에는 아민Amin(경비)은 많지만 아만Amaan(안전)은 없습니다. 자신들의 통치에 책임을 지지 않는 세력이 가자지구를 좌지우지하고 있죠. 그들이 인권을 위한 독립위원회 사무실을 폐쇄했을 때 내가 하니예Haniyeh+ 총리에게 전화를 걸었더니, 그는 무슨 일이 벌어졌는지 전혀 모르고 있더군요. 나중에 그가 그 문제에 관해 사과했지만 말이죠. 하루는 그들이 제 누이의 집을 차지하러 온 적도 있었습니다. 누이는 오래전에 그 집을 비운 상태였고, 집은 굳게 잠겨 있었습니다. 그런데 그들이 누이 집을 탐내고 차지하러 온 겁니다. 그들에게 따졌죠. 이스라엘도 이런 짓을 하지는 않는데 당신들은 왜 이러는 거냐고 말이죠. …… 그래도 저는 하니예가 모두를 하나로 묶을 수 있는 조치를 취할 거라고 믿습니다. 또 다른 총리인 파야드Fayyad++에게도 얘기했습니다. 우리는 단합을 회복하기 위해 만나야 한다고 말이죠. …… 전쟁이 일어나기 전에 떠나야 한다는 압박을 심하게 받았어요. 우리는 영국 여권을 갖고 있었고 대사관에서도 우리에게 떠날 것을 종용했습니다. 아내도 떠나고 싶어 했죠. 하지만 저는 우리 머리 위에서 집이 부서지는 한이 있더라도 떠나지 않을 거라고 말했습니다. 그리고 그러길 잘했어요. 만약 그때 떠났다면 다시는 돌아오지 않았을 테니까요. 그랬다면 제 자아와

\+ 하마스의 지도자로 가자지구 하마스 정부의 총리를 지냄.

++ 2007년부터 2013년까지 팔레스타인 자치정부 총리를 지냄.

존엄성마저 잃었을 겁니다. 가자 지구에 머문다는 건 제게 많은 걸 의미했습니다. 저에게 저항할 수 있는 큰 힘을 줬죠."

에야드의 얘기를 듣는 동안 내가 라말라에서 살면서 느끼는 것과 똑같은 걸 그가 느끼고 있다는 사실을 알게 되었다. 수많은 어려움에도 불구하고 나는 라말라에 남은 것을 결코 후회해본 적이 없다.

그가 얘기를 계속했다.

"하이다Haidar의 집은 지금 비어있습니다. 그의 아내는 암만으로 떠났지요. 저는 걸어서 그 집을 지나치면서 하이다를 보곤 했습니다. 그는 이웃에 사는 의사였어요. 저보다 연장자였고, 저는 그를 존경했습니다. 그가 이웃에 있고 그를 만날 수 있다는 건 제게 큰 위안이었죠. 하지만 지금은 텅 빈 그 집을 그냥 지나칩니다. 아주 슬픈 일이죠. 하이다에 견줄만한 사람은 아무도 남아 있지 않아요."

나는 하이다 압둘 사피Haidar Abdul Shafi 박사를 생각했다. 그가 협상 대표단을 이끌 때 나는 그와 함께 워싱턴 D.C.에 갔던 적이 있었다. 그리고 무스타파 바르구티와 함께 셋이서 스칸디나비아에도 갔었다. 당시 우리는 스칸디나비아 국가들을 돌며 오슬로 협정이 제대로 작동하지 않을 수 있다는 점을 경고하고 다녔었다. 우리가 오슬로를 방문해서 그곳에 살고 있는 팔레스타인 청년들을 만났을 때 그가 보여줬던 아버지 같은 따뜻함은 지금도 잊을 수가 없다. 그러던 그가 병상에 누웠을 때 나는 그를 찾아가고 싶었다. 그는 그런 사람이었다. 하지만 가자 지구가 봉쇄된 탓에 그럴 수 없었고, 이제 그는 이 세상 사람이 아니다. 약속을 미룰 수도 없다. 다음 기회도 없다.

12월 15일

—

어쩌면 예루살렘의 칸 극장에서 하고자 계획했던 모든 일은 처음부터 어그러질 운명이었는지도 모르겠다. 계단 꼭대기에서 한 여성이 나를 맞이하며 히브리어로 뭘 마실 거냐고 물어보자, 나는 그 가련한 여성에게 점잖은 대답 대신 "내게 히브리어로 말하지 마시오! 히브리어 말고 아랍어나 영어로 말하란 말이오!"라고 소리를 버럭 질러버리고 만 것이다.

당시 나는 극장을 찾아 돌아다니느라 몸에 열도 나고 무척 피곤한 상태였다. 게다가 예상보다 극장을 찾는데 훨씬 더 많은 시간이 걸렸다. 나는 지금은 사용하지 않는 오래된 오토만 기차역 근처에 극장이 있다고 알고 있었다. 그렇다면 예전에 수도 없이 가본 곳일 텐데, 어쩐 일인지 그만 길을 잘못 들고 말았다. 베들레헴 가街를 오르내리며 행인들에게 100년 된 그 유적이 어디 있는지 묻자, 다들 당황한 기색이 역력했다. 아직도 내가 아버지한테서 배운 그대로, 예루살렘의 일부 도로를 위임통치 시절의 이름으로 부르고 있었기 때문이었다. 슐롬지온Shlomzion 거리를 프린세스 메리Princess Mary 거리로, 저먼 콜로니German Colony를 엘 바카El Baq'a라 부르는 식이었다. 행인들에게 오토만 기차역을 묻고 찾아다니면서, 나는 마치 시간여행자가 된 것 같은 기분이었다. 요즘 세상에 누가 그 이름들을 기억하고 있겠는가?

도중에 버려진 성공회 교회 하나를 지나쳤는데, 소나무 숲을 옆에 낀 목 좋은 곳에 있었다. 이렇게 서예루살렘의 변화된 모습은 항상 감정을 자극한다. 그러다 마침내 극장을 발견했고, 히브리어로 말을 걸어온 여성 때문에 갑작스레 몽상에서 깨어난 것이다.

아무튼, 입구에서 나는 내 오랜 친구이자 유대인 출판업자인 예후다 멜처Yehuda Meltzer를 만났다. 우리는 80년대 초반부터 알고 지낸 사이로, 그가 마지막으로 우리 집을 방문한 건 10년도 더 지난 일이었다. 그때도 그는 몰래 숨어 들어와야 했는데, 이스라엘이 자국민과 팔레스타인인들 간의 교류를 금지한 데다 가능한 양쪽을 멀찍이 떼어놓으려 했기 때문이었다. 당시 우리 집을 뻔질나게 드나들던 이들 가운데는 절친한 친구인 나오미 에일란Naomi Eilan도 포함돼 있었다. 어느 날 저녁, 내가 자동차로 그녀를 집까지 바래다주던 길에 군인들의 검문을 받았다. 그들은 아랍인과 유대인이 같이 있는 것 자체가 범죄라도 되는 양 행동하며 우리를 의심했다. 그게 1980년대 초의 일이었다. 그 뒤로 상황은 더욱 악화되었다. 물론 라말라를 방문해 직접 상황을 보고 싶어 하는 용감한 이스라엘 사람들은 지금도 그렇게 할 수 있다. 하지만 요즘에는 젊은 아랍 남성이 유대인 여성과 관계를 맺었다는 이유로 곳곳에서 폭행을 당하고, 서로 좋아서 관계를 맺은 경우에도 강간혐의로 기소된다. 여자 친구에게 자신을 유대인이라고 속였다는 이유에서였다.

예후다의 아버지는 유대 시인이었다. 함께 계단을 오르면서 그에게 물었다.

"왜 이스라엘 사람들은 아랍어를 배우지 않는 걸까? 아랍어는 이 나라 공식 언어 중 하나고, 이스라엘이 위치한 곳도 아랍어권 지역인데 말이야."

"요즘 젊은 애들이 모국어를 어떻게 대하는지를 자네가 몰라서 그래. 걔들은 히브리어도 엄청 이상하게 바꿔서 쓰거든." 그가 대답했다.

나는 그가 말하려는 의미를 정확하게 이해하지는 못했다. 대신 히브리어로 작품을 쓰는 팔레스타인 소설가 안톤 샤마스Anton Shammas가 예전에 했던 말이 떠올랐다.

> 내가 히브리어로 작품을 쓰면서 하고자 하는 건 히브리어를 탈유대화해 그것이 유대인의 언어가 아니라 이스라엘의 언어가 되게끔 하는 것, 그리하여 히브리어를 원래 출발점이었던 셈어의 자리로 돌려놓는 것이다. 영어가 영어를 사용하는 사람들의 언어이듯이 히브리어도 그렇다.

히브리어에 대한 내 지식은 초보적이다. 하지만 나 역시 그 언어와 나 사이의 관계뿐만 아니라 히브리어 그 자체에 변화가 일어나고 있다는 사실은 알고 있다. 히브리어는 발음 면에서 아랍어와 공유하고 있는 후두음의 기원에서 점점 더 멀어지고 있다. 내게 히브리어를 가르쳤던 선생님은 이런 후두음들을 제대로 발음할 줄 아는 사람이었다. 하지만 수업 시간이 되면 그녀는 후두음을 유럽 사람이 할 법한 방식으로 발음했다. 그렇게 하면 소리가 부드러워지고 발음을 좀 더 쉽게 만들어준다는 이유에서였다. 당시 나는 그런 사실 따위에는 신경을 쓰지 않았다. 이스라엘 사람들이 서구인이 되려고 애쓰는 게 뭐가 문제냐고 생각했던 것이다. 아니, 심지어 그걸 긍정적으로 여기기까지 했다. 정말로 나는 그런 변화가 우리의 미래에 어떤 결과를 가져올지 제대로 인식하지 못하고 있었다. 그러나 이제는 언어의 지역 귀속성을 거부하고 서구 국가로 인정받는 걸 추구하면서 이스라엘이 자신의 역사와 문화가 우리 두 민족이 속한 지역과 맺고 있는 밀접한 관련성을 버리고 부인하려고 한다는 사실을 깨닫는다.

그건 그렇고, 히브리어로 건넨 그녀의 말이 내겐 왜 그렇게 거슬렸던걸까? 2차 세계대전 이후에 영국과 프랑스 사람들도 독일어에 대해 나와 똑같은 느낌을 받았을까? 중국인들도 일본어를 들으면 이토록 불쾌한 감정이 들었을까? 이스라엘 사람들도 아마 나의 반감을 충분히 이해할 것이다. 그들은 히틀러Hitler가 좋아했다는 이유로 바그너Wagner의 음악을 듣는 걸 아직도 거부하고 있으니 말이다.

나도 처음에는 이렇지 않았다. 두 민족이 공존할 수 있을 거라 믿었기에 열심히 히브리어를 배웠던 것이다. 하지만 지금은 히브리어를 듣는 것 자체가 견디기가 힘들다. 히브리어가 심문과 소환의 언어, 군인들과 마주쳤을 때나 무례한 병사가 명령을 내릴 때 듣는 언어가 되어 버렸기 때문이다. 두 민족 사이에 그 모든 일이 벌어지고 난 뒤, 결국 히브리어는 예의를 갖춘 인간적인 상호작용이나 문화의 언어가 아니라 진보적이거나 좋은 구석이라고는 조금도 없는 끔찍한 체험과 불행을 연상케 하는 언어가 되어버렸다.

한 달 전에 칸 극장의 예술 감독이 2002년 이스라엘군의 라말라 침공을 다룬 내 책《직박구리가 노래를 멈췄을 때When the Bulbul Stopped Singing》를 연극으로 만들어 올리겠다는 계획을 밝혀왔을 때, 나는 영어로 된 초판이 나온 지 7년이 지났고 히브리어판은 이미 5년 전에 나온 책을 왜 지금에 와서 연극으로 올리려는지 의아했다. 하지만 시기야 어떻든 자신의 작품이 무대에 오르는 걸 보고 기쁘지 않을 작가는 없을 것이다. 내 경우에는 특히 이스라엘 관객들 앞에서 작품이 무대에 오르기에 더더욱 그랬다. 그 책을 쓰면서 나는 이스라엘 사람들의 얼굴 앞에 거울을 비춰줄 수 있기를 꿈꿨다. 그런데 지금 이 자리에서 꿈이 실현될 수 있게 된 것이다.

계획을 논의하는 자리에는 예술 조감독도 같이 참석했는데, 함께 일하고 싶고 친구가 되고 싶은 인상을 주는 사람이었다. 그녀는 원작을 각색할 예정이고 내 책에 깊은 감동을 느꼈다고 말했다. 중간에 인상적이라 여기는 구절을 직접 거론하기도 했는데, 시작 부분에 등장하는 두 팔레스타인 경찰 중 한 사람은 더러운 신발을 신었고 다른 한 사람은 깨끗한 신발을 신고 있는 대목이었다. 하지만 그녀는 그 상황이 어떻게 전개된 것인지는 모르는 것 같았다. 라말라를 방문해본 적도 없거니와 그러고 싶은 바람조차 비친 적이 없었으니 당연한 일이었다. 그녀는 두 경찰과 비슷한 팔레스타인 사람을 무대에 올릴 계획이라고 말했다. 그럼으로써 예루살렘의 보수적인 대중들에게 이 팔레스타인 사람이 감내해야 했던 게 무엇인지를 보여주고 싶다는 것이었다. 얘기를 듣자마자 나는 작품의 의미가 제대로 전달되도록 만들기 위해 이들과 함께 집중적으로 작업하지 않으면, 팔레스타인 사람을 동정의 대상으로 만들거나 문제가 될 여지가 있겠다는 걱정이 들었다.

게다가 그들이 왜 스코틀랜드 극작가 데이비드 그리그David Grieg가 이미 각색한 훌륭한 대본을 활용하려 하지 않는지도 궁금했다. 그들은 히브리어로 출간된 나의 다른 책들에서 차용한 부분까지 포함시켜 자신들만의 독자적인 작품을 만들고 싶다고 했다. 하지만 그러면서도 어떤 작품에서 뽑아 쓸지는 구체적으로 말해주지 않았다. 나는 그들이 내가 썼던 타협적인 문장을 모두 찾아내 원래의 맥락과는 상관없이 나를 나약하고 '선한 아랍인'으로 묘사하지 않을지 걱정스러웠다. '테러리스트'가 아닌 '선한 아랍인'조차도 침공을 피해가지 못했다는 걸 강조하기 위해서 말이다. 내 서툰 히브리어 실력으로 그들과 함께 작업하며 잘못된 부분을 바로 잡는다는 건 내가 감당할 수 있는 것보다 더 많은 시간과 엄청난 노력을 요구하는 일일 것이다. 하지만 그렇게 하지 않으면 여기저기서 소재를 끌어오고 빼고 해서 자신들이 원하는 결과물을 만들어내려는 그들을 제어하지 못하게 된다. 그들은 문맥과 다르다는 비판이 제기돼도 얼마든지 해명할 수 있도록, 내가 썼던 표현들만 활용할 것임에는 의심의 여지가 없다.

대화 중에 감독은 아리엘Ariel의 유대인 정착촌과 그곳의 문화센터에 관해서도 이야기를 꺼냈다. 그 문화센터는 이스라엘 문화기관 중에서 칸 극장이 제휴를 거부하고 있는 곳 중 하나였다. 그는 만약 칸 극장이 제휴에 관한 압력을 받는다면, 그곳에서 연극을 올리는 것에 찬성할 것이라고 말했다. 대신 반드시 이 작품이어야 한다는 조건으로 말이다. 그렇게 되면 이 연극을 본 정착민들은 이스라엘 군인들이 팔레스타인 사람들을 어떻게 취급하는지를 들여다보지 않을 도리가 없다. 사실 감독의 말 속에는 아리엘 예술공연센터가 이 연극을 무대에 올리는 일은 절대로 없을 거라는 판단이 깔려 있었다. 하지만 만약 그들이 거부하지 않는다면? 그렇다고 해도 나는 서안지구의 아리엘 불법 정착촌에서 내 작품이 공연되는 것에 절대 동의하지 않을 것이다.

또 하나 나를 놀라게 한 건 그들이 이스라엘 점령 아래 살아가는 팔레스타인인으로서 오늘날 내가 겪고 있는 어려움에 관해서는 단 한 마디도 묻지 않았다는 점이다. 아무런 유감도, 공감도 없었다. 이런 상태에서 그들이 어떻게 설득력 있는 묘사를 해낼 수 있을까? 이런 점을 생각하면, 그들이 그려내는 팔레스타인 사람들의 현실이 나를 당혹스럽게 하지 않을 거라고 내가 어떻게 믿을 수 있겠는가? 만약 내게 그들과 함께 작업할 충분한 시간이 주어진다면 그들의 작업과정에 영향을 미칠 수 있을는지도 모르겠지만, 난 그만한 시간적 여유가 없다.

오늘도 그들은 라말라에서의 삶에 관해 단 하나의 질문도 던지지 않았고, 나는 어제보다 더 큰 당혹감을 느꼈다. 저 사람들은 라말라에서 팔레스타인인으로 살아간다는 게 어떤 것인지에 대해 아무것도 모르면서 여전히 작품을 무대에 올릴 수 있다고 생각하고 있다. 나는 내가 이스라엘 내부의 투쟁에 이용당하고 있다고 보다 확실하게 느끼게 되었다. 이스라엘의 연극인들은 아리엘 정착촌과의 사이에 문제가 있었다. 그리고 그들은 자신들의 싸움에 내 작품을 이용하길 원하는 것이다.

가장 심각한 문제는 우리가 재원조달 문제를 논의하는 과정에서 불거졌다. 그들은 "당연히 우리는 문화부로부터 지원을 받을 겁니다. 이스라엘의 모든 문화단체는 국가의 재정지원을 받습니다"라고 말했다. 이 얘기를 듣고 나는 이스라엘 정부의 자금을 받아서 내 작품을 공연하는 것에는 동의할 수 없다고 답했다. 내 입장에서 이 문제는 너무도 명확한 것이었다. 그러자 그들은 "연극을 후원할 개인 기부자를 찾으면 어떨까요?"하고 되물었다. 하지만 그건 나 자신을 기만하는 것이다. 나는 국가가 극장의 운영비를 지원하기 때문에 연극을 무대에 올리는 것 자체가 국가의 지원을 받는 셈이라고 말했다. 그러자 그들은 전체적인 그림에서 내가 빠지는 방식은 어떻겠냐고 제안했다. 그러면 당혹스러운 일도 피할 수 있지 않겠냐는 얘기였다.

"당신 책의 히브리어 번역본 판권을 갖고 있는 이스라엘 출판업자와 우리가 직접 조율을 하면 어떨까요?"

그들은 자신들에게 권리를 위임하도록 나를 설득하면서 관객들에게 이 연극을 보게 하는 것이 얼마나 중요한 일인지를 계속해서 설명했다. 맞는 말이다. 내가 이스라엘에서 내 책을 출판한 것도 그런 이유 때문이었다. 하지만 그렇다고 해서 국가의 지원으로 운영되는 극장에서 연극을 공연한다는 사실 자체가 바뀌는 건 아니며, 그건 내가 굳건하게 지지하고 있는 이스라엘 보이콧운동의 대의에 위배되는 것이다. 내 책을 각색한 연극이 이스라엘에서 공연됐다는 사실은 확실히 내가 원치 않는 방식으로 이용당하게 될 것이다. 그렇게 만남은 성과 없이 끝났다. 나는 페니에게 의견을 묻고 고민할 며칠의 시간이 더 필요했다.

내가 떠나기 전에 그들은 극장 이곳저곳을 안내해주고 내 연극이 공연될 무대도 보여줬다. 순간 이스라엘의 점령 초기에 아버지가 이곳에 나를 데리고 왔던 일이 떠올랐다. 그때 아버지와 나는 예후디 메누힌Yehudi Menuhin의 음악회를 감상하러 왔었다. 그는 평화를 사랑하는 다정한 음악가이자 이스라엘 의회Knesset에서 이스라엘 정부의 행동에 분노를 터뜨렸던 인물이었다. 그가 보기에 이스라엘 정부는 '팔레스타인 사람들을 쓸데없이 공포로 다스리고, 삶의 기본적인 존엄을 모욕하며, 끊임없이 질식 상태에 몰아넣고 있는' 존재였던 것이다.

극장을 나와 예루살렘을 빠져나올 때는 다행히 길을 잃어버리지 않았다. 예후다가 차로 데려다준 덕분이었다. 오토만 기차역을 지나면서 한때 옛 히자즈Hijaz 철도를 통해 베이루트Beirut와 하이파Haifa, 그리고 이스탄불Istanbul과 예루살렘, 나블루스Nablus를 연결했던 것처럼, 열차들이 다시 그 철길 위를 달릴 그 날이 과연 되돌아올 수 있을까 하는 생각이 들었다. 예후다와 각자 뒤돌아 헤어진 후, 아마 우리 두 사람은 이 지역 사람들을 서로 이어주던 옛 열차들과 그 노선이 부활하는 꿈을 꿨을 것이다.

12월 20일

지금 막 칸 극장 관계자들에게 내 책을 극화하겠다는 그들의 제안을 거절하는 편지를 썼다.

생각했던 것보다 훨씬 힘든 결정이었다. 이번 일은 내게 팔레스타인인과 이스라엘인 사이의 간극이 얼마나 큰지를 절감하게 했다. 예전에 나는 이스라엘 친구들의 집에서 유월절Seder을 축하하곤 했다. 하지만 지금 나는 내 작품을 이스라엘 관객들에게 보여주겠다는 제안을 거절하고 있다.

이스라엘인들은, 극단주의자들과 정착민들이라는 내부의 문제를 안고 있고, 그들 나름대로 희생자라는 생각에 사로잡혀 있다. 우리는 우리대로 과거에 너무나 많이 속아본 경험 탓에 스스로를 취약하다고 느끼며, 계속해서 상대를 의심한다. 내가 예루살렘에서 극장 관계자들과 만났을 때, 그들은 라말라로 나를 찾아와 책에 등장하는 사건들의 실상을 직접 눈으로 확인하고 싶다는 뜻을 단 한 번도 내비친 적이 없었다. 라말라는 그들이 있는 예루살렘에서 차로 20분 거리밖에 되지 않는데도 말이다. 심지어 에든버러의 트래버스 극장 무대에 올리기 위해 내 책을 각색했던 스코틀랜드 극작가 데이비드 그리그와 연출을 맡았던 필립 하워드Philip Howard는 연극을 준비하기 전에 직접 영국에서 라말라로 건너와 시간을 보내기도 했었다.

2011년 1월 1일

-

새해 첫날인 오늘은 아라비아 만에서 수영을 하며 하루를 보냈다. 나는 지금 카타르 도하Doha에 와 있다. 이곳에 있는 유명한 무슬림 박물관을 방문하고 페르시아의 세밀화 '우수에 빠진 성 제롬St Jerome Representing Melancholy'에 관한 글을 쓰기 위해서다. 이 삽화는 파루크 베그Farrukh Beg의 '무굴왕조 사진첩'에 있는 그림으로, 그에 관한 글을 소설가 아다프 수이프Ahdaf Souief가 편집하는 박물관 안내서에 싣기로 한 것이다.

새해를 맞는 거로는 나쁘지 않은 방식이다.

1월 5일

암만에서 방금 돌아왔다. 그곳에서 아버지의 오랜 친구인 유수프Yusuf 씨와 점심을 함께했다. 이스라엘의 점령 2년 전인 1965년에 아버지와 유수프 씨는 동예루살렘에서 가장 가치가 높은 땅을 함께 사들였다. 올리브 산에서 멀지 않은 곳이었다. 1967년 점령 이후, 이스라엘 정부는 예루살렘 동쪽 지역에서 두 사람이 공동으로 소유하고 있던 토지를 포함해 많은 토지를 강제로 수용했다. 그리고 몇 년 뒤 이스라엘 정부는 그 땅을 팔았고, 그곳에는 하얏트 호텔이 새로 들어섰다. 하지만 원소유자에게는 아무런 보상도 없었다. 법률적 저항이 어렵다는 것과 이스라엘 법정이 팔레스타인인의 입장에서 정직한 판결을 내릴 가능성은 더욱 희박하다는 사실을 함께 짚어본 뒤, 우리는 우리가 살아있는 동안 평화가 찾아올 수 있는지에 대한 이야기로 대화를 옮겨갔다.

유수프 씨와의 만남은 정말 오랜만이었다. 나는 유수프 씨가 레바논 내전으로 기나긴 고통을 겪은 이래 한 번도 그를 찾아뵙지 못했었다. 전쟁 당시 그는 내전을 취재하는 기자들이 많이 묵던 서베이루트 한복판의 유명한 호텔을 운영하고 있었다.

1982년 이스라엘군이 베이루트를 침공했을 때, 그들은 유수프 씨의 호텔로 와서 그에게 무기를 갖고 있는지 물었다. 그러자 유수프는 "물론이요. 당신들은 내가 지금 사는 곳이 어떤 곳인지 모르쇼?"라고 대답했다. 이에 화들짝 놀란 이스라엘군은 그를 지프에 태우고 나가 총으로 쏴 죽이려고 했다. 하지만 기자들이 그 사실을 외신에 알려 전 세계에서 이스라엘 정부로 문의가 쇄도했다. 당황한 이스라엘 당국은 '이 자는 대체 누구지? 돌려보내는 게 낫겠군' 하고 판단했다.

"호텔로 다시 돌아왔더니 기자들이 바로 기자회견을 열자고 하더군. 그들은 내게 '이스라엘 군인들이 무엇을 원하던가요?'라고 물었어. 그래서 나는 '그자들은 내가 바스투르마Basturma보다 파스트라미Pastrami+를 더 좋아하는지 묻더군요'라고 대답했지. 이스라엘 군인들이 여전히 가까이에 있는데 내가 달리 뭐라고 말할 수 있었겠나?"

그는 내전이 발생한 지 8년이 지나고 이스라엘이 점령을 중단한 1983년에야 베이루트를 떠났다. 그가 한 고생은 이루 말할 수가 없을 정도였으며, 그 사이 아랍 국가들에 대한 그의 신뢰는 산산조각이 났다.

"난 그들에게 아무런 희망도 걸지 않아."

그 뒤로 그는 런던으로 건너가 전 세계를 무대로 사업을 했고, 지금은 은퇴한 상태다.

"암만에 있는 내 또래 남자들은 대부분 직장에 가서 온종일 앉아 신문을 읽지. 신문에서 부고를 읽고 상가에서 유족들을 위로하며 저녁 시간을 보내. 죽음이 사교를 위한 최상의 기회를 제공하는 셈이야. 하지만 나는 그렇게 하지 않아. 망자들은 반쯤 죽은 사람들에게 맡겨놓는 거지. 나는 어디에도 가지 않는다네. 농장에서 살면서 닭과 사슴을 돌보고 과일나무와 채소를 키울 뿐이지. 연회 같은 데에는 절대로 가지 않아. 하루 종일 농장에서 일만 하기 때문에 연회

+ 바스투르마와 파스트라미는 발음만 다를 뿐, 소고기를 소금과 향신료에 절여 말린 동일한 중동지역의 음식이다.

같은 데서 사람들이랑 할 이야기가 없거든. 한 번은 이런 원칙을 깨고 연회에 간 적이 있었는데, 내 옆에 요르단 주재 이스라엘 대사가 있더군. 잠깐 대화를 나누다 그가 '만약 컴컴한 골목에서 나를 만난다면 어떻게 할 건가요?'하고 묻는 걸세. 나는 이렇게 대답했어. '당신의 두 눈 사이에 총알을 박아 넣을 거요.' 그러자 그가 '우리를 책망하는 건가요?'라고 말하더군."

그런 다음 유수프 씨는 내내 침묵을 지키고 있던 그의 아내에게로 얼굴을 돌리며 말했다.

"이 사람은 신성함을 찾아 인도에 갔었어. 나도 그곳에 가고 싶군. 어쩌면 그곳에서 나의 그리스도를 찾을 수 있지도 모르지."

나는 그 말뜻을 이해했다. 유수프 씨는 내가 대책 없이 순진해 빠졌다고 생각하고 있었다. 이 지점에서 나는 삼촌과의 논쟁을 떠올렸다. 삼촌은 우리가 이스라엘을 물리칠 군사적 수단을 갖고 있지 않기 때문에 도무지 방법이 없다고 믿었다. 나는 이런 삼촌의 뿌리 깊은 비관주의를 결코 흔들지 못했고, 결국 누구도 자신의 비관주의를 손상시키지 못하게 하는 행위가 삼촌에게는 일종의 자기방어였다는 걸 깨달았다. 삼촌에게는 '아직 희망이 있다'는 생각 자체가 너무도 큰 고통이었던 것이다. 반면 내 경우에는 이스라엘이 패하고 점령이 끝날 것이라는 우리의 희망을 유지하는 것이 설사 어리석은 일이라고 하더라도 그런 미몽에서 깨어나고 싶지 않다는 쪽이다.

유수프 씨와 나는 나이가 열 살이나 차이 날 뿐만 아니라 삶의 경험에서도 차이가 있다. 앞으로 십 년 뒤에도 어떠한 정치적 변화가 일어나지 않는다면 나도 그처럼 냉소적인 사람으로 변하게 될까?

아마 그럴지도 모르겠다.

우리의 의견이 일치를 본 건 정원 가꾸기에 관해서였다. 우리 둘은 일단 나무를 가꾸기 시작하면 나무가 남아나지 않을 정도로 가지치기에 매달리는 스타일이다. 누가 그만하라고 할 때까지 말이다. 이것은 우리 나름대로 노이로제를 극복하는 방법이었다. 그래서 서로 다른 방식이긴 하지만, 정치적 견해에 있어서도 둘 다 극단적인지도 모르겠다.

1월 29일

-

이제야 희망이 보인다. 그것도 아주 많이. 이집트에서 마침내 봉기가 발생했다. 그리고 이집트 정부의 변화는 지금까지 국경을 맞대고 있는 패배주의 정권들의 완충작용 덕을 많이 봐온 이스라엘에도 타격을 줄 것이다. 오랫동안 풍요로운 삶의 가능성은 부패한 엘리트들의 좁은 집단에만 한정돼 있었고, 이는 인구의 다수에게 지옥을 의미했다.

금요일인 어제 이집트 사람들은 '분노의 날'을 선언했다. 나는 시위대에게 뿌려진 성명서를 읽으며 감정이 북받쳐 올라 눈물이 샘솟았다. 거기에는 시위대가 최루가스로부터 어떻게 스스로를 보호하고 대열을 유지할 수 있는지에 대한 조언이 적혀 있었다. 그걸 본 순간, 1987년 12월의 1차 인티파다 기간에 각기 다른 모든 분파를 망라한 민족연합 지도부가 배포했던 우리의 성명서가 떠올랐다.

한편 무엇이 이집트 혁명을 촉발했는지에 대해 수많은 이야기가 오가고 있다. 분명한 건, 이집트 혁명은 오랫동안 서서히 예열되다가 튀니지의 봉기로 인해 활활 타올랐다는 사실이다.

이집트의 봉기를 가능하게 만든 것이 과연 페이스북과 트위터, 그리고 인터넷과 이동전화였을까? 이런 모든 소셜 미디어가 도움이 된 것은 부정할 수 없지만, 그것이 절대적인 것은 아니었다. 팔레스타인 인티파다의 경험으로부터 나는 서로 마음이 통한다는 게 가장 중요하다는 것을 터득했다. 비록 민중이 다양한 개인과 집단으로 구성돼 있더라도 가장 근본적인 것은 민중의 의지다. 과감하게 나서서 위험을 무릅쓰고, 두려움을 이기며 새롭게 태어날 준비가 되어 있는 각오 말이다. 1988년 이스라엘 점령지의 팔레스타인 시민들은 세계에서 가장 강력한 군대 중 하나에 맞서 집단적으로 들고 일어났다. 나는 당시의 성명서들을 읽을 때 느꼈던 흥분을 기억한다. 성명서에 나온 말들이 하나같이 나의 정서와 생각들을 표현하고 있다는 건 정말 신비로운 일이었다. 민중들의 맥박과 너무나 완벽하게 맞아 떨어져서 성명서에서 어떤 행동을 요구하든지 간에 우리는 모두 따를 각오가 되어 있었다. 그때 나는 처음으로 연대의 의미와 그 속에 숨어 있는 잠재력, 그리고 민중이 함께할 때 분출되는 힘을 이해했다. 이스라엘군처럼 강한 군대도 자신들의 자유를 되찾기 위한 민중의 강철 같은 의지 앞에서는 움츠러들 수밖에 없었다. 비록 두렵긴 했지만, 결코 잊을 수 없는 마법 같은 시간이었다.

지금 텔레비전에서는 호스니 무바라크Hosni Mubarak 정권의 종식을 요구하며 타흐리르Tahrir 광장에서 시위를 벌이는 젊은 이집트 남녀들의 모습이 연신 비치고 있다. 갑자기 머릿속에 역사학자인 친구 사바가 떠올랐다. 몇 달 전 그는, 자신이 최근에 카이로Cairo를 방문했을 당시 시내를 온통 뒤덮고 있던 오물들에 관해 얘기했었다. 당시 나는 결벽증하고는 거리가 먼 그가 카이로 길거리에 버려진 음식물 쓰레기 더미에 길고양이와 쥐들이 우글거리는 광경을 전해주는 이야기를 듣고 이집트 사람들이 이만저만 걱정되는 게 아니었다. 그들은 자신들의 공적 공간들을 포기함으로써 충격적인 수준의 자기 증오와 공동체적 삶, 그리고 시민적 감각의 상실을 표현해왔음이 틀림없었다. 카이로 같은 혼잡한 도시에서의 삶은 사람들이 엄청난 인내심과 높은 수준의 유머감각을 가지고 있을 때만 비로소 가능하다. 이집트가 최악의 시기를 버틸 수 있었던 것도 그들의 바로 그 유명한 유머 감각 덕분이었을 것이다. 봉기가 발생하기 전에는 절망과 사기저하가 너무나 심각해서 모든 희망이 사라진 것처럼 보였다. 고문도 자행되었다. 카이로에서 고문이 얼마나 일상화되었던지, 경찰서를 지나칠 때면 비명소리를 피하기 위해 길을 건너야 할 정도였다. 오늘 시위에 참가하는 사람들은 모두 자신들이 그토록 오랫동안 이집트를 지배해 온 비상계엄법Emergency Laws을 어기고 있으며 경찰에 체포될 경우 감옥이라는 가혹한 상황에 직면하게 될 거라는 걸, 그래서 행인들을 움찔하게 만들고 걸음을 재촉하거나 발길을 돌리게 만드는 저 비명소리의 주인공들과 같은 운명을 겪게 될 거라는 걸 잘 알고 있다.

이렇듯 자유를 향해 한 걸음씩 나아감으로써 스스로를 거대한 위험에 노출시키는 사람들의 모습은 나로 하여금 늘 감동의 눈물을 흘리게 한다. 우리가 인간일 수 있게 만드는 힘은 바로 그런 것이 아닐까? 우리 팔레스타인 사람들은 오랫동안 자유를 빼앗겨 왔지만, 그렇다고 존엄성까지 박탈당한 것은 아니다. 이집트인들이 우리와 다른 점은 우리처럼 식민지 지배자들로부터가 아닌 자기네 동포로부터 억압받고 있다는 사실, 그것밖에 없을 것이다.

1월 31일

우리의 이집트인 친구인 아메르 샬라카니Amer Shalakani는 오늘 자 〈가디언〉 지에 이런 글을 남겼다.

> 미국인들에게는 이스라엘의 안보가 이집트 민중보다 우위에 있다. 미국인들에게 우리는 원숭이들이다. 그들은 우리 이집트인들이 정치적 권리와 자유를 누릴 자격이 없다고 말한다. 이제 그들과는 끝이다. …… 바깥 세계가 무바라크 같은 자와 관계를 계속 이어간다는 것은 우스운 일이다. 이제 그들과는 끝이다.

몇 년 전에 나는 두 젊은 사업가들의 대화를 우연히 듣게 된 적이 있다. 한 명은 텔아비브 출신이고 또 한 명은 카이로 출신이었다.

이스라엘인 사업가가 말했다.

"텔아비브로 와서 저를 꼭 찾아주십시오. 이스라엘 곳곳을 보여드릴게요. 우리는 환상적인 사업 파트너가 될 수 있을 겁니다."

그러자 이집트인 사업가가 대답했다.

"우리가 공존하지 못할 이유는 없습니다. 서로 공통점이 많고, 따라서 큰돈을 벌 기회도 많을 테니까요."

이에 그 이스라엘인은 "물론입니다. 꼭 오세요. 모든 걸 마련해놓도록 하죠. 그 정도야 아무것도 아닙니다"라고 화답했다.

그 자리에 앉아 있던 나는 민망하고 아니꼬운 마음을 감출 수가 없었다. 협력, 평화, 새로운 시대, 국경을 뛰어넘는 우정. 물론 대찬성이다. 그런데 왜 그때 나는 메스꺼운 기분이 들었을까?

나를 괴롭게 만든 건 두 사업가의 냉정함 때문이었다. 그들은 다수 아랍인들의 운명에는 관심이 없었다. 100만 명이 넘는 사람들이 가자 지구라는 거대한 감옥에 갇혀 살고 있다는 사실도 안중에 없었다. 이스라엘과 이스라엘 점령지에 사는 수십만 명의 팔레스타인 사람들이 오랫동안 만나지 못한 친척들을 방문하려 해도 번번이 허가가 거부된다는 사실 역시 외면하긴 마찬가지였다. 특권과 냉소주의의 이런 결합 때문에 진정한 평화의 가능성은 도무지 들어설 자리가 없다.

온종일 일에 집중하려 애써봤지만, 타흐리르 광장에서 벌어지는 사건들을 생방송으로 전하는 텔레비전에서 당최 눈을 뗄 수가 없다. 낮 시간에 텔레비전을 본다는 건 내게 좀처럼 드문 일이다. 알자지라의 뉴스 속보를 보면서 2002년 봄 이스라엘의 침공 당시 힘들었던 몇 달간의 기억을 떠올리지 않을 수 없었다. 그때 우리는 완전히 포위된 상태에서 온종일 텔레비전 뉴스를 따라잡느라 전전긍긍해야 했다.

그리고 이제 이스라엘의 예봉 아래서 수백만 명이 그랬던 것처럼 나는 다시 텔레비전 앞에 앉았다. 물론 이번에는 어려움을 견디거나 두려움 속에서 숨죽일 필요는 없다. 하지만 편안한 의자에 발을 쭉 뻗고 드러누워 땅콩을 씹고 음료수를 홀짝거리며 이 생생한 드라마를 구경하는 마음은 불편하기 짝이 없다. 그때 우리의 고생을 지켜보던 사람들도 이런 죄책감을 느꼈을까?

2월 2일

우리는 지금 혁명이 이뤄지고 있는 과정을 목격하고 있다. 인류에 대한 나의 믿음도 되살아났다. 한 때 이집트인들에 대한 기대를 접었던 것은 분명 잘못된 판단이었다.

텔레비전 화면에 비친 이집트 시위대는 마치 새 단장을 한 사람들 같았다. 얼굴도 훨씬 더 잘 생기고 정직해 보였으며, 용감하고 과감한 데다 인간미와 생기가 철철 넘치는 게 그동안 그들이 보여줬던 모습과는 완전히 딴판이었다. 오랫동안 이집트인들은 패배주의적이고 무질서하고 야비한 모습으로 비쳤었는데, 자신들의 운명을 스스로 결정하고 자유를 위해 싸우는 과정에서 육체적으로도 달라진 것 같았다.

이 아름다운 사람들에 맞서 무바라크 정권은 괴한들을 낙타에 태워 보냈다. 내가 경탄해 마지않는 그 순진한 동물, 낙타 말이다. 나는 낙타들이 물 마시는 모습을 좋아한다. 낙타들은 물을 꿀꺽 삼킨 뒤 후루룩 소리를 내고 코를 힝힝거린다. 그리고 물을 마신 다음에는 최대한 높고 고귀한 자세를 취하며 고개를 쳐든다. 하지만 돌진할 때는 위험할 수 있다. 어쨌든 낙타는 사막의 전쟁에서 복무한 오랜 역사를 지니고 있다. 낙타들은 무차별적으로 돌진하는 거대한 동물이다. 그래서 괴한들이 낙타 등에 올라타 시위대를 공격하는 모습은 더욱더 무시무시하다.

앞으로 이 혁명은 얼마나 많은 신화를 무너뜨리게 될까? 아랍인들은 민주주의를 가질 수 없다는 신화. 무바라크 같은 독재자가 무슬림 근본주의자들로부터 나라를 지켜준다는 신화. 아랍 국가들에는 절대 변화가 일어나지 않을 거라는 신화(하지만 예멘에서도 변화의 불길은 타오르고 있다). 이스라엘은 늘 이 지역에서 자신들에게 동조하는 세력을 가지게 될 것이고, 팔레스타인 사람들은 영원히 점령 하에 남을 것이라는 신화. 그러나 물론 두려움도 여전하다. 정말로 두렵다.

우리가 경험해온 비정상적인 양극화가 과연 독재자의 정책이 가져온 결과이기만 한 걸까? 한 이집트 친구는 자신의 아들이 타흐리르 광장에서 경험한 일을 내게 말해줬다. 봉기 초반에 세속적이고 머리를 덥수룩하게 기른 아들이 턱수염을 기른 무슬림정당 사람을 만났다고 한다. 보통 때 같으면 두 사람은 친구가 될 수 없었을 것이다. 하지만 같은 투쟁에 참여한 덕분에 두 사람은 좁은 공간에 함께 갇히게 되었고, 그렇게 굳건한 동지가 된 두 사람은 밤낮을 같이 붙어 다니는 사이가 됐다. 그런 아들의 새 동료가 하루는 "내가 너처럼 머리 긴 사람과 대화를 하게 될 줄은 예전엔 상상도 못 했어"라는 아주 흥미로운 말을 건넸다는 것이었다. 그러자 친구의 아들은 "나도 너처럼 수염 긴 사람과 친구가 되리라는 건 상상도 못 했어"라고 답했다고 한다. 그들은 외모의 차이에도 불구하고 자신들이 많은 것을 공유하고 있다는 걸 발견했다. 두 사람은 자신들의 조국을 진심으로 걱정했고, 압제와 굴욕을 끝장내고 존엄성과 자유가 보장된 미래를 열망했다. 무슬림의 생활방식에 관한 입장 차이에도 불구하고 둘은 공존의 길을 찾을 수 있고 서로를 관용할 수 있다는 것을 확신하게 된 것이다.

파타건 하마스건 팔레스타인의 지도세력 또한 아랍 독재 정권들과 같은 지배계급에 속한다. 그들은 아랍 독재정권들의 문제점을 깨닫지 못하고 그와 비슷한 국가를 건설하려고 한다. 라말라와 가자에서는 이집트 민중을 지지하는 시위가 일절 금지되었다. 독재자를 지지하는 우리 지도자는 '어떻게 친구에게 등을 돌릴 수 있겠어?'라고 생각하는 걸까?

2월 4일

시위대는 금요일인 오늘을 '무바라크 추방의 날'로 명명했다. 어떤 날짜에 이름을 부여하는 건 1차 인티파다 당시 우리의 경험을 떠올리게 한다. 1차 인티파다는 아랍세계의 많은 사람들에게 자극이 되었다. 다시 생각해봐도 정말 감동적인 나날들의 연속이었다. 그리고 오늘, 타흐리르 광장에 모인 수십만 명의 시민들은 한목소리로 이렇게 외치고 있다.

"떠나라, 떠나라. 우리는 당신이 떠날 때까지 이 자리를 굳건히 지킬 것이다."

이는 금요일의 기도회 이후에 벌어진 일이다. 금요 기도회에서는 수만 명의 사람이 질서정연하게 줄을 맞춰 손을 머리 위로 올린 다음 허리를 굽히고 다시 몸을 일으켜 세웠다가 무릎을 꿇은 뒤 엎드렸다 일어나 앉아 머리를 좌우로 돌리는 식의 놀라우리만치 일치된 동작으로 기도하는 장관이 연출된다.

이런 모습을 보고 어떻게 감동을 하지 않을 수 있겠는가?

아침에는 풀Foul+과 후무스Hummus++를 사러 나갔다가 빵집에서 파타당원 한 사람이 모두가 들을 수 있는 큰 소리로 "신이시여, 말썽만 일으키는 무슬림형제단과 알자지라 깡패들로부터 이집트 사람들을 구하소서"라고 외치는 추잡한 광경을 목격했다. 그를 본 한 젊은 청년이 빵을 사다 말고 "어쨌거나 평범한 이집트 남성과 여성들은 해방을 원한다고요"하고 지적하자, 그 파타당원은 비웃으며 이렇게 되받았다.

"해방 같은 소리 하고 있네. 이집트인들은 자신들의 사회를 파괴하고 있고, 조만간 후회하면서 과거를 그리워하게 될 거요."

그 남자는 압제로부터 자유를 쟁취하기 위해 싸우는 이집트 사람들에게 전혀 공감하지 못하고 있었다. 그가 유일하게 관심을 기울이는 것은 하마스와의 투쟁이었다. 그는 무바라크 정권이 몰락하고 무슬림 형제단이 권력을 장악하면 하마스와의 투쟁에 차질이 빚

+ 누에콩으로 만든 중동음식. 보통 빵에 발라서 먹는다.

++ 병아리콩을 갈아 각종 향신료와 올리브 오일을 섞어 만든 중동의 대표 음식.

어질 거라고 믿고 있었다. 무바라크는 우리의 적인 이스라엘과 좋은 친구 사이였다. 하지만 우리 정부는 지역의 적대세력인 하마스의 잠재적인 지지자 무슬림 형제단보다는 무바라크를 더 선호한다. 이것이 현실이다. 알자지라 역시도 팔레스타인 페이퍼Palentine Papers•를 폭로하고 팔레스타인 자치정부의 부패를 공개적으로 비판했다는 이유로 적이 되었다.

오늘 또 하나의 감동적인 사건은 알렉산드리아에서 금요일 낮 기도를 드리고 있던 무슬림 예배자들을 경찰로부터 보호하기 위해 콥트 기독교도들이 서로 손을 맞잡고 저지선을 만든 일이었다. 이 값진 사건이 종파 간의 갈등을 종식하지는 못하겠지만, 길고 험난한 길을 비추는 희망의 불빛임은 틀림없다. 이집트인들은 금요일마다 전개되는 이야기의 새로운 장에 제목을 붙이듯 구호를 바꿔가며 해방의 역사를 쓰고 있다.

무바라크 정권은 오랫동안 이집트가 팔레스타인 편에서 이스라엘에 맞서는 투쟁을 벌이고 있다는 것을 핑계로 이집트 민중에 대한 억압을 정당화했다. 그러나 실상은 이집트 독재 정권이 이스라엘에게 약 30년간 거짓 안보와 가짜 평화를 선사해왔고, 그럼으로써 이스라엘은 서안지구에 대한 지배력을 공고히 하고 그곳에 유대인 정착촌 건설을 계속하는 방향으로 자신의 자원을 돌릴 수 있었다는 게 진실이다.

• 이스라엘, 미국 정부와의 중동평화협상을 기록한 1600건이 넘는 비밀문서.

2월 7일

처음에는 인권위원회 만찬에 가지 않을 작정이었다. 그 만찬에는 우리의 작업을 평가하기 위해 지구 반대편에서 몇몇 전문가 자문위원들이 참석하기로 되어 있었고, 이들의 초청을 위해 많은 비용이 지불되었다. 하지만 책임자가 내게 전화를 해 참석을 거듭 요청해오는 바람에 마지못해 그 자리에 끼게 되었다. 사실 요즘 나는 제도화된 인권 활동에 그다지 흥미를 느끼지 못하고 있다. 우리의 단체들은 자금제공자들의 인질로 전락했고, 자금제공자들은 끊임없이 가시적인 성과를 요구한다. 마치 인권운동이 산업인 것처럼 말이다. 게다가 이번 작업에 자금을 대는 국가 중 일부는 보안부대와 국가안보기관 같은 인권침해 수단들을 계속 만들어내고 있다. 만찬 자리에서 위원 한 사람은 이렇게 말했다.

"맙소사! 이집트는 그동안 이스라엘에게 가스를 시장 가격의 4분의 1에 팔아왔답니다. 어떻게 이런 일이 가능한 거죠?"

이런 희망의 시기에 나는 어느새인가 아버지를 떠올린다. 아버지는 이집트에서 벌어지는 일들에 열광했을 것이다. 그러나 동시에 걱정도 많았을 것이다. 나 또한 그렇다. 나는 습관적으로 최악의 상황을 각오하는 법을 터득해왔다.

타흐리르 광장에서 사람들은 서로에게 친절하다. 그들은 서로 음식을 나누고 사기를 북돋기 위해 농담을 주고받고 차를 끓인다. 혁명은 목가적이고 낭만적인 시간을 만든다.

2월 9일

알 카만드하티Al Kamandjati 음악학교 교사들이 마련한 콘서트에 다녀왔다. 알 카만드하티는 라말라 구시가에 있는 음악학교로 팔레스타인 아이들, 특히 난민촌과 마을에 살고 있는 아이들이 쉽게 음악을 접할 수 있도록 하기 위해 2002년에 설립된 곳이다. 콘서트가 끝난 뒤에는 새로 문을 연 베이트 아니세Beit Aneeseh 카페에 들렀다. 카페는 즐거운 시간을 보내는 젊은이들로 붐볐다. 그들이 행복하게 살면 안 될 이유가 뭔가? 하지만 우리의 머리 위에는 점령이라는 현실이 어른거리고 있다. 어떻게 하면 이런 현실을 잊고 가볍게 살 수 있을까? 어떻게 하면 그럴 수 있을까?

2월 10일

베토벤의 바이올린과 피아노 소나타를 들으며 글을 쓰고 있는데, 이웃에 사는 베라 타마리Vera Tamari에게서 전화가 왔다. 이집트에서 군부가 권력을 장악한 것 같다는 얘기였다.

우리는 텔레비전 앞으로 달려갔다. 텔레비전에서는 타흐리르 광장(모든 국가에는 이런 광장이 있어야 한다)의 시위대가 외치는 구호 소리가 흘러나왔다.

"군대와 민중은 하나다."

군부의 권력 장악에 내가 그렇게 기대감을 품으리라고는 꿈에도 생각 못 했다. 하지만 이집트의 경우에는 사태가 복잡했다. 혁명이 일어났음에도 무바라크는 물러나지 않을 것처럼 보였고, 이집트 보안기구의 우두머리이자 사악한 인물인 오마르 슐레이만Omar Suleiman이 모든 걸 되돌리고 정권을 위기에서 구할 것처럼 보였다. 이스라엘의 선택을 받은 그는, 혁명을 뒤엎고 진정한 변화를 막을 게 분명했다. 명백하게 그는 이집트에서 자행되어 온 고문에 개인적으로 연루돼 있고, 미국이 떠넘긴 테러 용의자들을 감독하는 위치에 있었다. 오늘 아침에는 사우디 왕이 미국 정부에 무바라크 정권에 대한 지지철회에 반대하는 입장을 전달했다는 뉴스가 보도됐다. 만약 미국이 무바라크를 처벌하기 위해 이집트에 대한 10억 달러의 원조를 중단한다면 무바라크 정권을 지키기 위해 자신들이 대신 지원을 제공하겠다는 것이었다. 사우디 왕은 분명 그럴 것이다. 그는 팔레스타인의 해방과 민주주의 실험이 성공하는 것을 원하지 않았고, 우리의 지도자들을 돈으로 구워삶아서 그 실험을 망쳤다. 그런 그가 민중혁명을 원치 않는 것은 너무도 당연한 일이다.

알자지라 영어방송의 사건 보도들에는 강력한 극적 요소들이 있다. 알자지라 직원들이 뉴스를 편집하는 방식은 마치 라이브 공연을 연출하는 것처럼 뛰어나다. 진행자들이 기자와 분석가들과 얘기를 나누는 동안, 그들 뒤에 나오는 화면을 통해서 민중들의 외침이 들려온다. 그러면 그들은 이 레치타티보Recitativo+ 중간에서 얘기를 멈춘 뒤, 카메라를 타흐리르 광장으로 돌린다. 우리는 역사가 고동치는 현장을 보고 듣는다. 민중의 합창을 말이다.

+ 오페라에서 대사를 낭독하듯 노래하는 부분.

2월 11일

오후에 정원 가꾸기와 장미 나무 가치 치기를 잠시 멈추고 쉬려던 찰나, 페니의 외침이 들려왔다.

"군 사령부가 또 다른 성명을 발표했대요."(이집트 혁명에 몰두한 뒤로 우리는 성명서 하나에도 정말 민감하게 반응한다!)

실망스러운 소식이었다. 군은 민중들에게 무바라크가 약속했던 모든 개혁조치를 실행할 것이며, 시위가 끝나면 비상사태도 해제되고 시위에 참가한 사람들은 처벌받지 않을 것이라고 장담하고 있었다. 하지만 그들이 무슨 수로 그걸 장담할 수 있단 말인가?

저녁에 마리나 루이카Marina Lewycka에게 보낼 편지를 쓰고 있는데, 다시 페니가 나를 부르는 소리가 들려왔다. 나는 다시 텔레비전 앞으로 달려갔다. 마치 심한 매질이라도 당한 사람처럼 음침하고 화난 표정의 오마르 슐레이만과 매처럼 날카로워 보이는 남자가 그 뒤에 서 있는 모습이 흘러나오고 있었다. 처음엔 그가 무슨 얘기를 하는지 알아차리지 못하고 그저 안 좋은 소식이겠거니 생각했다. 하지만 그게 아니었다. 그는 "무바라크가 물러나고 국가 운영을 군대에 이양하기로 결정했다"고 말했다. 민중의 승리였다. 정말로 민중이 승리한 것이다. 이집트 민중의 혁명으로 무바라크 정권이 몰락한 것이다. 평화로운 시위가 벌어진 지 18일 만이었다. 무바라크의 깡패들이 사람들을 죽인 걸 제외하면 사실상 무혈혁명이었다.

새로운 시대가 시작되었다. 믿기 어려운 일이었다. 투쟁하고 결국 승리를 거둔 민중들의 희열과 기쁨에 넘친 축하가 이어졌다. 무바라크가 권좌를 떠나는 순간, 사람들은 외쳤다.

"이집트여! 영원하라!"

무바라크 통치의 종말 앞에서 진정한 기쁨과 안도감이 흘러넘쳤다. 다음은 리비아와 예멘, 그리고 시리아의 차례가 될 것이다.

실로 엄청난 일이 일어났다. 이스라엘과 사우디의 통치자들은 전율하고 있을 것이다. 이스라엘의 경우 이집트 독재정권과 맺었던 평화협정이 그대로 유지될지 걱정일 것이다. 이스라엘이 예상했던 가정들이 죄다 잘못되었다는 것이 드러났다. 그리고 이제 결정권은 민중들에게 있다.

2월 12일

지난밤에 벌어진 호스니 무바라크의 축출을 축하하기 위해 수천 명의 이집트인이 타흐리르 광장으로 쏟아져 나왔다. 무바라크는 이집트를 30년 동안 통치한 독재자다. 많은 중산층 청년들이 수술용 마스크와 장갑을 착용하고 거리에 쌓인 오물과 먼지를 치웠다. 그들은 탱크의 무게에 깨지고 시위대가 스스로를 보호하기 위해 부순 아스팔트 조각들을 모아 한 곳에 쌓았다. 청년들은 버려진 음식과 음료수병, 오래된 신문지, 빈 담뱃갑, 그리고 텐트 농성 동안 사용하고 남은 쓰레기들을 검은색 대형 비닐 봉투에 담았다. 다른 자원봉사자들은 시위대가 건물과 도로, 다리 위에 그린 낙서를 지우거나 그 위에 그림을 덧입혔다. 오후가 저물어갈 무렵에는 새롭게 칠을 한 도로 경계석을 보호하기 위해 인간 사슬을 만들기도 했다. 청년 수백 명이 '타흐리르 미화의 날'을 위해 광장에 나왔다.

2002년 라말라 침공 이후 우리도 거리를 청소했었다. 그것은 마치 드디어 막을 내린 더러운 작전의 기억을 지우기 위한 정화 의식과도 같은 것이었다.

2월 13일

(이집트가 아니라) 이집트의 지도자들이 이스라엘과의 긴장 속 평화를 위해 우리를 헐값에 팔아넘겼던 것은 안와르 사다트Anwar Sadat 시대의 진정한 종말을 불러왔다. 이스라엘은 서안지구와 가자에 유대인 정착촌을 계속 건설하는 대가로 시나이 반도에서 철수했다. 하지만 이 치명적인 거래는 이집트인들에게 번영을 가져다주지 않았다. 이집트인들은 그 뒤로 30년 동안 점점 더 가난해 지고 비참해졌다. 그 거래는 단지 이스라엘이 서안지구에 침투하는 데 필요한 자원들을 풀어주었을 뿐이다. 이것은 민중이 아니라, 권위주의적이고 독재적인 지배자들과 평화협정을 맺은 대가였다. 이제 이집트가 아랍의 품으로 되돌아오면 이스라엘이 설 자리는 어디일까?

이스라엘 언론에서는 히브리어 독자와 시청자들에게 아랍세계의 봉기가 인종, 종교, 또는 부족집단 간의 충돌에 지나지 않으며, 이스라엘이라는 '저택'에는 별 영향이 없을 거라는 보도를 실어 날랐다. 이런 인식 틀은 상당수 주변 국가들과 팔레스타인 사람들에 대한 이스라엘의 국가정책을 뒷받침한다. 이는 또한 야만인들에 둘러싸인 문명의 섬이라는 이스라엘의 자기인식 틀에 너무나 잘 들어맞는다.

5월 3일

짧지만 힘들었던 《시간 속의 균열》의 미국 출판 기념 투어를 마치고 돌아오는 여정은 끔찍했다. 나는 워싱턴 덜레스 국제공항에서 비행기 좌석을 구할 수 있을지를 알기 위해 무작정 기다리면서, 잘못하면 미국에서 하루를 더 보내야 할 수도 있다는 생각에 기분이 완전히 비참해졌다. 어리석게도 온라인으로 미리 확인하는 걸 잊어버린 탓에 국제선 항공의 예약이 초과한 것이다. 하지만 문제가 해결되어 결국 창가 자리를 배정받았는데, 옆자리에는 기도 양압호흡기를 사용하는 뚱뚱한 남성이 앉았다. 튜브가 달린 기계를 착용한 그는 마치 인도의 코끼리 신처럼 보였다. 나는 이 코끼리 같은 남성 옆의 비좁은 자리에서 9시간 동안 웅크리고 앉아 있어야 했다. 그나마 그는 자신의 덩치 때문에 내 공간을 침범한 것에 대해 미안해할 줄은 아는 사람이었다. 그는 자신의 자리에 앉으며 내게 이렇게 말했다.

“당신이 내 옆자리에 앉은 또 다른 뚱뚱한 남자보다 작아서 다행이네요.”

늘 그렇듯이 비행기는 정통 유대교인들로 가득했다. 비행기가 이

륙하기 전에 그중 한 무리가 기도를 시작했다. 웬 남자는 자리가 날 때까지 우리 앞에 서 있다가 칸막이 뒤쪽에서 온 두 일행과 함께 내 앞자리에 앉았다. 그중 어려 보이는 얼굴의 청년과 동행한 젊은 부인은 화장실을 엄청나게 오래 독차지했다. 하도 오랫동안 나오지 않아 그녀에게 무슨 일이 일어난 건 아닌지 모두가 걱정할 정도였다. 급기야 승무원이 와서 문을 두드린 다음 귀를 갖다 대고는 그녀가 괜찮은지 묻기까지 했다. 그리고 마침내 그녀는 화장실을 사용하기 위해 길게 줄지어 서 있는 사람들 앞에 얼굴을 드러냈다. 우리 구역에는 약 50명의 승객이 이용할 수 있는 다섯 개의 화장실이 있었는데, 다들 밖에서 기다리다 혼이 빠진 모습이었다. 우리가 그녀에게 괜찮은지 묻자 그녀는 무척이나 놀란 표정을 지어 보였다.

비행기가 착륙하자 안전띠를 매고 자리에 앉아 있으라는 안내방송이 나왔다. 그때 그녀의 남편이 일어서서 탈리스+를 걸치더니 기도를 시작했다. 정통 유대교인들은 자신들만의 세상에 살며 자신들만의 규칙을 따른다. 나는 그가 성명이라도 발표하려는 줄 알았다. 그 많은 사람들 속에서 그렇게 자주 기도를 드릴 필요는 없기 때문이다. 거기에는 분명 자신을 과시하려는 의도가 있었을 것이다.

착륙하기 전, 그 국제선 비행기에서는 이스라엘을 수천 년 전부터 존재해온 국가로 소개하는 엉터리 영화를 틀어주었다. 화면에는 이스라엘 지도 위에 베들레헴과 서안지구의 다른 도시들이 등장했다. 어쩜 저렇게 뻔뻔할 수가 있는가! 나는 지금 엄연히 고국인 그곳으로 돌아가는 중인데, 정작 나를 태운 아메리칸 항공은 나와 승

+ 유대인 남자가 아침 기도 때 어깨에 걸치는 숄.

객들에게 내 조국의 존재를 깡그리 부정하는 세뇌작업에 협조하고 있으니 말이다. 이 얼마나 고약한 환영인사인가!

비행기에서 내릴 준비를 하면서 나는 신앙심 깊은 청년의 동료였던 턱수염을 기른 남성의 얼굴을 바라봤다. 만약 고대 히브리 사람의 모습을 상상한다면 딱 이런 모습이었을 것이다. 마침 휴대전화의 심 카드를 교체하던 그 모습만 뺀다면 말이다.

터미널에 도착하자 홀로코스트 희생자들을 위한 사이렌이 울릴 테니 "묵념의 시간을 가지라"는 안내방송이 반복해서 흘러나왔다. 나는 다른 사람들과 함께 멈춰서 있기로 했다. 이것으로 수천 년 역사의 이스라엘이라는 신화와 함께 이스라엘의 건국이 미래의 홀로코스트를 극복하는 유일한 방법이라는 이데올로기적 묶음이 완성되었다.

우리는 공항을 나와 라말라로 향했다. 정착민들만 사용할 수 있는 6차선 고속도로를 빠져나와 컴컴한 1차선 2급 도로를 타고 달렸다. 구릉들을 따라 꺾이고 굽이치던 도로는 다시 세 개의 도로로 갈라졌다. 정착민들이 사용하는 도로와 팔레스타인 사람들이 사용하는 도로, 그리고 장벽을 순찰하는 이스라엘 군용 차량이 사용하는 도로였다. 밤이 되면 정착민과 팔레스타인 사람들의 구역은 확연하게 구별된다. 정착민들이 사용하는 모든 도로에는 표지판이 잘 되어 있고 가로등이 설치되어 있는 데 반해 팔레스타인 사람들이 이용하는 도로는 어둡고 위험하다. 이는 가장 노골적인 아파르트헤이트다. 아, 가련한 우리의 언덕이여.

5월 6일

금요일이다. 공사소음도, 먼지도 없이 모두 조용하다.

나는 라말라의 내 책상 앞에 앉아 창문 밖으로 올리브 나무들을 바라보고 있다. 올리브 나무에는 올해의 풍년을 기약하듯 꽃이 한창이고, 그 아래 바위들에는 분홍색, 빨간색, 노란색 금련화가 마치 폭포수 쏟아지듯 흐드러지게 피어있다. 페니와 함께 집에 돌아와 우리 집과 정원을 감상하는 순간이 그렇게 행복할 수가 없다.

이웃집의 독일 셰퍼드가 도망갔다는 얘기를 들었다. 그 개는 영어로 '앉아, 앉아!' 하다가 말귀를 못 알아들으면 더 큰소리로 '앉아!'하고 명령하는 소리를 수도 없이 들었을 것이다. 하지만 그 셰퍼드는 영어로든 다른 언어로든 한 번도 제대로 훈련을 받은 적이 없었다.

5월 13일

어제, 알자지라 아랍어 방송은 10시 뉴스가 끝난 뒤 2부에 걸쳐 프로그램 하나를 내보냈다. 1부에서는 예멘 출신의 두 남자와 한 여자의 인터뷰가 등장했다. 내가 젊은 예멘 사람의 목소리를 들어본 건 이번이 처음이었다. 그들은 주민들 모두가 중무장한 상태일지라도 자신들은 하나로 단결해 무기를 사용하지 않겠다는 확고한 입장을 갖고 있었다. 청년들은 대통령궁으로 행진하기를 원했지만,

나이 든 사람들은 청년들의 이런 움직임을 걱정하고 있었다. 그러나 어쨌든 그들의 말투는 마음을 잡아끄는 구석이 있었고, 그동안 멀고 닫혀 있기만 했던 아랍 세계의 또 다른 지역에 대한 생각이 열리는 듯한 기분이 들었다.

2부에서는 각각 이집트와 튀니지 출신의 시인 두 사람과 이집트 문학비평가가 나왔다. 이집트 시인은 2017년이 되면 아랍세계가 하나가 되리라 예측했다. 정말 존경하지 않을 수 없는 전망이었다. 그는 이집트에 혁명의 적들이 많지만, 청년들이 그들의 성공을 가만히 지켜보고만 있지는 않을 것이라고 말했다.

이 모두는 나로 하여금 삶이 얼마나 좋아졌는지를 새삼 느끼도록 만들었다. 우리도 이제 우리 자신들의 목소리와 새로운 관점을 보여주는 우리 자체의 아랍 방송망을 갖추게 됐으니 말이다. 아랍인을 인터뷰할 때 그들은 부정적인 측면에만 초점을 맞추거나 우리가 늘 방어적 자세를 취하게 하지는 않는다. 튀니지 시인 역시 고무적이긴 마찬가지였으며, 이집트인 비평가는 시인들이 얼마나 중요한 존재인지와 카와키비Kawakibi• 같은 선견지명을 갖춘 인물들이 요즘 들어 그 정당성이 입증되면서 그들의 시가 재조명되고 있는 현실을 지적했다.

프로그램 속, 한 이집트 청년은 기독교도와 무슬림 사이의 긴장으로 인해 고통받고 있지 않으냐는 질문을 받았다. 이에 대해 그는 자신을 낙관론자라 밝히며 이렇게 대답했다.

• 아브드 알 라만 알 카아키비(Abd al-Rahman al-Kawakibi, 1849-1902.) 아랍의 통일과 연대를 믿은 시리아의 작가로 당대의 가장 저명한 지식인 중 하나였다. 그의 저작들은 이슬람의 정체성과 범아랍주의에 있어서 여전히 유의미하다.

"무바라크 치하에서 우리가 겪었던 것은 최악이었습니다. 이제 변화와 발전, 통일이 이뤄지려고 하고 있습니다. 그리고 반드시 그렇게 될 겁니다."

5월 15일 – 나크바 기념일

아랍의 봄은 실제로 아랍 청년들을 과감하게 만들었다. 팔레스타인과 시리아의 청년 수천 명이 오늘 시리아에서 이스라엘이 점령하고 있는 골란고원Golan Heights 경계선까지 행진했다. 나는 깜짝 놀랐다. 그들의 엄청난 용기와 동기부여, 그리고 희생을 각오한 결의에는 의심의 여지가 없었다. 팔레스타인 청년들의 부모 세대는 1948년 자신들의 조국에서 강제로 쫓겨났고, 시리아 청년들의 부모들은 1967년 골란고원에서 강제로 쫓겨났다. 그런 청년들이 팔레스타인 깃발을 들고 "*Esh-shaab ureed tahrir Filastin*(민중은 팔레스타인의 해방을 원한다)."이라는 구호를 외치며 시리아와 이스라엘의 국경으로 행진을 한 것이다. 그들이 철책 앞에 도착했을 때, 건너편에 있던 골란고원의 아랍인들이 외쳤다.

"그만! 더 가까이 오면 안 돼! 지뢰밭이야. 물러서! 지뢰를 조심해! 지뢰! 이제 됐어, 그만! 더 가까이 오지 마!"

하지만 철책도, 지뢰의 위험도, 이스라엘의 총도 그들을 멈추게 할 수는 없었다. 처음에 그들은 맨손으로 철책을 무너뜨리려고 시도했다. 그게 안 되자 이번엔 철책을 타고 반대편으로 넘어갔다. 거기에는 지뢰가 묻혀 있을 가능성이 컸다. 청년들이 골란고원에 발을 내딛자, 건너편에서는 기도 소리가 울려 퍼졌다.

"신이시여, 저들을 보호해주소서."

하지만 지뢰는 터지지 않았다. 그곳에는 지뢰가 없었던 것이다. 모두가 이 사실에 깜짝 놀랐다.

"이것이 바로 해방이다."

점령된 골란고원에 살고 있는 시리아인들은 그렇게 말했다. 40년 넘게 그들은 철망과 지뢰에 대한 공포 때문에 경계를 넘지 못했다. 하지만 철망은 조잡하기 짝이 없었고, 지뢰는 존재하지 않았다.

이날 100명이 넘는 시위대가 국경을 넘었다. 시위에 참여했던 하산 히자지Hassan Hijazi는 부모님의 고향인 자파까지 들어갔다가 이스라엘 경찰에 자진 출두하기 전에 기자회견을 열기도 했다.

44년 동안 무시무시한 국경처럼 여겨졌던 그곳에 실제로는 지뢰가 없었다는 사실은 참으로 놀라운 발견이었다. 오늘 청년들이 발견한 것처럼 애초부터 그 경계는 누구나 다치지 않고 걸어서 넘어갈 수 있었지만, 이스라엘과 시리아 정부는 그동안 모든 사람에게 그 경계가 난공불락이라는 인식을 심어왔다. 심리적 장벽이 그 어떤 폭발물보다 더 효과적이라는 사실이 입증됐던 셈인데, 결국 사람들이 이 심리적 장벽을 극복하자 그곳에는 아무런 장애물도 남지 않게 되었다. 이것은 아랍의 봄이 남긴 가장 중요한 교훈이다. 목표가 없다면 우리는 어디에도 도달할 수 없다. 이것이 그 첫걸음인 것이다.

오늘 예루살렘에서 라말라로 돌아오는 길에는 칼란디아 검문소를 통과했다. 차를 타고 거기를 지날 때, 꼭대기에 가시철망이 있는 높은 장벽이 아랍인들의 집과 동네를 따로따로 갈라놓은 광경을 보면서 나는 이스라엘이 점령한 골란고원과 시리아 사이를 가로지르고 있는 철책을 떠올렸다. 그곳에는 철책이 있다면, 여기에는 무시무시한 장벽이 있는 것이다.

땅거미가 내렸다. 나는 잠깐이나마 탁 트인 공간과 어두워지는 넓은 하늘을 음미했다. 북적이는 라말라에서는 스카이라인은 말할 것도 없고 하늘조차 좁아 보인다. 정말 끔찍하고 고통스러운 일이다. 반면 예루살렘의 하늘은 은빛 초승달과 함께 아름다운 색으로 물들고 있었다. 나는 황혼녘의 예루살렘을 무척 좋아했었다. 가끔은 합승 택시를 타고 2급 도로를 따라 달리면서 열린 창문으로 들어오는 산들바람을 즐기며 옆자리 승객들의 이야기에 귀를 기울인 적도 있다. 오늘 같은 날엔 잃어버린 예루살렘의 다정함이 얼마나 그리운지 모른다. 예전에는 나지막한 언덕으로 부드럽게 굽이치는 좁은 길과 동료 여행객들의 유쾌한 수다에 묻어나던 친밀감같이, 나를 둘러싼 그 모든 것들의 부드러움에 완전히 넋을 잃곤 했었다. 하지만 지금 우리가 되돌아가는 이 길에는 오른편으로 4m 높이의 콘크리트 장벽이 서 있다. 옛 도로 한가운데를 관통해서 건설된 콘크리트 장벽은 마치 사악한 적이 건너편에 살기라도 하는 듯 아랍인들의 집을 서로 분리시켜 놓고 있었다. 그리고 그 위에는 가시철망이 설치되어 있고, 수많은 축구공이 그곳에 걸려있었다. 나는 이스라엘이 어떻게 도로를 분할하기 시작했는지를 똑똑히 기억한다. 그들은 우리더러 다가오는 미래에 익숙해지고 고통에 천천히 적응하라는 듯, 도로 한가운데에 마치 섬과도 같은 분리대를 설치하고 양방향으로 차들이 지나가게 했다. 처음에는 하나, 그다음에는 두 개이던 분리대의 수는 점점 늘어나 나중에는 도로 끝까지 뻗어 나갔다. 나는 그런 상황을 목격했음에도 당시엔 여전히 어떤 일이 벌어지고 있는지를 알아차리지 못했다. 어떻게 그걸 모를 수가 있었을까?

이제 장벽이 건설되었지만 나는 아직도 이 모든 것들이 믿기지 않는다. 목가적인 분위기는 흔적도 없이 사라졌고, 대신 탐욕과 앙심, 쓰라린 고통이 그 자리를 채웠다. 매일 2만 3,000명이 넘는 팔레스타인 사람들이 저 칼란디아 검문소를 통과한다. 그리고 그곳에서 우리는 허가가 떨어질 때까지 몇 시간씩 기다려야 한다.

수백 대의 차들이 조금이라도 먼저 검문소를 통과하기 위해 밀려드는 동안, 우리가 병목 구간에서 기다린 시간이 어느덧 한 시간을 넘어섰다. 정신이 아득해지기 시작하면서 순간 이스라엘 참모총장 라파엘 에이단Rafael Eitan의 말이 떠올랐다. 그는 "아랍인들이 약을 먹고 병속에 들어간 바퀴벌레처럼 되기를 바란다"고 했다. 어쩌면 그의 바람대로 된 건 아닐까?

앞으로 뻗어 있는 장벽을 빤히 쳐다보며 나는 그것이 역사적으로 일반적인 장벽들이 의도했던 것처럼 문명을 야만으로부터 분리시키기 위한 것이 아니라는 사실을 깨달았다. 검문소의 라말라 쪽 장벽 뒤편은 너무 많은 개발이 이뤄져 이 장벽의 남쪽에 있는 예루살렘과의 연결이 차단되고 있었다. 분명 라말라와 예루살렘 간의 자연적인 연속성을 단절시키는 것, 그것이 목적의 전부였던 것이다. 이는 장벽의 베들레헴 구역도 마찬가지였다. 동쪽으로 더 멀리 시선을 돌리면 사곳Psagot 이스라엘 정착촌을 볼 수 있는데, 그곳의 건물들은 장벽에 의해 차단되지 않고 다른 정착촌들과 이어져 동예루살렘의 아랍인 구역 주변으로 견고한 띠를 이루고 있었다.

일전에는 중년의 정통 유대교 여성 두 명이 사해의 유황온천에 몸을 담그고 대화하는 것을 우연히 들은 적이 있다. 그들은 물속에서도 머리에 스카프를 쓰고 있었다. 한 여성은 자신이 최근에야 "호주에서부터 알리야Aliyah+를 감행했다"고 말했다. 그러자 그녀의 친구는 거만하게 대꾸했다.

"나는 일찌감치 이민을 왔어. 40년 전에 여기에 왔는데, 아들들은 지금 군대에 있어. 우린 단 한 뼘이라도 우리 땅을 포기해서는 안 돼. 신이 우리에게 약속하신 땅이니까. 우리나라는 작아."

정말 단순한 논리였다. 일부는 일찌감치, 그보다 더 많은 이들은 비교적 최근에 이곳에 왔지만, 그들은 우리를 밀어내고 이제 이 땅이 모두 자기네 땅이라고 주장한다.

그래서인지 예루살렘을 떠나는 것이 아쉽지가 않았다. 나는 예루살렘을 '전갈이 가득한 황금 잔'이라 묘사했던, 10세기 아랍 여행가 알 마크디시al-Makdisi의 얘기에 공감이 갔다.

5월 16일

—

어제의 사건들에는 커다란 대가가 따랐다. 골란고원과 남부 레바논에서 14명의 비무장 민간인들이 이스라엘군에 의해 살해당하고 112명이 부상을 입었다는 사실을 이제야 알게 되었다. 막대한

+ 유대인의 이스라엘 이민.

인명피해에도 불구하고 그것은 커다란 돌파구였다. 장벽과 국경은 불과 이틀 전과는 달리 더 이상 무시무시하고 위협적이게 느껴지지 않는다.

남부 레바논에서 부상을 당한 사람들 중에는 내 친척도 있었다. 베이루트의 아메리칸 대학교 학생인 23살의 무니브 마스리Munib Masri가 덤덤탄에 맞은 것이다. 덤덤탄은 몸속에서 여러 조각으로 흩어져 큰 피해를 준다. 그가 살아난 것은 기적이었다. 몸을 파고든 화약과 파편 등, 총알의 잔해를 제거하는 수술에만 7시간이 걸렸다. 왼쪽 신장과 비장을 모두 제거해야 했고, 파편이 척수를 손상시키는 바람에 그는 하반신이 마비되었다.

5월 17일

지난 3일 동안 이스라엘의 진보 일간지 〈하아레츠〉가 나크바 기념일과 이스라엘 독립기념일 기간에 일어난 사건들을 다루는 방식은 정말 흥미로웠다.

〈하아레츠〉는 군중들이 대거 국경을 넘어간 사건을 보도한 뒤 골란고원의 마흐달 샴스Majdal Shams 출신인 살만 파커딘Salman Fakherldeen과 인터뷰를 진행했다. 그는 “그 광경을 보고 놀라지 않을 수 없었습니다. 눈물이 흘러내렸어요. 순간 자신들의 집을 떠나던 난민들의 모습이 스쳐 지나갔거든요”라고 말했다. 하지만 자신이 태어나기도 전인 1948년에 일어난 사건들에 관해 얘기하는 57세의 남성에게 과

거의 울림이 어떻게 이처럼 강할 수 있는지 기자는 아무런 논평도 하지 않았다. 그리고 자기네 독자들을 달래기 위함이 분명한 '시리아 청년 알리야 이야기'라는 제목의 긴 기사가 바로 그 뒤를 이었다. 이 기사는 약 1,300명의 시리아 출신 유대인 어린이들이 1945년부터 1946년까지 시리아에서 팔레스타인으로 '비밀리에 구출된' 것에 관한 영웅담이었다. 당시 그 어린이들은 부모와 헤어져야 했다. 이 이야기는 당시 10살이었던 프레다 아슈케나지Freda Ashkenazi의 증언을 토대로 한 것이다. 기사 속에서 그녀는 할랍Halab+에 있는 부모의 집에서 보낸 마지막 날을 다음과 같이 기억하고 있었다.

> 난 우리가 여행을 떠날 거라는 걸 알았어요. 아버지는 나와 14살이던 오빠 이츠하크Yitzhak를 데리고 기차로 베이루트까지 갔죠. 아버지는 여행에 관해 아무 얘기도 하지 않으셨고, 우리도 물어보지 않았어요. 아버지를 믿었으니까 그가 입을 다물기로 한 이상 아무것도 물어보지 않았던 거죠.
>
> 베이루트에서 우리 세 사람은 도시에서 가장 큰 유대교 회당으로 갔어요. 아버지와 함께 그곳에 앉아 있다가, 저녁이 되자 아랍어를 쓰는 '이스라엘의 땅Eretz Israel'++ 출신 청년 지도자 몇 명이 도착했죠. 그들은 우리더러 곧 커다란 트럭에 올라타게 될 텐데 그때부터는 한 마디도 말을 해서는 안 된다고 했습니다.

이후 그녀가 부모를 다시 만나기까지는 14년이란 세월이 흘렀

+ 시리아 알레포의 아랍어 이름.

++ 본래 이스라엘 사람들이 살던 것으로 일컬어지는 곳으로 팔레스타인 지역을 뜻한다.

다. 당시를 떠올리며 그녀는 "늘 향수병에 걸려 있었어요. 교정의 나무 아래에 앉아 할랍의 집에서는 무슨 일이 벌어지고 있을까 궁금해하곤 했죠. 모샤브(협동농장)에서는 불가리아 출신 유대인들이 라디노어+로 '아랍 소녀'라고 뒤에서 쑥덕이곤 했죠. 하지만 나는 그들이 말하는 걸 다 알아들었어요. 나의 뿌리에 대해서 소외와 당혹감이 느껴지더군요"라고 말했다.

프레다는 그 뒤로 네 명의 자녀를 낳았는데, 그중 하나인 가비 아슈케나지Gabi Ashkenazi는 나중에 이스라엘군의 19대 참모총장이 되었다.

5월 24일

–

시리아 의회가 바샤르 알아사드Bashar al-Assad 시리아 대통령의 연설에 보낸 반응을 떠올리게 하려는 듯, 미 의회에서는 네타냐후Netanyahu 총리가 이스라엘이 팔레스타인과의 협상을 거부한 이유에 대해 변명을 늘어놓는 순간(언제나 핑곗거리는 존재한다) 의원들이 자리에서 일어나 기립박수를 보냈다. 네타냐후는 대체로 무지하고 잘 속아 넘어가는 미국 청중들을 위해 하마스와 알카에다를 동일시하면서 하마스를 포함한 정부와는 대화하지 않을 것이라고 주장했다. 그럼에도 덕망 높은 상하원 의원들이 거의 예외 없이 이 고질적인

+ 스페인계 유대인이 쓰는 스페인어의 방언, 히브리어로 표기한다.

전쟁광을 위해 뒷다리로 일어서서 발굽을 마주치는 양 떼의 심리를 드러낸 것은 너무나 실망스럽고 슬픈 일이었다.

이 대목에서 네타냐후가 자신의 말에 감탄하는 무비판적인 청중들에게 제시한 사실 왜곡들(쉽게 말해 노골적인 거짓말이란 뜻이다. 물론 의회에서 거짓말을 하는 행위를 가리키는 법률적인 용어가 따로 있겠지만, 이스라엘 관리들에게는 적용되지 않는다)을 일일이 열거하고 반박하는 것은 너무나 지루한 일일 테니, 여기서는 세 가지만 지적할까 한다. 우선 1967년 이전의 이스라엘 국경선 너머에 현재 65만 명의 이스라엘 사람들이 살고 있다는 건 사실이 아니다. 동예루살렘을 포함한 서안지구에 살고 있는 정착민의 수는 45만 명이다. 또한 "중동과 북아프리카의 3억 아랍인 중에서 이스라엘에 사는 아랍 시민들만이 진정한 민주적 권리를 누리고 있다"는 그의 주장은 이스라엘의 비유대계 시민들에게 적용되는 차별적인 법률들을 감안해볼 때 엉터리다. 마지막으로 자신이 1970년대 "수에즈 운하 안에서 벌어진 총격전에서 거의 죽을 뻔했다"는 그의 주장 역시 사실이 아니다. 그 사건이 벌어졌던 당시에 그는 안전하고 편안하게 해외에 있었다.

5월 26일

미국에서 내가 우편으로 부친 책들이 도착했는지 확인하기 위해 우체국에 갔다. 하지만 헛수고였다. 직원은 한 달 넘게 아무것도 배달된 것이 없다고 말했다. 그 이유를 묻자 직원은 팔레스타인 자치정부가 이스라엘로 인한 배송 지연 사태에 넌더리가 난 나머지 요르단을 거쳐 우편물을 직접 받는 방식을 추구했기 때문인 것 같다고 말했다. 나중에 나는 진짜 이유가 금전적인 문제라는 것을 알게 되었다. 팔레스타인 자치정부는 이스라엘 정부가 발송 지점에서 우표의 형태로 지급되는 우편요금 수입 중에서 팔레스타인의 몫을 지급하지 않는 한 이스라엘 정부에 협력하는 걸 거부하고 있었다.

우리는 우편번호도 없다. 하지만 상당수 응모 서류가 우편번호를 적으라고 요구한다. 그래서 결국 나는 0000번을 쓰기로 했는데, 신기하게도 이게 통하는 것 같다. 우리가 제대로 된 나라가 될 때까지 우리는 0의 민족이다. 그것도 4개씩이나 말이다.

6월 5일

—

최근 몇 년과 달리, 점령 44주년 기념일은 아무 일 없이 지나갔다. 점령 하에서도 삶은 가능한 한 정상적으로 지속되었다. 일터로 가는 길에 나는 새로이 리모델링 작업을 거쳐 지금은 팔레스타인 자치정부 청사로 쓰이고 있는 무카타Muqata'a를 지났다. 오랫동안 이 무카타는 나에게 많은 의미를 지니고 있었다. 내가 증오하던 라말라의 이스라엘 군정 장관이 군정청 본부로 쓰던 건물이 이곳이었으며, 내가 수많은 법정 투쟁을 벌인 곳도 바로 이 건물이었다. 나는 이곳에 있던 군사법정에서 공안사범들을 변호하기도 했고, 대지가 공유지로 귀속된 결과 유대인들의 소유가 되었다는 이스라엘의 주장을 물리치기 위해 토지 소송을 벌이기도 했다. 내가 고문에 관한 진실들을 처음으로 접할 수 있었던 곳도 바로 이곳이었다. 아무튼, 오늘의 나를 형성시킨 중요한 경험들이 많이 녹아있는 장소가 여기 무카타라는 얘기다.

1995년 1월 팔레스타인 자치정부의 통치가 시작된 후, 이곳은 일반인들에게 짧은 시간이나마 개방되기도 했었다. 당시 많은 사람들이 취조실과 감방, 법정을 진지한 자세로 돌아보았다. 때로는 과거 수감자였던 이들이 동행하기도 했는데, 그들은 방문객들을 안내하며 특별한 장소와 물건들, 그리고 벽 위의 낙서와 같은 중요한 표지들에 대해 설명을 해주기도 했다. 그럴 때면 많은 사람들을 고통에 몸부림치게 했던 감옥과 고문실 내부에 해방되었다는 행복감과 자부심이 감돌았다. 나를 비롯한 방문객들은 경건한 침묵 속에서 과거 수감자들을 뒤따랐다. 그들은 이 미로 같은 구조물의 통로를 따라 우리를 자랑스레 안내하며 자신들이 겪었던 일들을 상세하게 설명했다. 고문으로, 혹은 감옥 안에서 죽은 이들에 대한 기억이 떠오를 때면 간혹 가이드의 목이 메기도 했고, 우리는 가만히 서서 우리 중 그 누구도 경험해보지 못한 상황을 떠올려보려 애를 썼었다.

나는 해방 이후에는 결국 이곳도 남부 레바논의 카얌Khayyam 감옥과 남아프리카공화국의 로빈 아일랜드Robben Island처럼 박물관으로 변신하게 될 거라 믿었다. 예전의 수감자였던 이들이 팔레스타인 청년들을 데리고 이곳을 찾아와 고난에 찬 우리 민족의 아픈 역사를 설명해줄 날이 오리라는 기대를 품었던 것이다. 하지만 현실은 기대와 달랐다.

영국의 위임통치 시절부터 있었던 유서 깊은 테가르 빌딩Tegart Building+ 중 라말라에 남아 있는 것은 2002년 이스라엘의 침공 당시 아라파트가 은신처로 이용했던 작은 구역뿐이다. 그나마 그곳은 세상을 떠난 우리 지도자의 역경과 희생을 기념하기 위한 박물관으로 바뀌었는데, 아직도 건물에는 감시탑이 설치된 높은 담벼락들이 남아서 보는 이들의 눈길을 잡아끈다. 반면 군사법정과 감옥이 있던 구역은 완전히 철거되었고, 그 자리에는 팔레스타인 자치정부 수반의 우아한 관저가 새로이 들어섰다. 관저 앞에 있는 거대한 정원에는 이스라엘에서 사 온 야자수들이 머리를 늘어뜨리고 서 있고, 그 아래에는 잘 정돈된 화단에 피튜니아와 형형색색의 갖가지 일년생 화초들이 자라고 있다.

팔레스타인 자치정부의 이 호화로운 청사 남쪽 경계에 이르러 아라파트 묘지의 환한 석회벽이 점점 가까워져 오자, 나는 차의 속도를 늦췄다. 벽에 새겨진 도자기 명판을 자세히 들여다보고 싶어서였는데, 거기에는 예루살렘까지의 거리가 표시돼 있었다. 아라파트는 예루살렘을 팔레스타인 국가의 수도로 삼기를 바랐으나, 그 희망은 아직 실현되지 않았다. 순간 경찰차의 사이렌 소리에 깜짝 놀라 돌아보니, 창문을 검게 칠한 채 팔레스타인 고위 공직자를 태우고 지나는 차량 행렬이 그 뒤를 따르고 있었다. 그 바람에 내 차가 거의 도로 밖으로 밀려나다시피 한 사이, 그렇게 그들은 빠른 속도로 점점 시야에서 멀어져갔다.

+ 영국의 위임통치 시절 경찰이었던 찰스 테가르(Charles Tegart)에 의해 건설된 경찰용 요새를 통틀어 테가르 빌딩(Tegart Building) 혹은 테가르 요새(Tegart Fort)라고 한다. 이 건물들은 팔레스타인인들의 반란에 대비해 건물 안에서 몇 달 동안 버틸 수 있도록 설계되었다. 현재 이스라엘 지역에 남아있는 테가르 빌딩들은 여전히 경찰서나 감옥으로 사용되고 있다.

6월 21일

요즘은 자카란다와 부겐빌레아가 한창이다. 자카란다는 앞으로 2주 동안 활짝 필 것이고, 부겐빌레아는 12월까지 계속 꽃을 피울 것이다. 최근에 언덕을 걷다가 한 농부로부터 팔레스타인 나무들의 역사에 관해 다음과 같은 얘기를 들었다.

"예전에 농부들은 올리브나무와 무화과나무를 심었습니다. 올리브나무는 수명이 가장 길어요. 그리고 포도나무도 심었죠. 농부들은 무화과와 포도를 말렸다가 겨우내 먹곤 했답니다. 그러다가 영국인들이 온 뒤로 농부들이 심은 게 복숭아였습니다. 수요가 많아 돈벌이가 잘 됐기 때문이죠. 그 뒤 해안가의 평지에 있던 오렌지 과수원들을 이스라엘이 차지하면서, 요르단 통치 기간에는 감귤류를 심었습니다. 그러다 1967년 점령 이후 해안지역의 감귤류가 시장에 넘쳐나면서 오렌지 가격이 폭락했고, 우리는 오렌지 나무들을 죄다 베어내야 했습니다. 정말 엄청난 작업이었어요. 오렌지 나무는 땅 가까이에 얕은 뿌리 층이 있고, 그와 별도로 더 깊숙한 곳에는 거미줄처럼 얽힌 뿌리가 따로 있답니다. 어떤 건 1m가 넘죠. 땅속 깊이 내린 뿌리를 뽑는 건 아주 힘든 일이었습니다. 요즘처럼 불도저가 있는 것도 아니고. 일일이 손으로 다 작업해야 했거든요. 그런 다음 우리는 채소를 심기 시작했습니다."

그는 내게 콩과 오크라를 심은 밭을 보여주었다.

내가 라말라 출신이라고 말하자 그는 내가 기독교도라는 걸 눈치채고 기독교도들은 늘 석류나무를 심는다고 말했다. 왜 그럴까? 페니는 아담과 이브가 원죄를 저지른 열매가 사과가 아니라 석류였기 때문이라고 생각했다. 어떤 나무를 심을지 선택하는 것도 종교에 좌우된다는 게 정말 흥미로운 대목이다.

그래서 나는 라말라 출신답게 정원에 석류나무 한그루를 심었고, 나무는 지금 한창 꽃을 피우고 있다. 그 뿌리가 하수구를 막아버린 게 아닌지 의심이 들 정도로 잘 자라긴 했는데, 정작 많은 열매를 맺은 건 자두나무였다. 자두나무의 늘어진 가지는 비옥함의 계절인 봄의 후렴구와도 같다는 느낌이 들 정도였다.

반면 석류 열매가 십자가처럼 활짝 벌어지는 시기는 공교롭게도 에이드 에스 살리브Eid es Salib, 즉 십자가의 축제가 열리는 9월 14일 무렵이라는 걸 방금 알게 되었다. 비잔틴 제국 콘스탄틴 황제의 어머니인 헬렌의 특사들이 그리스도가 처형당한 십자가를 발견하고 그 소식이 황제에게 전달될 때까지 모닥불을 피웠던 것을 기념하는 바로 그 축제 말이다.

오늘 나는 우리 집 후문 현관에 앉아 등나무로 덮인 정자를 너머 불빛이 어른거리는 정원을 오래도록 바라보았다. 페니와 함께 우리 두 사람이 쓴《팔레스타인을 찾아서 : 망명과 고향에 관한 팔레스타인의 새로운 글쓰기Seeking Palestine : New Palestinian Writing on Exile and Home》라는 책의 편집 작업을 하며 멋진 하루를 보낸 다음이었다. 정원은 이제 막 눈부신 자태를 드러내고 있었는데, 어딜 둘러보나 화사했다. 나무들이 너무나 자연스럽게 가지를 늘어뜨려서 마치 처음부터 그 정원의 일부였던 것처럼 보일 정도였다. 그렇게 정원을 감상하다 보니, 이제야 드디어 내 정원에 가장 잘 어울리는 게 무엇인지를 알 수 있었다. 올리브 나무 주변으로 돋아 둔 땅을 둘러싸고 있는 바위들 사이에 가까스로 심어놓았던 시클라멘은 멋지게 꽃을 피워서 마치 촛불처럼 바위 위로 넘실거렸고, 날씨는 화창했으며, 부드러운 바람이 정원을 식혀주고 있었다. 온종일 들리는 소리라고는 새들의 지저귐뿐이었다. 일찍 잠자리에 들었다가 긴 밤을 보내고 깨어난 이른 아침이면 새들은 온 힘을 다해 울고 있었고, 하루종일 그 지저귐을 그치는 법이 없었다. 더 이상 바랄 게 없는 하루였다.

《명상록Meditations》에서 마르쿠스 아우렐리우스Marcus Aurelius는 이런 지혜로운 얘기를 남겼다.

> 남자들은 황야와 해변 또는 산속에서 호젓함을 추구한다. 당신이 소중히 여겨온 이 꿈은 오롯이 당신만을 위한 것이다. 하지만 철학자에게는 이런 바람이 쓸모가 없다. 왜냐하면, 철학자들은 자신이 원하는 순간에 언제라도 자신의 내면으로 침잠할 수 있기 때문이다.
>
> 자신의 영혼보다 더 조용하고 평온하게 칩거할 수 있는 곳은 없다. 무엇보다 남자는 자아에 의지할 수 있기 때문에 마음의 평안을 위해서라면 명상을 하기만 하면 된다. 마음의 평안이란, 달리 말하면 잘 정돈된 정신이다. 그런 조용한 칩거를 때때로 이용하라. 그리하여 스스로를 끊임없이 새롭게 하라. 본질적인 것들을 감싸 안기 위해 삶의 규칙을 단순하게 만들어라. 그렇게 되풀이하다 보면 모든 짜증을 제거할 수 있을 것이고, 조바심 없이도 당신이 되돌아가야 할 의무들로 복귀할 수 있을 것이다.

7월 12일

라말라 근처 비레Bireh에 있는 의료지원위원회The Medical Relief Committees 본부 건물에 마련된 새 콘서트홀 개관 기념 공연에 다녀왔다. 맨 먼저 바렌보임-사이드 재단Barenboim-Said Foundation의 '청년 팔레스타인 체임버 오케스트라' 연주가 있었고, 그 연주에는 예루살렘, 베들레헴, 베이트 사후르Beit Sahour, 라말라 같은 서안지구의 여러 도시와 이스라엘의 나사렛Nazareth에서 온 젊은 음악가들이 함께했다. 다음으로 페라스 마후르Feras Machour의 바이올린 연주와 미라 아부 엘 아살Mira Abu El Asal의 첼로, 그리고 다니엘 바렌보임Daniel Barenboim의 피아노가 어우러진 아주 뛰어난 '베토벤 C단조 3중주'가 이어졌다. 그리고 곧이어 바렌보임이 지휘하는 체임버 오케스트라가 모차르트의 '소야곡'을 연주했고, 바렌보임의 쇼팽 '야상곡'이 대미를 장식했다. 익명의 팔레스타인 독지가가 비용 대부분을 기부한 덕분에 5년만에 개관한 공연장은 뛰어난 음향설비를 갖추고 있었고, 청중들은 음악에 푹 빠져들었다.

나는 보통 라말라에서 열리는 공연에는 잘 가지 않는 편이다. 청중들이 공연에 집중하지 않기 때문이었다. 하지만 이번 공연은 어린이 관객들이 꽤 많았음에도 불구하고 비교적 조용했다. 내 옆자리에 앉은 여성을 제외하면 말이다. 그녀는 바렌보임이 지휘를 시작하자마자 그 동작을 따라 하더니, 열정적으로 손을 움직이다가 앞자리의 여성들을 향해 내뻗었다. 비록 앞사람을 치지는 않았지만 머리카락에 살짝 스쳤다는 걸 알았을 텐데도, 그녀는 아랑곳하지 않고 어린 아들에게도 자신을 따라 할 것을 권하기까지 했다. 아이를 공연에 집중하도록 해서 조용하게 만들려는 작전인지, 아니면 그녀 자신만의 독특한 음악 감상법인지 당최 알 수 없었다. 최소한 시끄럽지는 않았지만, 산만해서 견딜 수가 없게 된 나는 그녀에게 움직이지 말아 달라고 부탁할까 고민에 빠졌다. 하지만 그렇게 하면 그녀가 당황해할 거라는 생각에 결국 두 사람이 시끄럽게 하지 않는 이상 그냥 내버려두기로 했다. 음악을 즐기는 방법은 각자 다양한 거니까 말이다. 게다가 바렌보임의 지휘는 옆자리 여성의 산만함에도 불구하고 충분히 집중할 수 있을 만큼 존경과 관심을 불러일으키는 것이었다.

바렌보임은 언젠가는 가자지구에서 연주를 할 거라 약속했고, 그걸 실천에 옮기는 불굴의 의지를 보여줬던 인물이었다. 가자지구에서의 연주회가 끝난 뒤 그는 "61년 동안 연주를 해왔지만 이곳에서만큼 열렬한 환대를 받은 적이 없었다"고 말했다. 그런 그에게 가자지구의 한 남성은, 그가 가자에 와서 연주를 한 것 자체가 아주 중요한 사건이었다고 화답했다. 바렌보임이 그 이유를 묻자 그 남자는 이렇게 대답했다.

"세계가 우리를 잊었으니까요. 어떤 사람들은 우리에게 음식과 의약품을 보내줍니다. 고마운 일이죠. 하지만 음식과 의약품은 동물들에게도 보냅니다. 당신은 문화를 가지고 왔고, 우리가 인간이라는 사실을 일깨워줬습니다."

바렌보임은 가자지구에 그렇게나 많은 청년들이 있다는 사실과 그들의 호기심, 그리고 배우려는 열정에 깜짝 놀랐다며, "이 지역의 미래는 가자에 달려 있습니다. 가자지구에 정의가 없으면 평화는 이뤄질 수 없을 겁니다"라고 덧붙였다. 그리고 또한 작고한 에드워드 사이드Edward Said와의 관계가 자신에게 얼마나 소중한 것이었는지에 대해서도 얘기했다.

"에드워드를 만나기 전의 시간을 기억하기는 쉽지 않습니다. 그만큼 내게는 중요한 만남이었던 거죠. 우리는 매일 대화를 나눴습니다. 에드워드는 도덕적 권위를 지니고 있었고, 팔레스타인의 권리를 가장 잘 대변할 수 있는 사람이었습니다."

이 대목에서 나는 아버지를 떠올리지 않을 수 없었다. 그가 살아있었다면 이 순간을 얼마나 즐거워했을까? 아버지는 팔레스타인과 이스라엘 사람들이 서로 협력해 두 개의 국가로 발전해나갈 수 있다면 많은 것을 이룰 수 있을 것이라고 굳게 믿었다. 하지만 당시에는 그럴 수 있는 환경이 아니었다. 에드워드 사이드와 바렌보임이 오슬로 협정 이후에 서로 힘을 합치기 시작했을 때는 팔레스타인해방기구가 약화되면서 두 개의 국가라는 구상이 진전을 이룰 가능성이 보인 시기였다. 아버지가 꿈꾸었던 것 역시 많은 부분에서 이와 비슷한 전망에 기초한 것이었고, 그는 자신의 계획을 실천하기 위해 최선을 다했다. 그러나 아버지는 두 개의 국가라는 구상이 아직 불가능한 꿈에 불과한 시기를 살다 그렇게 돌아가신 것이었다.

7월 13일

서안지구에서 이스라엘 군대와 정착민들의 공격이 더욱 빈번해질 가능성이 점점 더 커지고 있다. 올가미는 팽팽하게 조여지고 있고 여전히 변화의 희망은 보이지 않는다. 도론 로젠블룸Doron Rosemblum은 오늘 자 〈하아레츠〉의 칼럼에서 이런 상황을 잘 묘사하고 있었다. 그는 많은 사람들이 벌어지길 희망했던 이스라엘 판 '아랍의 봄'이 실은 라빈 광장이 아니라 정착촌들에서 시작되었다고 적고 있었다.

> 이것은 이스라엘의 정체성을 체계적으로 잠식하고 정상적인 생활('국가이익', '법치', '외교적 과정'으로 불리는)을 이루기 위한 노력을 파괴한다. 이는 시온주의 이전으로 퇴행하는 혁명이다.

그들은 세속에서 가장 높은 권위를 지니고 있는 총리의 도움을 받아 새로운 형태의 신정정치를 창조하고 있다. 그리하여 교육부에서 새로운 지침이 나왔는데, 다가오는 9월부터 유대인 보육교사와 유치원교사들은 이스라엘 국기를 게양하고 이스라엘 국가인 '하티크바Hatikva'를 부르는 것으로 한 주를 시작해야 한다는 내용이었다.

나크바 법the Nakba Law은 이스라엘 재무장관에게 유대 국가와 민주국가로서의 이스라엘을 공개적으로 거부하거나 이스라엘 독립기념일을 애도의 날로 삼는 단체들에 대한 재정지원을 삭감할 수 있는 재량권을 부여하고 있다. 또한, 이스라엘 또는 이스라엘 정착민들에 반대운동을 펼치는 개인이나 조직에 대해 다양한 제재를 가할 수 있는 보이콧 법도 있다.

그리고 이스라엘의 법률을 정착민들이 이스라엘 정착촌 안에다 지은 서안지구 박물관들에까지 확대 적용하기 위한 법안 설명회도 열렸다. 이것은 서안지구에 대한 이스라엘의 주권을 강화하고 정착민들에 대한 차별을 종식시키려는 목적을 갖고 있다고 묘사되곤 했다. 이 법안의 작성자인 이스라엘 국회의원 유리 아리엘Uri Ariel은 이렇게 말했다.

"법은 정치적 배경에 따른 차별 없이 어느 곳에서나 모든 이스라엘 시민들에게 동등하게 적용되어야 합니다."

다른 사람들의 토지를 강탈하는 식민주의자들에 관한 법을 제정하면서 권리를 들먹거린다는 자체가 정말 흥미로운 일이다. 이 얼마나 맹목적이고 자민족 중심주의적인 발상이란 말인가.

7월 14일

-

정착민들이 이스라엘 장교들을 어떻게 모욕하는지에 관해 읽고 나서, 나는 그들이 우리에게 사용하던 전술을 이제 다른 이스라엘 사람들에게도 사용하고 있다는 것을 깨닫게 되었다. 이는 많은 사람들이 이미 예견했던 사실을 다시금 일깨워주었다. 만약 아랍인들을 더 이상 적으로 이용하는 것이 어려워진다면 이스라엘 사람들은 자기네끼리 서로 물어뜯고 싸우게 될 것이라는 예견 말이다. 실제로 내부의 투쟁은 이미 시작되었고, 이것은 결국 그들을 분열시킬 것이다. 그들은 범죄를 저지른 다음에는 곧바로 불평을 늘어놓는다. '때린 놈이 먼저 울고 불평한다'는 아랍의 속담처럼 말이다. 정착민들은 팔레스타인의 올리브 과수원 수백 두남을 불태웠다. 군인들이 상황을 점검하기 위해 현장에 가면 정착민들은 군인들에게 돌을 던지고 사건에 대해서는 입을 다문다. 이스라엘군은 극우세력의 압력에 끊임없이 굴복하고 있다. 이것은 시온주의 로비 단체들이 미국에서 사용하는 것과 같은 전술이다.

정착민들은 급기야 사단장이 자신들에게 편견을 지니고 있고 좌파의 세계관을 갖고 있다고 주장한다. 그들은 사단장을 나치 전범 아돌프 아이히만Adolf Eichmann에 비유하고 그의 집 앞에서 플래카드를 들고 시위를 벌이고 있다. 가장 해괴하고 모순적인 욕설들이 성난 정착민들의 입에서 터져 나오고 있다.

7월 15일

2주 전 영국의 일간지 〈가디언〉에는 토니 블레어의 다음과 같은 발언이 기사로 실렸다.

"이스라엘에게 예루살렘을 포기하라고 요구하는 것은 영국에게 웨스트민스터를 독일에게 양보하라는 것과 같다."

나는 이것만으로도 그가 유엔과 미국, 유럽연합, 러시아, 이 4자로부터 위임받은 중동특사 자리에서 물러나야 한다고 생각한다. 블레어가 4자를 대표하고 데니스 로스Dennis Ross가 미국 협상단을 이끄는 한 협상을 통한 평화의 가능성은 전무하다. 아키바 엘다Akiva Eldar가 로스를 언급하면서 〈하아레츠〉에 쓴 것처럼, 만약 버락 오바마Barack Obama가 진정으로 자신의 노벨평화상 수상을 정당화하려고 한다면 이스라엘과 팔레스타인의 갈등에 대한 해법을 블레어의 손에 맡겨둬서는 안 된다. 그는 갈등의 해결자가 아니라 갈등을 영속시키면서 관리하는 데 달인이기 때문이다.

7월 16일

이스라엘의 베테랑 언론인인 기드온 레비Gideon Levy는 목발을 짚은 52세의 팔레스타인 장애 남성이 이스라엘에서 일하다 다친 상처를 치료하기 위해 이스라엘에 들어갈 수 있도록 해 달라고 이스라엘 민정 당국에 요청한 사실을 보도했다. 하지만 그의 요청은 거절당했다. "경비회사의 규정에 따라 허가를 받아야 하므로 그의 입국 요청을 받아들일 수 없다"는 것이었다. 여기엔 짧은 설명이 덧붙여졌다.

"그는 이스라엘에 들어오는 순간부터 떠나는 순간까지 그를 호위할 보안요원을 개인적으로 고용해야 한다. 비용은 시간당 200달러다."

최근에는 또 다른 터무니없는 개발과 관련한 소송도 이스라엘에서 제기되었다. 이스라엘 당국으로 하여금 자신들의 마을을 철거하도록 '강제했다'는 이유로 베두인 주민들에게 180만 셰켈(한화로 약 4억 5,000만 원)을 지불할 것을 요구하는 소송이 절차에 돌입한 것이다. 이제는 놀랍지도 않다. 우리는 이스라엘이 우리를 가두어놓고 있는 서안지구라는 커다란 감옥을 벗어나기 위해 이스라엘로부터 허가를 받아야 하고, 그럴 때마다 100달러가 넘는 돈을 강제로 징수당하면서 그 감옥을 유지하기 위한 돈을 대고 있는 셈이니 말이다.

명백히 우리는 이스라엘의 전 총리였던 골다 메이어Golda Mabovitz가 만들어 놓은 다음과 같은 논리에서 멀리 벗어나지 못했다.

“평화가 찾아오면 우리는 이웃고 우리의 아들들을 죽인 아랍인들을 용서할 수 있을 것이다. 하지만 우리로 하여금 그들의 아들들을 죽일 수밖에 없게 만든 데 대해서는 그들을 용서하기가 어려울 것이다.”

7월 17일

이스라엘 법과 관련된 소송에 관해 자문을 구하기 위해 예루살렘에 있는 친구 니하드 이르시드Nihad Irshid에게 전화를 걸었다.

통화를 하던 중에 그가 말했다.

“다른 전화기로 동생에게 전화를 좀 해볼 테니 끊지 말고 기다려 봐. 동생이 비슷한 소송을 진행하고 있는데 판결이 나왔는지 확인해 보자고.”

그는 동생에게 전화를 걸자마자 히브리어로 대화하기 시작했다. 그가 통화를 끝낸 뒤에 내가 그것에 관해 언급하자, 그는 “히브리어로 대화하는 게 훨씬 빠르거든. 전문적인 용어와 관련해서는 히브리어를 사용하는 데 익숙해서 말이야”라고 설명했다. 그러고는 이스라엘 사람들에 대한 이런 칭찬도 덧붙였다.

"아랍인 의사들은 모두 보고서를 영어로 쓰지만, 이스라엘 의사들은 히브리어만을 쓰지. 그들은 전문 용어를 포괄할 수 있도록 자신들의 언어를 발전시킬 수 있었지만, 우리 아랍사람들은 그러질 못했어."

그의 얘기를 듣고 나는 새삼 이스라엘에 살고 있는 많은 팔레스타인 사람들이 언어 때문에 얼마나 모순을 겪고 있는지를 깨달았다. 하지만 대화가 끝날 무렵 니하드는 히브리어를 가리켜 '30분짜리 언어'라 묘사했다. 내가 그 이유를 묻자 그의 대답은 이랬다.

"30분이면 이 작은 나라의 국경에 도착할 수 있기 때문이지. 지중해를 건너면 그 언어는 더 이상 사용되지 않거든."

7월 18일

오늘은 내 노트북 컴퓨터를 고치러 갔다. 컴퓨터를 맡기고 기다리는 동안 파리드Farid에게 함께 일하는 이스라엘 사람들에 대해 어떻게 생각하느냐고 물었다. 키가 작고 늘 말쑥한 차림새에 금속 테 안경을 쓰고 있어 똘똘한 학생처럼 보이는 그는 단어 하나하나를 또박또박 발음하며 천천히 말하는 습관이 있다. 이스라엘로 들어갈 수 있는 특별허가를 얻어 이스라엘 중개상에게서 컴퓨터를 사들이는 방식으로 사업을 하기 때문이었다. 이런 특권은 보안군과 관련된 사람들이나 팔레스타인 자치정부의 관리들에게도 부여된다. 오슬로 협약에는 'VIP의 통행'이라는 특별조항이 있고, 여기에는 이스라엘 정부가 발급한 VIP 카드를 소지하고 있는 사람들에게 부여되는 특권들이 상세하게 나열돼 있다. 사람들이 검문소에 발이 묶인 상황에서도 어떤 사람들은 1등급 통로로 통과하거나 검색 없이 통과하는 광경. 이는 우리들의 정신을 내부로부터 파괴하는 조화롭지 못한 일상의 풍경이 되어버렸고 우리에게서 존엄성과 오랫동안 소중하게 여겼던 가치들을 앗아갔다.

나는 2차 인티파다가 진행 중이던 2003년에 파리드가 우리 집에서 작업을 하며 했던 이야기를 지금도 잊지 않고 있다. 당시 그는 이스라엘 사람들을 인간 이하라 묘사하며 이렇게 말했었다.

"만약 이스라엘 사람들이 우리를 제거함으로써 모든 게 끝날 거라고 생각한다면 그건 오산입니다. 설사 풀을 뜯어 먹고 텐트에서 살아야 한다 하더라도 저는 떠나지 않을 겁니다. 검문소가 자유로운 통행을 가로막고 있지만 저는 일을 멈추지 않을 거예요. 제 동생의 교육을 위해, 제 아내와 아이들, 아버지를 위해 돈을 벌어야 하니까요. 우리가 검문소 건너편으로 빈 가방을 든 사람을 보내면 그쪽에서는 가능한 한 많은 컴퓨터를 가방에 넣어 다시 보냅니다. 그 무거운 기계들을 손에 들고 왔다 갔다 하다가 집에 돌아올 때면 완전히 녹초가 돼 잠자는 것 외에는 할 수 있는 게 없어요. 간혹 화물차가 들어가는 걸 허용할 때도 있지만, 순전히 자기네들 마음대로죠. 어떤 때는 '전부 갖고 나가'라고 말할 때도 있어요. 그러면 빗속에서 기계들을 치워야 합니다. 또 어떤 때는 그들이 컴퓨터 모니터를 박살내기도 합니다. 그렇게 해서 손해 본 컴퓨터가 한두 대가 아니에요. 그렇다고 고쳐주는 것도 아니고, 그냥 그걸로 끝인 거예요. 하지만 그래도 요즘에는 아무리 외딴 마을이라고 해도 집

집마다 컴퓨터가 한 대씩은 있죠. 노동자들은 자신의 아들들을 데리고 저에게 컴퓨터를 사러 옵니다. 저는 각자의 요구사항을 들으면 그들의 성격을 대번 파악할 수가 있습니다. 어떤 소년은 '나는 총 쏘는 게임을 원해요', '나는 피 튀기는 게임을 좋아해요'라고 말합니다. 또 다른 소년은 '우주에 관해 알고 싶어요'라거나 '동물들에 대해 알고 싶어요'라고 말해요. 이런 얘기들을 듣고 나면 그들이 어떤 가정에서 자랐는지 짐작할 수 있죠. 그리고 농부들도 찾아와요. 그 사람들은 농작물을 가지고 도시로 와서 그걸 판 다음에 허리에 전대를 두른 채 집으로 돌아가곤 해요. 저는 그들이 어떤 식인지 훤히 잘 알고 있습니다. 그들은 돈을 가지고 와서는 '어떤 컴퓨터를 사면 좋을지 조언을 좀 해주세요'라고 말합니다. 간혹 그들을 속이는 사람들도 있어요. 그러나 전 한 번도 그런 식으로 사람들을 속인 적이 없습니다. 자랑하려는 게 아니라, 저는 항상 그들을 돕는 편입니다. 제가 대가 없이 무언가를 그들에게 줄 수 있으면 그렇게 하려고 해요. 저는 그런 사람입니다. 하지만 그런 저조차 유대인들을 인간이라고 부르는 데 반대하는 입장이에요. 그건 인간성에 대한 모욕이라고 생각합니다. 그들은 소보다 못한 사람들이죠. 유대인들이 우리가 그들을 얼마나 증오하는지 알았다면 그들은 이곳에 머물지 않았을 겁니다. 우리는 우리 아이들을 위해서라면, 그래서 그들에게 피해를 줄 수 있다면 기꺼이 죽음을 감수할 자세가 되어있습니다."

"정말 그렇게 생각하나요?" 내가 물었다.

"대부분의 사람들이 그렇게 생각해요." 그가 대답했다.

하지만 이스라엘 사람들에 대한 지금 그의 평가는 미세하게 달라져 있었다. 그는 "그들은 돈을 사랑하고, 돈이 된다면 무슨 짓이든 할 겁니다"라고 말했다. 그리고 단어를 신중하게 고르고 고른 끝에 이렇게 말을 이었다.

"그와 동시에 그들은 우리에게 강렬한 증오심을 갖고 있고, 우리를 하나의 집단으로 묶어서 제거하고 싶어 하죠. 그들의 이런 감정은 돈에 대한 사랑을 능가합니다. 앞으로 그들은 자신들이 놓인 환경에 적응하기 어려워질 겁니다. 왜냐하면, 그들은 곧 다수가 될 아랍인들로 인해 인구 구성상으로 불리해질 거라는 문제를 안고 있기 때문이죠. 대부분 최하층 계급으로 살고 있는 아랍인들의 불만은 계속 쌓이고 있습니다. 저는 이런 아랍인들이 영원히 억눌려 살지만은 않을 거라 생각해요."

그는 또한 이스라엘 사람들의 관용 수준이 낮다고 생각하고 있었다.

"일단 불확실성과 두려움이 생기면 너그러운 마음이 사라집니다. 2년 전 로켓이 하늘에서 떨어지고 꽤 오랫동안 불경기가 이어졌을 때도 그랬죠. 이스라엘 사람들은 출신 국가가 각자 달라서 더 그런 것 같아요. 그들은 높은 수준의 회복력을 지닌 우리와는 다릅니다. 그 사람들은 이스라엘을 천국으로 여기기 때문에 현실이 여기에 부응하지 못하면 그 현실을 참고 견디려 하지 않아요."

그가 했던 말을 곱씹어보니 그가 옳았다는 게 느껴졌다. 실제로 우리의 회복력은 보다 동질적인 우리의 존재에서 비롯된 것이다. 우리는 보다 긴밀하게 결합된 사회인 반면, 이스라엘은 세계 각지에서 온 유대인들로 구성되어 있다. 그런 의미에서 이스라엘은 불안정한 구조물이다. 장벽이 둘러쳐진 우리의 고립된 거주지로 들어가는 관문들에 대한 새로운 규제나 분리장벽의 확장, 또는 우리를 제한하고 통제하기 위해 그들이 고안하고 있는 새로운 방식들에 관한 계획을 들을 때마다 심장이 죄어오는 듯한 느낌이 드는 것은 그 때문인지도 모른다. 이스라엘 사회의 특성상 이스라엘인들이 자신들의 응집력과 우리에 대한 통제를 유지하기 위해 장기적인 전략을 필요로 한다는 건 그들에게는 자연스러운 귀결이다. 최소한 그들은 그렇게 믿고 있다.

이스라엘이라는 국가는 군대와 이스라엘 토지의 90% 이상을 통제하는 토지부 같이 고도로 계획된 부문들을 지닌, 하나의 기업과 비슷하다. 기업처럼 경영이 비효율적이거나 실패한다면, 그 미래는 암울해질 것이다. 잘못된 지도부가 키를 잡고 있는 이스라엘의 미래는 그다지 밝지 않다.

용감한 이스라엘 언론인인 아미라 하스Amira Hass는 오랫동안 라말라에서 생활해오고 있다. 그녀는 이스라엘 군사정부와 이스라엘 보안군 샤바크Shabak의 구성원이었다가 은퇴 후 사업가로 변신한 사람들과는 기꺼이 교류(때로는 우호적인 토대에서)하려는 팔레스타인 사람들이 정작 연대운동에 적극적인 이스라엘 사람들에 대해서는 거부로 일관하는 데 대해 느꼈던 실망감을 내게 토로한 적이 있었다. 당시 나는 그녀의 의견에 동의했었다. 그건 분명 부끄러운 행동이다.

7월 19일

힌Hinn의 가게에 이발을 하러 갔다. 그의 가게는 예전에 두니아 극장이 있던 자리 바로 맞은편에 위치해 있는데, 지금은 극장이 철거되고 그 자리에 두니아 무역센터라는 흉측한 건물이 들어서 있다. 1948년에 자파와 리다, 라믈레 출신의 팔레스타인 난민들이 모여 자신들이 떠나온 고향으로 돌아가기로 결정했던 곳도 바로 그곳이었다. 내 아버지는 그 계획을 주도한 사람 중 하나였고, 당시 회합에 참여했던 난민 중에는 바로 지금 내 머리를 자르고 있는 이스칸다르 힌Iskandar Hinn의 아버지인 하비브Habib 씨도 있었다. 그러나 하비브 씨는 몇 년 전에 돌아가셨고, 이제는 어색한 웃음을 짓고 있는 그의 사진만이 벽을 장식하고 있을 뿐이다.

라말라 중심가를 따라 거리 양쪽으로 늘어선 가게들의 입구 맞은편 벽에는 이처럼 가게를 창업하고 자식들에게 물려준 아버지들의 사진이 걸려있다. 이들 중 상당수는 자파에서 가게를 하던 사람들이었다. 자파에서 아버지는 하비브 씨가 운영하던 이발소의 단골이었는데, 법원을 오가는 길에 법원 바로 모퉁이에 있던 그의 이발소에 들러 이발을 하거나 면도를 하곤 하셨다. 두 분이 라말라로 온 뒤에도 아버지는 늘 하비브 씨의 이발소를 이용했고, 두 사람의 인연은 아버지가 살해당하기 전까지 계속 이어졌다. 물론 나 역시도 내내 하비브 씨의 이발소를 이용했고, 지금은 그의 아들들이 내 머리를 깎아주고 있다.

아무튼 오래전 그날, 하비브 씨와 다른 난민들은 두니아 극장에 모여 모두 함께 고향으로 돌아가기로 결정했었다. '길이 훤히 뚫려 있는데 못 갈 이유가 없잖아'하고 말이다. 하지만 영국인 사령관 글럽 파샤Glubb Pasha가 이끄는 아랍군단이 그들을 막아섰다. 팔레스타인 난민의 이스라엘 침투를 막고 국경분쟁 예방에 최선을 다하겠다는 것이 명분이었다. 그러자 난민들은 스위스 로잔에서 난민들을 대변하기 위한 대표단을 구성했고, 아버지도 그 일원으로 뽑혔다. 그러나 그곳에서 이스라엘이 난민 대표단과의 대화를 거부하는 바람에 아버지는 실망만 잔뜩 안고 되돌아와야 했다.

이 모든 것은 내가 태어나기 전에 발생한 일이다.

내가 기억하는 두니아 극장은 수많은 영화를 틀어주던 즐거운 곳이었다. 할머니의 친구인 에스더 잘라드도 최고 단골손님 중 한 명이었는데, 그녀를 생각하면 늘 두니아 극장이 떠오를 정도였다. 당시 라말라에는 두니아 극장을 포함해 극장이 모두 세 군데 있었지만, 지금은 모두 문을 닫은 상태다.

에스더와 그녀의 가족은 1948년 항구도시 자파의 부유한 집에서 쫓겨나 라말라의 언덕배기 마을에 도착했다. 고향에서 쫓겨난 상황에서도 에스더는 한 가지 열정만은 고스란히 간직하고 있었다. 바로 영화관 나들이에 대한 애착이었다. 운 좋게도 그녀는 두니아 극장 바로 위 언덕에 살았다. 매일 오후 3시 15분이면 에스더는 마치 중요한 약속에 나가는 사람처럼 한껏 치장하고 집을 나섰다. 오므린 입술에 립스틱을 짙게 바르고 눈꺼풀에는 분홍색 눈 화장을 한 채 구부린 팔에 커다란 핸드백을 걸고 극장까지 걸어가는 것이었다. 영화관에는 가장 싼 무대 앞좌석에서부터 2층 특별석과 발코니석까지 모두 세 종류의 관람석이 있었다. 그리고 극장에 있던 6개의 발코니석 가운데 하나는 에스더를 위해 남겨진 자리였다. 모두가 그곳이 잘라드 여사의 자리라는 걸 알았고, 두니아 극장에 갈 때마다 우리는 에스더가 천으로 덮인 의자에 머리를 옆으로 숙인 채 앉아있는 모습을 볼 수 있었다. 그녀는 넓은 스크린에 펼쳐지는 영화에 조용히 집중하는 고독한 사람이었다.

오후에는 3시 반부터 외국영화 한 편과 아랍 영화 한 편, 이렇게 두 편의 영화가 상영되었다. 외국영화는 대부분 영어로 제작된 것이었고, 아주 가끔 브리지트 바르도Brigitte Bardot가 나오는 프랑스 영화가 상영되기도 했다. 영화 상영 전에는 요르단 국가가 연주되었다. 국가가 흘러나오기 시작하면 관객들은 모두 자리에서 일어났지만, 에스더는 예외였다. 그녀는 한 번도 자리에서 일어난 적이 없었다. 한번은 나도 그녀를 따라 하려고 시도해봤으나, 극장관리인이 좌석에 푹 파묻혀 있는 내게 손전등을 비추는 바람에 실패로 돌아가고 말았다. 국기 앞에 선 요르단 국왕의 모습이 스크린을 가득 채우고 있는데도 의자에 주저앉아 있는 건 불손한 행동이었다. 아랍 영화는 대부분 이집트 영화였는데, 모두 괜찮았다. 반면 라말라에 들어온 외국영화는 엉망진창이었다. 극장 지배인이 자유롭게 영화를 선택하는 게 아니라 검열관의 승인을 거쳐야 했고, 카이로와 베이루트의 영화배급사들이 아랍어 자막을 달아 아랍 전역에 배급하는 영화만을 상영할 수 있었기 때문이었다.

에스더는 영어 대사를 바로 이해할 만큼 영어 실력이 뛰어나지 않았고 근시가 심해서 자막을 편안하게 읽을 수도 없었다. 그녀에게 친숙한 외국어는 불어였다. 자파의 상류층 사이에서는 불어가 교양의 지표였기 때문이다. 에스더는 그녀가 본 영화들에서 무엇을 느꼈을까? 하지만 그녀는 자신이 본 영화에 대한 감상을 한 번도 입 밖으로 꺼낸 적이 없었다. 어떤 영화를 봤는지에 관해서도 말하지 않았다. 그녀의 영화 관람은 엄숙하고 고독한 의식과도 같은 것이었다.

그러던 1967년 6월 6일, 저주받은 그 날에 이스라엘이 서안지구를 점령했다. 우리는 아랍세계는 물론이고 서안지구의 극장들에 영화를 공급하던 영화배급사들로부터도 단절되었다. 몇 달 후, 두니아 극장은 라말라에 있던 자밀Jameel 극장과 왈리드Walid 극장, 그리고 동예루살렘 아랍지역에 있던 세 개의 극장과 함께 문을 닫았다. 점령과 유희는 공존할 수 없는 것이었다. 두니아 극장의 옥외 광고판에는 1967년 전쟁 이전 마지막으로 상영되었던 영화 〈바그다드의 도둑The Thief of Bagdad〉의 간판이 오래도록 걸려 있었다. 극장 앞을 지나칠 때면 마치 시간이 멈춰버린 듯했고, 새로운 영화 간판이 걸리기를 기다리느라 우리의 삶을 허비해버린 것처럼 느껴졌다.

이스라엘의 점령은 에스더에게서도 행복한 시간을 앗아갔다. 남편의 건강이 악화되면서 그녀는 남편을 간호하느라 하루 대부분을 집안에서 보내야 했다. 이런 상황에서 오후 한때 극장에서 즐기던 여유까지 박탈당한 것이다. 하지만 그 대신 에스더는 집 현관에 앉아 마음속으로 영화 같은 모험을 펼치기 시작했다. 자파에 두고 온 보석들을 되찾아오는 상상에 빠져든 것이다.

1948년에 에스더의 지인과 친구들은 모두 '스턴갱'의 테러를 피해 몇 주만 집을 떠나 있으면 사태가 해결될 것이라고 생각했다. 하지만 에스더의 생각은 달랐다. 그녀는 집을 떠나기 전에 정원에다 구덩이를 파고 보석들을 보관하던 금속상자를 거기에 묻었다.

그러다 1967년 전쟁이 끝난 뒤 그녀는 정교회 신부를 찾아가 자파에 있는 옛집에 들러 달라고 부탁했다. 그녀는 신부에게 대문에서 5m쯤 되는 거리에 심어진 두 그루의 레몬 나무 사이에 구덩이가 있다고 일러주었다. 에스더의 간곡한 부탁을 거절할 수 없었던 신부는 그녀가 알려준 대로 자파에 있던 에스더의 집을 찾아갔다. 하지만 에스더의 집에는 더 많은 나무가 자라있었고, 신부는 남의 이목을 끌지 않으려 노력하면서 대문 앞에 서서 집을 관찰했다. 그는 집을 차지한 사람들이 나가기를 기다리면서 어디를 파야 할지를 생각했다. 마치 영화 〈매드 매드 대소동It's a Mad Mad Mad Mad World〉+ 에 나오는 보물찾기를 연상시키는 장면이었다. 영화 속 주인공이 일순간 커다란 W자를 만들고 있는 야자수들 사이에 보물이 묻혀 있다는 사실을 발견한 것처럼, 신부도 에스더가 보물을 묻어둔 곳을 찾아냈다. 신부가 라말라로 돌아와 에스더의 집을 두드렸을 때, 그의 손에는 에스더의 소중한 보석이 가득 담긴 녹슨 금속상자가 들려 있었다.

그 일이 있은 지 몇 년 후, 나는 에스더 남편의 안부를 묻기 위해 그녀를 방문했다. 하지만 시기가 좋지 않았다. 내가 그토록 존경하던 잘라드 씨는 죽어가고 있었다. 에스더는 남편과 같은 방에 있었다. 문은 닫혀 있었고, 다른 가족들은 로비에서 에스더가 나타나기를 기다리고 있었다. 마침내 그녀가 나타났을 때, 그녀는 방문을 닫고 우리를 향해 걸어와서는 불어로 말했다.

"*C'est Fini*(끝났습니다)."

+ 1963년에 제작된 스탠리 크레이머 감독의 영화로 국내에는 〈매드 매드 대소동〉이라는 제목으로 개봉되었다.

에스더는 그녀가 극장에 갈 때 그랬던 것처럼 근엄한 표정에 입술을 굳게 다물고 있었다. 다른 게 있다면, 아름다운 검은 눈가에 분홍색 눈 화장을 하지 않았다는 점이었다. 그녀의 눈은 남편이 마지막 숨을 쉬는 동안 어두운 방에서 조용히 흘린 눈물로 인해 빨갛게 충혈 되어 있었다. 나는 존경하던 어른을 잃게 된 것에 상심하긴 했으나, 이 모든 일이 너무도 비현실적으로 느껴지는 건 어쩔 수 없었다. 에스더의 그 한마디가 마치 두니아 극장에서 그녀가 본 영화에서 따온 대사처럼 극적으로 들렸기 때문이었다.

잘라드 씨의 죽음은 한 시대의 종말을 알린 사건이었다. 그의 죽음과 함께 자파 출신 부유층 난민들의 시대도 종말을 고했다. 그들은 모든 것을 잃었지만 품위까지 잃지는 않았고, 새로운 안식처에서 최선을 다해 자신들의 삶을 일구었으며, 음울하고 절망적인 현실에서 도피하기 위해 종종 영화 속으로 빠져들기도 했다. 자파의 부유층 대다수는 이스라엘의 점령 이후 새로운 삶을 시작하기 위해 번창하는 암만으로 떠났다. 이제, 그들 중 서안지구에 남았던 마지막 사람이 세상을 떠난 것이다.

에스더의 자식들은 모두 외국에 살고 있었다. 간호할 남편도 없고 피난처가 되어주던 극장도 사라지자, 그녀는 딸과 함께 살기 위해 암만으로 떠났다. 미혼인 그녀의 손녀는 에스더를 정성껏 보살폈다. 에스더가 더 이상 극장에 갈 수 없게 되자 손녀는 그녀에게 비디오 플레이어를 선물했다. 에스더가 침대에 누워서 좋아하는 영화를 볼 수 있도록 배려한 것이다. 하지만 놀랍게도 에스더는 비디오 플레이어를 한 번도 사용하지 않았다. 결국, 에스더가 극장에 간 것은 영화를 보려는 목적이 아니었다. 그보다는 다양한 이유로 극장에 온 남녀노소들과 함께 영화를 보며 어둠 속에 있다가 고조된 감정으로 뿌연 극장을 나서 바깥세상으로 나가는 일 자체가 그녀에게 또 다른 세상에 온 듯한 느낌을 주었던 것이다.

한편, 라말라에서는 팔레스타인 도시들의 단조로운 삶에 대한 불만이 고조되고 있었다. 1967년 6월 이후, 폐쇄됐던 극장 중 가장 먼저 다시 문을 연 곳은 베들레헴이었다. 그다음은 예루살렘이었고 마침내 라말라에서도 극장들이 다시 문을 열었다. 그리고 그해 말 무렵엔 전쟁 이후 문을 닫았던 모든 극장이 영업을 재개했다. 아랍 세계와 단절된 상태에서 상영이 가능했던 영화는 극장들이 이미 보유하고 있던 영화나 이스라엘을 통해 수입된 영화들뿐이었다. 이는 아랍 영화가 더 줄어들었다는 걸 의미했다. 게다가 외국 영화는 이스라엘을 통해 들어왔기 때문에 아랍어 자막 대신 아무도 읽을 수 없는 히브리어 자막이 달려 있었다.

그런 열악한 환경에서도 오랫동안 영화에 굶주려 있었던 탓에 처음에는 관객들이 열광적으로 모여들었지만, 그것도 이내 시들해지기 시작했다. 다른 한편으로는 검열이 사라지고 국가 연주가 과거의 기이한 관행으로 치부되는 변화가 있었다. 그러나 대부분의 관객이 화면만 볼 줄 알지 영어 대사를 이해하거나 히브리어 자막을 읽을 수 없었기 때문에 영화 대사의 3분의 1도 알아듣기 어려웠다. 그 결과 커다란 스크린에서 배우들이 연기하는 온갖 종류의 흥미진진한 장면들이 주는 느낌 자체가 중요하게 되었다. 그러자 극장들은 극단적인 선택을 하게 되었다. 대사에 집중할 필요 없이 오로지 시각에만 의존하는 영화, 곧 포르노 영화를 상영하기 시작한 것이다.

그리고 그들의 선택이 옳았다는 게 입증되었다. 극장들은 다시 사람들로 가득 차기 시작했다. 하지만 이제 관객 대부분은 남성들이었다. 그리고 검열이나 통제가 없는 상태에서 부모의 눈을 피해 담배를 피우려는 청소년들이 극장에 몰려들어 포르노 영화를 보면서 담배 연기를 뿜어댔다.

라말라의 두니아 극장은 아주 가끔씩만 포르노 영화를 상영했다. 이에 반해 예루살렘의 알 누자Al Nuzha 극장은 마치 포르노 전용 극장처럼 운영되었다. 항의가 시작되었고, 교사들은 포르노 영화가 학생들에게 미치는 영향을 걱정했다. 부모들도 목소리를 내기 시작했다. 그즈음, 이 악명 높은 알 누자 극장이 화재로 소실되는 사건이 벌어졌다. 그리고 팔레스타인 최초의 연극 공연장이었다가 이후 동예루살렘 최초의 영화관으로 변신한 하카와티Hakawati를 설립했던 극작가들이 이곳을 인수하기 전까지 알 누자 극장은 한동안 버려진 채로 남아 있었다.

반면 두니아 극장은 불에 타지는 않았지만 자체검열을 약속했고, 아주 가끔씩만 포르노 영화를 끼워 넣었다. 그러다 결국 1984년에 문을 닫을 수밖에 없었던 건 이스라엘의 세금 때문이었다. 라말라의 다른 두 극장은 1차 인티파다가 일어난 1987년 말까지 영업을 계속했다. 그리고 몇 년 뒤 그 두 곳 역시 이스라엘군이 잠시 휴식을 취하러 들어온 팔레스타인 저항운동 활동가들을 체포하기 위해 어두운 극장을 급습한 사건을 계기로 문을 닫아야 했다.

그러고는 모든 극장이 문을 닫은 상태를 유지하다가 오슬로협약이 허황된 희망을 안겨주면서 왈리드 극장이 다시 문을 열었다. 극장 화장실에서는 여전히 예전과 똑같은 소독약 냄새가 났다. 하지만 두니아 극장은 영원히 문을 닫았다. 자밀 극장은 '카사바 씨네클럽the Kasaba Ciné-Club'으로 이름이 바뀌면서 대중영화와 예술영화를 상영하는 동시에 연극도 올리는 극장으로 변신했다.

그러는 사이 암만에 있는 에스더는 90대에 접어들었다. 하루는 그녀가 손녀를 방으로 불러 옷장에서 레이스가 달린 드레스를 갖다 달라고 말했다. 그 드레스는 1948년 그녀가 자파를 떠날 때 가져온 것으로 그 이후로 한 번도 입지 않았던 옷이었다. 손녀가 에스더에게 그 드레스를 입고 싶은 거냐고 묻자 에스더는 이렇게 대답했다.

"아니다. 지금 입을 게 아니고 나중에 입으려고 그런단다. 무슨 말인지 알겠지?"

손녀의 눈에 눈물이 가득 고였다.

"할머니 안돼요. 그런 말씀 마세요."

"아가야, 내가 죽거든 이 옷을 입혀준다고 약속해 주렴."

얼마 지나지 않아 에스더는 우리 모두를 기다리고 있는 마지막 어둠의 공간 속으로 떠났다. 그녀는 암울한 일상에서의 짧은 도피를 위해 극장으로 걸어갈 때 늘 그랬던 것처럼 우아하게 세상을 떠났다. 가장 멋진 드레스를 입고서.

7월 20일

-

며칠 동안 나는 텅 빈 우편함을 기웃거렸다. 그러다 마침내 어제, 〈뉴욕 리뷰 오브 북스〉 한 부와 〈런던 리뷰 오브 북스〉 한 부가 도착했다(배송이 안 되는 경우도 많았다). 그리고 페니의 우편함에는 이스라엘에 사는 한 친절한 남자가 보낸 편지도 한 통 들어있었다. 그에게 다른 우편물과 함께 블랙웰 출판사의 책 한 권이 배송되었는데, 페니의 주소로 배달되어야 할 책이 자신에게 잘못 전달된 것 같으니 그 책을 어디로 보내주면 되겠냐는 내용이었다. 그렇다면 이스라엘 우체국은 우리의 책이나 소포 따위를 이스라엘 사람들에게 보내고 있단 건가? 충분히 가능한 일이다.

7월 21일

—

라말라 북부 언덕 지대에 건설되고 있는 신도시 라와비를 보고 나서야 나는 우리의 패배가 어떤 결과를 가져왔는지에 관해 온전히 이해하게 되었다. 우리는 우리 자신의 공간을 확보하고 우리의 생활방식을 지키기 위해 싸우기보다는 식민지 점령자들을 모방하고 그들이 사용하는 것과 똑같은 파괴적인 방법을 사용해 우리의 땅과 자연 유산을 파괴하고 있었다.

오늘 나는 '도시의 발견 기획단Designing Civic Encounter Initiative'이라는 단체가 후원하는 '도시버스여행' 행사에 참여했다. 라말라의 '리와크 센터Riwaq Center'에서 나온 건축가들이 가이드가 되어 오슬로 협약이 도시계획에 어떤 영향을 미쳤는지를 설명해주는 프로그램이었다.

출발지는 라말라에서 가장 높은 지점, 즉 테가르 빌딩이 있었던 옛 무카타 부지였다. 그곳은 영국위임통치에 저항하는 1936년 아랍 봉기 직후에 만들어진 강화 콘크리트 요새가 있던 곳이었다. 팔레스타인 곳곳에 이런 요새가 50개 정도 건설되었는데, 모두 인도 콜카타Kolkata의 경찰국장을 지냈던 찰스 테가르Charles Tegart 경이 건설을 주도한 것들이었다. 그는 1936년 아랍 봉기가 한창이던 무렵에 테러 대응 전문가로 팔레스타인에 파견되었다. 당시 식민지 정부 관리들은 찰스 테가르의 여러 번뜩이는 아이디어들을 받아들였는데, 그중에는 침투를 막기 위해 팔레스타인 북쪽 국경을 따라 보안장벽을 건설하는 것과 남아프리카 공화국에서 군견인 도베르만 핀셔를 들여오는 것, 조사관들에게 고문기술을 가르치기 위해 예루살렘에 특별 양성센터를 건설하는 것 등이 포함되어 있었다.

요새가 있던 자리에 지금은 아라파트의 묘지와 박물관, 그리고 이슬람 사원이 들어서 있다. 하지만 이렇게 많은 의미와 역사가 함축되어 있는 공공장소를 설계하면서도 아무런 경쟁 과정을 거치지 않았다. 재능은 있지만 점령 하에서 고통받는 주민들의 삶을 직접 경험해보지 못한 요르단 암만 출신의 팔레스타인 건축가가 팔레스타인 자치정부에 의해 지정 건축가로 임명되었던 것이다. 그는 사람들이 이곳에 어떤 건축물이 들어서길 원하는지에 대해 의견수렴도 하지 않았다. 그는 그저 자치정부에서 그를 후원하는 관리가 이스라엘 당국의 방문허가를 주선해주자, 현장을 방문해 한 번 둘러보고는 암만에 있는 사무실로 돌아가 설계를 완성했다. 나는 완전히 속은 기분이 들었고 상처를 받았다. 2002년 이스라엘의 침공 당시 이곳은 아라파트가 숨어 있다는 이유로 대부분의 구조물이 폭격을 당했다. 하지만 일부는 복원될 수 있었다. 설사 복원이 불가능하더라도 최소한 이곳이 팔레스타인 사람들에게 어떤 의미를 지닌 장소인지에 대한 고려는 있었어야 했다. 오슬로 협약이라는 사상 최악의 항복문서를 우리에게 안긴 한 남자만을 고려할 문제는 아니었던 것이다.

다음으로 우리는 예루살렘 북쪽에 있는 비르 나발라Bir Nabala 마을로 자리를 옮겨 오슬로 협약이 우리의 땅에 어떤 영향을 미쳤는지 목도했다. 그곳은 줄곧 예루살렘의 교외 지역으로 분류되어 왔지만, 지금은 예루살렘과 장벽으로 분할된 상태다. 우리의 가이드는 이를 '도심 절단 사건'이라고 불렀다. 비르 나발라는 텅 빈 아파트들로 가득했다. 예루살렘 거주 허가증을 지닌 주민들이 더 이상 이곳에 살 수 없게 되자 아파트를 버리고 떠났기 때문이었다. 장벽으로 인해 고립되기 전까지 이 마을은 라말라와 예루살렘을 잇는 주도로를 통해 갈 수 있는 곳이었다. 하지만 지금 그 마을에 가기 위해서는 기바트 지브Givat Zeev와 같은 정착촌과 예루살렘을 잇는 고속도로 아래에 새로 건설된 터널을 통과해야 한다. 물론 아랍 주민들은 그 터널을 이용할 수 없다. 게다가 오슬로 협약에 따라 C 구역으로 지정되면서 그곳에서는 오직 이스라엘 당국만이 건축 허가권을 쥐고 있다. 그래서 과밀화된 라말라와 달리 비르 나발라에는 빈 공간이 널려 있지만, 라말라가 그쪽으로 뻗어 나가는 건 불가능한 상황이다.

이렇게 봉쇄된 마을들은 서안지구 전역에 흩어져 있다. 하지만 지역 투자자들과 카타르 투자자들은 건축 제한을 해제하기 위해 투쟁하기보다는 라말라 북부의 가장 매력적인 언덕으로 눈길을 돌렸다. 2년 반 전 그들은 고도가 해발 780m에 이르는 그곳에다 라와비

신도시를 짓기 위해 순진한 농민들로부터 계단식 올리브 농지를 헐값에 사들이기 시작했다. 2만 5,000명의 주민을 수용하기 위해서는 모두 6,300 두남의 토지가 필요했고, 그들이 사들이지 못한 땅은 팔레스타인 당국이 나서서 몰수했다.

우리는 그늘이 드리워진 통나무 탁자 앞 벤치에 앉아 불도저에 의해 파괴되고 있는 언덕을 내려다보았다. 여기저기 파헤쳐진 땅에서 날리는 흙먼지가 물결처럼 우리를 휩쓸고 지나갔다. 순간 이스라엘을 방문한 유대계 미국인들이 성서에 등장하는 땅 위에 정착민들이 건물을 올리는 현장을 보며 경탄하는 모습이 머릿속에 겹쳐졌다. 젊은 현장관리자는 이 신도시 건설 프로젝트를 장밋빛 전망으로 포장하기 위해 최선을 다했다. 그는 자신들이 환경영향평가를 제대로 실시했으며, 공사장 일대에 있던 나무들을 우리가 앉아 있는 곳 위쪽으로 옮겨 심었다가 건설이 끝나면 다시 제자리로 옮길 것이라고 설명했다. 나는 그가 가리키는 곳으로 시선을 옮겼다. 거기에는 먼지를 뒤집어쓴 채 살아남기 위해 안간힘을 쓰고 있는 황량한 나무들이 작은 무리를 이루고 있었다.

그렇다고 카타르를 비난할 수 있을까? 사막 위에다 번창하는 도시들을 세우는 것도 성공한 마당에 서안지구라고 못할 게 뭐가 있겠는가? 하지만 이곳은 사막이 아니다. 카타르인들은 이곳의 지형을 모른다. 그들 대부분은 이곳을 방문해본 적도 없다.

다시 젊은 관리자가 말했다.

"우리의 목표는 일자리 창출과 역량 증진, 그리고 환경오염을 동반하지 않는 지속가능한 디자인 창조를 통해 평화를 위한 경제가 지속되게 하는 것입니다."

그는 "환경은 우리의 최대 관심사입니다"라는 말을 계속 반복했다. 하지만 괴물 같은 건물들이 들어서고 있는 파괴의 현장과 바로 옆 아름다운 아줄 마을이 한눈에 대비되는 상황에서 과연 어떻게 그의 말이 설득력을 가질 수 있을까? 게다가 그 인공적인 창조물에 닿기 위해서는 지금보다 더 많은 도로가 건설되어야 할 텐데 말이다. 팔레스타인 당국이 토지사용계획에 대한 통제를 완화하도록 이스라엘 정부에 압력을 가했다면, 이 2만 5,000명의 중산층 팔레스타인 사람들은 라말라 주변 마을들에서 쉽게 집을 구할 수 있었을 것이다. 하지만 팔레스타인 당국은 그렇게 하지 않았다. 이렇듯 유대인 정착촌의 '자연적인 성장'에 대비해 토지를 비워놓으려는 이스라엘의 토지사용계획은 아무런 제한을 받지 않았고, 이는 라말라 주변 마을들의 팽창을 억제하는 결과를 가져왔다.

한 도시계획 전문가는 이러저러한 주장에도 불구하고 자신의 경험으로 볼 때 계획도시가 성공한 적은 없다고 지적했다. 이스라엘 사람들이 오랫동안 그래 왔던 것처럼, 우리 팔레스타인 사람들이 우리 주변의 경관을 스스로 파괴하고 있다는 것은 슬픈 현실이다. 이스라엘 사람들과 우리는 마치 가장 짧은 시간 안에 누가 환경에 가장 심각한 피해를 줄 수 있는지 경쟁을 벌이고 있는 것 같다.

우리는 오슬로협약이 조인된 직후 정착민들이 사유지 위에 불법으로 건설한 우회도로를 통해 라말라에서 언덕을 넘어왔다. 내가 그 도로를 이용한 건 처음이었다. 정착민들이 더 이상 이용하지 않게 되면서 지금은 팔레스타인 사람들이 도로를 이용할 수 있게 되었다. 하지만 나는 그 도로를 이용하고 싶지 않았다. 나는 그곳에서 이제 훼손되지 않은 곳이 얼마 남지 않은, 내가 그토록 자주 산책을 즐기던 골짜기를 마주했다. 언덕에는 새 건설 프로젝트에 사용될 자갈 더미들이 가득했고, 라말라가 팽창하면서 사방으로 도로들이 건설되고 있었다.

우리의 가이드가 유대인 정착촌과 똑같이 생긴 2개의 주택건설 지구를 가리켰다. 그곳에는 우리의 전통적인 건축방식과 전혀 다른, 똑같은 모양의 집들이 줄지어 늘어서 있었다. 이 두 주택건설 지구 중 하나는 아라파트 전 수반이 외교관들에게 무상으로 제공한 것이었다. 도대체 우리의 대의에 어떤 기여를 했는지도 모를 그들을 위해 소중한 공유지를 그냥 줘버린 것이다. 또 다른 주택건설 지구는 공과 사를 제대로 구별하지 못하는 팔레스타인 투자기금 Palestine Investment Fund의 작품이었다. 팔레스타인 투자기금은 공적인 기금을 가지고 선택된 소수만을 위한 서비스를 제공하고 있다. 땅을 파괴하는 유례없는 건설 열풍 속에서 팔레스타인은 그렇게 조금씩 팔려나가고 있었다.

우리의 여정은 라말라 북부의 잘라존Jalazone 난민촌에서 끝났다. 행사 주최 측에서는 아마도 우리에게 6,800 두남의 땅에 2만 5,000명의 팔레스타인 사람들이 살게 될 라와비와 그 절반 정도인 1만 3,000명이 고작 253 두남의 땅에 살고 있는 잘라존의 차이를 보여주려고 한 것 같았다.

나는 지치고 슬픈 마음으로 집에 돌아왔다. 신발에는 뽀얀 먼지가 뒤덮였고, 코는 맹맹했으며, 머릿속은 혼란스러웠다.

7월 22일

—

지난주 이스라엘 일간지 〈하아레츠〉에 이런 뉴스가 실렸다.

> *2011년에는 6만 명이 넘는 서안지구 팔레스타인 관광객들이 이스라엘을 방문할 것으로 예상된다.*

> 민정사무소의 한 관계자는 "우리는 팔레스타인 사람들, 그중에서도 특히 팔레스타인 청년들이 이스라엘에는 군인과 정착민들만 있는 것이 아니라는 사실을 알게 되길 바랍니다. 무엇이든 그들이 울분을 풀고 마음을 진정하는 데 도움이 되었으면 좋겠습니다. 9월이 오면 아마도 그들은 항의 시위에 참여하는 대신, 해변으로 가게 될 겁니다"라고 말했다.
>
> 해변가에 위치한 동물원에서 가이드로 일하는 한 남성은 "생태학적 설명에 더해 동물과 인간, 그리고 인간과 인간 사이의 공존에 관한 메시지를 전달하려고 합니다. 여기에 정치적인 의도는 없습니다. 완전히 다른 분위기 속에서 팔레스타인 청년들은 동물들을 구경하는 데 빠져 있습니다. …… 이곳을 방문한 대부분의 팔레스타인 청년들은 해변에 와본 게 이번이 처음이기 때문에 이스라엘 아이들과는 사물을 바라보는 방식 자체가 다릅니다. 그들은 사파리에서 한 번도 이런 야생동물들을 본 적이 없습니다"라고 설명했다.

페니는 팔레스타인 사람들이 관광객으로 묘사되는 것을 보고 충격을 받았지만 나는 그렇지 않았다. 오슬로협약 이후 나는 스스로를 이스라엘에 머물고 있는 관광객이라 느꼈기 때문이다. 이런 생각에 저항하고 나 자신에게 그렇지 않다는 확신을 주려고 노력했지만, 별 소용이 없었다.

7월 23일

아랍의 봄이 가고 이제 팔레스타인의 여름이 온 건가? 1차 인티파다가 가능했던 이유는 가진 것이 없기에 두려운 것도 없었기 때문이다. 은행 융자도 없고 주택담보 대출도 없기에 더 이상 잃을 것이 없었다.

하지만 오슬로 협약 이후에는 모든 것이 달라졌다. 은행들이 대출을 늘리라고 유혹하며 융자를 알선해주는 바람에 이제 우리는 걸어 다니는 부채 덩어리가 되어버렸다. 그리고 예전에는 건물의 일정 지분만을 소유할 수 있었던 반면, 이제 법이 바뀌면서 아파트 한 채를 통째로 소유하는 것이 가능하게 되었다.

우리가 우리의 땅을 해방시키고 자유를 얻기도 전에 새로운 경제발전 방향이 결정된 것이다. 이는 우리의 저항운동을 끝내려는 정치적 목적을 지닌 것으로, 서구 투자자들이 제안했고 팔레스타인 자치정부의 지지를 받고 있다. 이로써 우리는 잠재적 혁명가에서 오슬로 협약 이후 문을 연 은행들의 인질로 전락해버렸다. 우린 이제 혁명적 봉기를 하기에는 잃을 것이 너무 많아졌다.

서안지구에서 채소를 파는 사람 대부분은 남부의 헤브론 지역 출신이다. 하지만 우리가 먹는 채소의 상당수와 과일 대부분이 이스라엘에서 들어온다는 사실을 오늘 아침에 나는 다시 한 번 확인할 수 있었다. 지난해 올리브 수확 이후 약 9,000그루 이상의 나무들(대부분은 올리브 나무였다)이 정착민들에 의해 훼손되거나 벌목되었다. 팔레스타인 농민들이 너무나 많은 땅과 물을 빼앗겼기 때문에 우리는 식량 대부분을 이스라엘에 의존하게 되었다. 게다가 농민들 입장에서 보면 농장에서 시장으로 생산물을 운반하는데 드는 연료비가 살인적으로 높은 상황에서도 팔레스타인 자치정부는 농민들을 돕기는커녕 그들에게 과도한 세금을 부과하고 있다. 안보 예산은 전체 예산의 35%인데 반해 농업 예산은 고작 2%에 불과한 것이 우리의 현실이다.

내가 예전에 요르단 계곡과 나란히 동쪽으로 뻗은 파라Faraa 계곡을 가로질러 다닐 때 만해도, 그곳은 각종 농작물들이 초록색 물결을 이루던 곳이었다. 하지만 지금 그곳 대부분은 황갈색 속살이 그대로 드러난 채 버려져 있다. 그중 한 곳에는 유대인 정착촌을 위한 토지를 획득하는 과정에서 군대가 어떤 역할을 하고 있는지를 보여주는 증거처럼, 그곳이 '이스라엘군의 사격훈련장'이라는 사실을 알리는 표지판만이 덩그러니 남아있다. 정착민들이 유기농산물을 재배하고 있는 곳 옆 길가에는 '유기농'이라는 표지판이 세워져 있고, 건너편에는 양어장 표지판도 보인다. 물론 그곳의 주인은 팔레스타인인들이 아니다. 예전에 자신들의 소유였던 그 땅에서 팔레스타인 농민들은 타인을 위한 농사를 지어야 하고, 농사에 쓸 물도 모자라는 상황에서 양어장을 청소해야 한다. 이처럼 땅을 빼앗긴 것도 모자라 그 땅에서 노동자로 일해야 하는 농민들의 고통을 생각하면 억장이 무너져 내리는 느낌이다.

이스라엘 사람들은 이 땅과 이 땅의 산물들에 대해 신이 자신들에게 권리를 부여했다고 믿고 있다. 땅속에 묻혀 있는 것이나 하늘에서 떨어지는 것도 마찬가지다. 이런 믿음에 근거해 그들은 팔레스타인 농민들이 관개용수 확보를 위해 농지 위쪽에 저수지를 만드는 것까지 통제하고 있다. 그들은 그저 허가증 발급을 거부하기만 하면 된다. 아마도 이는 천국에서 내려오는 빗물이 이스라엘의 배타적 통제권 아래에 있는 지하 저수지가 아닌 다른 곳으로 빠져나가서는 안 되기 때문일 것이다.

여전히 이곳 서안지구에서는 팔레스타인 농부가 생산한 달걀을 살 수 있다. 하지만 이스라엘에서는 얘기가 다르다. 이스라엘에서는 유대인이 생산한 달걀만 살 수 있을 뿐이다. 건국 이후 이스라엘은 우유와 달걀의 생산을 오직 유대인 농촌 공동체만 종사할 수 있는 '시온주의 농업 분야'로 간주해왔고, 팔레스타인 농민들은 이스라엘에서 우유와 달걀을 판매하기 위해 필요한 농업성의 허가를 받지 못했기 때문이다. 그렇게 우유와 달걀 생산에 있어 팔레스타인 농민들은 배제되었다.

7월 24일

-

라말라와 그 자매도시 비레Bireh는 동쪽과 북쪽으로 두 개의 유대인 정착촌, 사곳과 베이트 에일Beit Eil에 둘러싸여 있다. 사곳은 세속적인 공동체이고, 베이트 에일은 정통 유대교 공동체이다. 나는 최근에 사곳에서 생산되는 포도주에 관한 글을 읽은 적이 있다. 포도주는 정착민들만이 다닐 수 있는 언덕 인근 동굴에 저장된다. 그렇게 생산된 포도주는 내가 좋아하는 카베르네 소비뇽Cabernet Sauvignon 품종이다. 라말라 근처 포도밭에서 생산된 포도주가 오래된 동굴 안에서 숙성되는 과정은 낭만적이고 매혹적이다. 한때 내가 살고 있는 이 도시 주변 언덕을 뒤덮었던 포도밭을 연상시키는 강렬함도 있었다. 게다가 평판에 비해 가격이 그리 비싼 편이 아니었다. 거리도 자동차로 5분밖에 안 걸릴 만큼 가까워 포도주가 필요할 때 그곳에서 사지 않을 이유가 없는 것도 사실이다. 하지만 이 모든 장점에도 불구하고 단 하나의 결정적인 문제는 이 포도주가 불법 정착촌에서 만들어진다는 점이다.

7월 25일

7년 전 이 무렵에 국제사법재판소는 분리 장벽을 불법으로 규정하고 철거하라는 판결을 내렸다. 하지만 장벽은 계속 건설되고 있고, 이로 인해 아이들은 학교에 가지 못하고 농부들은 자신의 밭에 가지 못하며 가족들은 뿔뿔이 흩어져 살아야 한다.

이런 상황에서 이스라엘과 이집트 국경에 또 다른 철책이 세워지고 있다. 이스라엘은 사방에 벽을 둘러치고 스스로를 그 속에 가두려고 한다.

8월 1일

어머니의 두 번째 기일이다. 어머니와 어머니가 겪은 고난을 기억하는 건 시간의 흐름과 세대의 변화, 그리고 나 역시 그런 변화의 일부분임을 그 어느 때보다 절감하게 해주었다.

부모님은 이른바 '나크바 세대'였다. 두 분은 전 생애를 통해 나크바를 경험했고 그로 인해 고통스러운 삶을 살다 가셨다. 나는 사람들이 '나크세Nakseh'라고 부르는 '패배의 1967년' 세대다. 반면 현재 세대는 '오슬로 세대'다. 그들은 기만적인 화려함과 승리라는 이름으로 포장된 패배에 따르는 엄청난 대가를 치르게 될 것이다.

8월 2일

예루살렘의 정통파 유대교인들이 기독교 정교회 성직자들에게 침을 뱉기 시작했다. 이제 그리스 정교회든 아르메니아 정교회든 기독교 성직자복을 입은 사람들은 누구든 정통파 유대교인들의 공격 대상이 되었다.

한 젊은 성직자가 침을 뱉은 정통파 유대교인에게 반격을 가했고, 이스라엘 법정은 그 성직자를 처벌하지 않았다.

8월 7일

2주 전 이스라엘에서 시작된 주택가격에 대한 항의 시위가 더욱 거세지고 있다. 이스라엘에도 아랍의 봄이 찾아온 걸까?

워싱턴의 미국 의회에서 이스라엘을 가리켜 "동요도 없고 항의 시위도 없는 안정된 나라"이자 "법 앞에서 모두가 평등한 민주주의 국가"로 묘사한 네타냐후 총리의 발언에 대해서는 더 이상 언급하지 말자.

그렇다 하더라도 이번 주택 대란을 열정적으로 관찰하고 그것이 이스라엘 정부에 대항하는 저항운동의 출발점이 될 것이라 희망하는 것은 이상한 일이다. 이번 시위는 그저 저렴한 주택과 코티지 치즈를 원하는 이스라엘 유대인들의 시위였다. 그들은 자신들만의 평등을 위해 시위를 벌이고 있을 뿐이다. 그들은 이 땅을 차지한 집단의 구성원으로서 원래 땅의 주인이던 사람들을 차별하고 그 소유권을 인정하지 않는다. 게다가 그들은 유대 혈통이 아닌 이스라엘 시민들의 권리조차 완전하게 인정하지 않는 사람들이다. 그들은 순전히 자신들만을 위해서 시위를 하는 것이다. 그게 전부다. 그들의 시위는 나나 우리와는 전혀 관계가 없다. 그런데도 내가 희망을 품어야 할 이유가 있을까?

이스라엘은 내가 매력적이라고 생각했던 사회주의 이상을 안고 출발한 나라였음에도 불구하고 항상 유대인이 아닌 사람들을 차별했다. 키부츠 공동체 운동은 팔레스타인 사람들에게 강제로 빼앗은 토지 위에서 아무 거리낌 없이 평등과 사회적 정의라는 원칙을 부르짖었다.

물론 아직도 이스라엘에 관해 칭찬할 점이 몇 가지 있기는 하다. 연대의식과 국가를 조직하는 능력이 바로 그것이다. 이스라엘은 짧은 시간 안에 제대로 기능하는 국가가 되었다. 사회주의의 이상이 수많은 유대인을 그 땅에 정착하도록 이끌던 시기가 끝나자, 주택 보조금이 사회주의의 이상을 대체했다. 이스라엘이 서안지구를 점령하기 전까지 나는 이스라엘이라는 나라가 작동하는 방식에 대해 아무것도 알지 못했다. 그러다 그에 관한 공부를 해나가면서부터 갈등을 겪었다. 나는 일부 초기 정착민들이 주창했던 톨스토이식 이상에 관해 읽고 그 이상 속에 내가 전적으로 지지할만한 가치가 있다고 생각했다. 하지만 톨스토이의 이상은 결국 팔레스타인을 식민지화하고 팔레스타인 사람들을 유대인들로 대체하는 목적에 이용되었다. 그것은 톨스토이의 이상과는 정반대되는 것이었다.

이윽고 모든 것이 실제로 변했다. 식민지화 과정은 이제 서안지구로까지 확산되었고 팔레스타인 사람들로부터 강탈한 땅 위에 아리엘 같은 정착촌이 건설되었다. 이제 이스라엘은 더 이상 스스로를 사회주의 이상향으로 홍보하지 않고, 중산층을 위한 안락한 천국으로 묘사하는 쪽을 택했다. 이곳에서 각 가정은 자신들이 필요로 하는 땅과 신선한 공기, 멋진 경관, 수영장을 가질 수 있다. 그리고 이제 그 땅에서 팔레스타인의 흔적은 대부분 찾아볼 수 없게 되었다.

8월 9일

—

오랫동안 내가 두려워하던 일이 결국 벌어졌다. 모두 42명의 내각 각료들과 이스라엘 국회의원들(이들 모두는 로비 단체인 '에레츠 이스라엘'의 구성원들이다)이 전국을 휩쓸고 있는 주택 위기를 해결하기 위해 총리가 나서서 서안지구와 예루살렘에 주택건설을 추진해달라고 요청하는 청원서에 서명한 것이다. 이미 2011년 상반기에만 정착촌 주택건설 착공이 500% 증가한 상황임에도, 정착민들은 네타냐후 총리에게 서안지구 전역에 모두 4,500채의 주택을 서둘러 건설해달라고 요구하고 있다. 총리를 향한 한 정치 광고는 이렇게 말한다.

> 이 문제에서 유일한 장애물은 당신과 국방부 장관의 서명입니다. 당신이 서명만 한다면 우리는 4,500가구의 주택문제를 해결할 수 있습니다.

이상한 상황이다. 하지만 내부의 모순은 아직 드러나지 않았고 부당하게 이용되고 있다. 이스라엘 정부는 정착민이라는 집단에게는 보조금이 지급되는 주택과 인센티브를 제공하면서도, 서안지구의 정착촌에서 식민주의자로 살기를 원하지 않는 사람들에게는 적절한 주택을 제공하려 하지 않는다. 그런데도 항의운동에 참여하는 사람들은 이런 모순적인 정책에 대해서는 아무런 문제를 제기하지 않고 있다. 그들은 정착촌에 관한 불법적인 정책에 관해 함구한 채, 정부를 향해 자신들의 요구를 실현해 달라 외치고 있다. 그들은 양쪽 모두 가지길 원하는 것이다.

8월 11일

지난해 칸 극장에서 나는 이스라엘 사람들이 왜 아랍어로 말하는 것을 배우지 않느냐고 문제를 제기한 적이 있다. 하지만 당시 나의 문제 제기는 완전히 논점을 벗어난 것이었다. 나는 지금 막 이스라엘의 집권 연합과 야당 국회의원들이 새로운 기본법안을 의회에 제출했다는 소식을 들었다. 이 법률안은 이스라엘에 대한 정의를 '유대, 민주 국가a Jewish and democratic state'에서 '유대인을 위한 조국National home for the Jewish people'으로 대체하는 내용을 담고 있었다. 그들은 또한 인구의 4분의 1 이상이 사용하고 있고 이스라엘의 공식 언어 중 하나인 아랍어를 제거하는 방안을 제시하고 있다. 거리와 도로 표지판의 아랍어 표기 의무를 없애고 영어와 히브리어로만 표기함으로써 공공장소에서 사람들이 아랍어 표기를 봐야 하는 '수모'를 덜어주겠다는 것이었다. 이는 이스라엘에 수백만의 아랍인들이 함께 살아가고 있다는 사실을 완전히 부정하겠다는 의미다.

8월 12일

팔레스타인 점령지에 많은 수의 불법 유대인 정착촌을 건설하는 데 있어 가장 중요한 역할을 했던 이스라엘의 대통령 시몬 페레스는, 이스라엘을 방문한 미 의회 대표단 가운데 한 사람에게 아주 절제된 표현으로 말했다.

"평화가 장애물에 부닥치고 있습니다."

그럼에도 그는 여전히 평화가 성취 가능하다고 믿고 있다. '늘 그렇듯이.'

8월 13일

-

동독 정부가 '반파시스트 보호 조치'라고 완곡하게 표현했던 장벽이 건설된 지 정확히 50년이 지났다. 오늘 정오에는 독일 전역에서 1분간의 묵념이 이뤄졌다. 우리는 언제쯤 그런 묵념을 해볼 수 있을까?

9월 11일

-

어제는 페니와 함께 사해에 있는 유황온천에 다녀왔다. 사해로 가는 도중에 나는, 이스라엘 국민 역시 다른 국민과 별반 다르지 않다는 생각을 했다. 착한 사람이 있으면 나쁜 사람도 있는 법. 사악함을 조장하는 건 정치체제일 뿐이라고 말이다.

이스라엘에서는 좀더 극단적이고 우파적인 정치인들만이 살아남는다. 온건하거나 장기적인 전망을 지닌 정치인에게는 아무런 보상이 없다. 그리고 지금, 이런 현실을 가장 무섭게 보여주는 것은 이란과의 전쟁을 부추기는 목소리다. 네타냐후는 팔레스타인과의 협상에서 자신이 곤경에 처했다는 걸 인식하고 관심을 다른 데로 돌릴 필요가 생겼다. 만약 이란과의 전쟁이 실제로 벌어진다면 우리는 실로 엄청난 위험에 직면하게 될 것이다. 한 칼럼니스트가 지적했듯이 유일한 위안은 그들이 정말 전쟁을 원한다면 전쟁에 관해 이렇게 많이 떠들지는 않을 거라는 점이다. 그들은 이란에 대한 보다 강력한 제재를 위해 전쟁을 위협용 카드로 활용하고 있는 건지도 모른다.

9월 12일

오늘 내 차의 배터리가 다 됐다. 다행히 다른 차의 배터리와 연결해 시동을 건 뒤, 자동차를 정비소에 맡기고 택시를 타고 집으로 돌아왔다. 돌아오는 길에 택시 기사는 아침에 라디오 방송을 듣다가 흘러내리는 눈물을 참을 수 없었다고 말했다. 오랫동안 감옥에 갇혀 있는 아들을 면회하러 갔던 한 어머니가 새로운 첨단기기에 관해 얘기했는데 아들이 모르더라는 얘기였다. 택시 기사는 이렇게 말했다.

"이런 장기수들은 페이스북을 아마 음식의 한 종류로 생각할 겁니다. 휴대전화와 같이 우리가 쓰고 있는 많은 전자 기기들이 대중화된 건 최근 10년 사이의 일이니까요. 젊은 나이에 체포된 사람 중에서 일부는 감옥 안에서 그대로 늙어가고 있는데도 그들이 석방될

조짐은 전혀 보이지 않네요."

택시 기사와 나는 이스라엘 교정 당국이 채택한 새로운 조치들에 대한 이야기로 대화를 옮겨갔다. 이스라엘 교정 당국은 많은 수감자를 독방에 가두고 그들이 대학교육을 받을 권리를 인정하지 않는다. 뿐만 아니라 면회를 제한하고 하루 한 시간만 운동을 허용하며 수감자들이 변호사를 만날 때면 수갑을 채운다. 정말 견디기 힘든 조치다.

저녁을 먹기 위해 라말라에 새로 문을 연 식당에 갔다. 편안한 분위기 속에 앉아 있다 보니 조만간 대중적인 시위가 벌어질 가능성이 있다는 걸 상상하기 어려웠다. 그러나 1차 인티파다 직전에도 나는 똑같은 생각을 했었다. 하지만 불과 며칠 사이에 모든 것이 변했었다. 수감자들은 새로운 조치들을 받아들이지 못하고 투쟁에 나설지도 모른다. 그렇게 되면 그것이 대중적 저항을 촉발시켜 새로운 인티파다로 이어질지도 모르고 말이다. 우리가 살고 있는 이 위태로운 지역에서는 모든 것이 가능하다.

9월 13일

—

오사마 빈 라덴Osama bin Laden의 지지자들이 뉴욕에서 자행한 끔찍한 공격의 여파가 지배하던 지난 10년이 비로소 끝나가고 있다는 것은 얼마나 다행스러운 일인가. 2002년 라말라에서 이스라엘인들에게 폭력을 행사한 사람들처럼 쌍둥이 빌딩을 파괴한 사람들 역시 범죄자이며 최악의 살인자들이다. 이것은 전쟁 행위가 아니다. 하지만 한편으로는 범죄자에 맞선 정당한 투쟁을 부르짖으면서, 순전히 일부 소수의 범죄행위를 지역 전체에 뒤집어씌우는 건 쟁점을 흩트리고 언어와 정신을 부패시키는 데 기여할 뿐이다. 뿐만 아니라 이 같은 맹목적인 대응은 편협함과 차별을 조장하고 스스로가 비난했던 똑같은 테러를 한층 더 증폭시키기 쉽다. 또한, 이스라엘은 정치언어를 오염시키는데 실질적으로 기여한 책임이 있다. 1970년대 이래로 이스라엘은 점령에 저항하는 모든 사람을 '테러리스트'로 부르고 있다. 그러나 실제 테러는 물론이고 상상 속 테러 위협의 수혜자들은 이스라엘의 거물 기업가들이다. 일례로 오늘날 이스라엘 보안 회사들은 보안 장치와 시스템을 설계, 제작, 판매하는 세계 시장에서 약 4%의 비중을 차지하고 있다.

9월 14일

오늘 아침 사무실로 향하는 합승택시 안에서, 1988년 11월 15일 팔레스타인 국가를 선포하던 아라파트의 육성녹음을 들었다. 이날로부터 3일 뒤에 페니와 내가 결혼을 했기 때문에 그 날짜는 내 머릿속에 각인되어 있다. "우리들의 팔레스타인 땅 위에 예루살렘을 수도로 하는 팔레스타인 국가를 세운다"는 문장의 심리적인 영향은 어마어마한 것이었다. 왜냐하면, 수십 년 동안 이스라엘은 팔레스타인 국가와 팔레스타인 사람들의 존재를 부인하기 위해 자신들이 할 수 있는 모든 걸 다해왔었기 때문이었다.

유엔에 대한 팔레스타인 국가 승인 요청에 관해 내가 얘기를 나눠 본 사람들은 대부분 회의적인 반응이었다. 초점을 흐리는 술책이라는 것이다. 그들은 이미 영토의 상당 부분을 이스라엘이 가져갔고 유엔 결의가 이것을 바꾸지 못할 것이라는 점을 알고 있었다. 50대 후반의 한 건축가는 내게 "중요한 것은 우리를 쫓아내려는 이스라엘의 시도에 우리가 어떻게든 저항해왔다는 사실"이라고 말했다.

"심지어는 우리가 건설한 건물들도 튼튼합니다. 우리는 태풍에 쉽게 날려가는 조잡한 자재가 아니라 돌로 건물을 짓습니다. 우리는 살기 위해 이곳에 있고, 아무리 짓밟혀도 다시 일어선다는 걸 증명했어요. 44년의 가혹한 점령 기간도 우리를 어쩌지 못했다면, 앞으로 그 무엇도 우리를 이 땅에서 몰아내지 못할 겁니다."

때로는 상황이 뒤바뀌기도 한다. 지난주에는 터키 항공편을 이용해 텔아비브에서 이스탄불로 가던 이스라엘 여행객 40명이 터키 경찰에 의해 여권을 압수당하고 몇 시간 동안 억류되어 조사를 받은 사건이 있었다. 경찰은 그들의 가방을 열어 검색하고 터키 방문 이유와 보유하고 있는 현금 액수, 노트북 컴퓨터에 뭐가 들어있는지 등을 물었다. 이스라엘 당국은 이 사건이 최근에 있었던 일에 대한 보복조치라고 생각하고 있다. 얼마 전 벤구리온 공항에서 터키 시민들이 이스라엘 경찰로부터 똑같은 취급을 당했기 때문이다.

팔레스타인 사람들은 이스라엘에 입국할 때마다 갖은 고통과 모욕을 당해왔지만, 이스라엘인들의 입국을 허가했던 어떤 아랍국가도 이런 방식으로 이스라엘 사람들을 취급하지는 않았다. 이스탄불 사건이 있기까지 이스라엘 사람들은 자신들이 팔레스타인 아랍인들과 이웃 국가들의 무슬림들을 함부로 대한 것으로 인해 대가를 치를지도 모른다는 점을 한 번도 생각해보지 못했던 것이다.

저녁에 페니와 나는 지붕 위에 앉아 음료를 마시며 일몰을 지켜봤다. 우리는 집이 언제쯤 완성될지를 걱정하며 기초공사를 마친 땅 위를 숱하게 걸어 다녔던 일을 떠올렸다. 지금 우리는 이 집에서 14년째 지내고 있다. 정원의 나무 꼭대기들과 집 뒤에 있는 올리브 과수원까지, 지붕에서 바라본 라말라는 그나마 봐줄 만했다. 처음 우리가 이곳으로 왔을 때 텅 비어 있던 주변 언덕들에는 건물들이 빼곡히 들어찼고, 멀리서 점점 더 많은 정착촌들이 주변 언덕 꼭대기를 채워가는 모습도 눈에 들어왔다.

해가 지기 시작하자, 마치 해에게 작별인사를 하듯 바람의 속도가 빨라졌다. 이윽고 바람은 잔잔해졌고 초승달이 떠올랐다. 동네 작은 귀퉁이를 차지하고 있는 우리 집 주변에는 아직 고층 건물들이 들어서지 않아 지중해 해안으로 이어지는 모든 길을 볼 수 있다. 어둠이 깔리면서 불빛들이 하나둘 반짝이기 시작한다. 오늘처럼 날씨가 맑은 저녁에는 전망이 환상적이다.

9월 15일

어제 저녁 페니와 나는 이제 80줄에 접어든 소중한 이스라엘 친구 주디 블랑Judy Blanc과 식사를 함께했다. 1980년대 초반, 그녀와 나는 당시에도 지금처럼 쟁점이 되던 정착촌과 점령에 관한 유럽의 여론을 환기하기 위해 강연 여행을 함께 다녔었다. 평생을 활동가로 살아온 그녀는 아직도 시위에 참여하고 실현 가능한 목표가 무엇인지 고민하고 있었다. 그녀는 분리장벽에 반대하는 젊은 활동가들을 지지하고 쉐이크 하라Sheikh Jarrah 정착민들에 대항하는 투쟁에도 참여하고 있음에도 불구하고, 텔아비브의 저항을 바라보는 관점은 누구보다 비관적이었다. 매사에 스스로 직접 확인해야 직성이 풀리는 성미의 주디는 시위대들에게 가서 대화를 나눠 본 뒤 그들이 자신들의 물질적인 이해관계를 뛰어넘어 움직이지는 않을 거라는 확신을 갖고 돌아왔다. 주로 중산층인 그들의 이해관계는 같은 처지에 놓인 팔레스타인 시민들이나 점령지 경계선 너머에 있는 사람들의 그것과는 전혀 접점이 없다는 것이다.

9월 16일

이스라엘 기업 트누바Tnuva의 코티지 치즈 가격 인상에 반대하는 대규모 시위가 시작되었다는 얘기를 들었다. 조금 전에 나는 그 문제의 제품을 시식해보았고, 결과는 실망 그 자체였다. 독특한 풍미가 없어 좋은 제품이라고 하기는 어려울 것 같다는 생각이 들었다. 하지만 이 사건으로 인해 나는 이스라엘 대중들이 언제 어떤 일로 들고 일어서는지에 관해 교훈을 얻게 되었다. 지금까지와는 달리, 점령을 지속하는 행위가 평균적인 이스라엘 사람들에게 경제적으로 이익이 되는 것이 아니라 피해를 주기 시작한다면 어떻게 될까? 코티지 치즈 가격이 이런 소란을 이끌었다면 점령이 이스라엘 쪽에 대가를 지불하게 만들기 시작할 경우에는 이보다 훨씬 더한 일도 벌어질 수 있지 않을까?

유엔의 팔레스타인 국가 승인 결정이 다가옴에 따라 많은 언론 매체에서 내게 점령지역 내의 팔레스타인 국가가 여전히 가능하다고 생각하는지를 물어왔다. 나는 언론인들이 질문을 던지는 방식을 들으며 우리가 얼마나 현재 상황에 갇혀 있는지를 깨달았다. 그들은 평화가 찾아온 이후에도 모든 것이 현재와 같을 것이라고 전제하고 있었다. 검문소들과 폐쇄된 국경들은 모두 그대로일 것이고 증오와 분노도 마찬가지일 것이라고 말이다. 사람들은 자신들의 마음을 미래로 확장시키지 못하고 현재의 한계를 넘어 생각하지 못한다.

1979년에 당시 총리이던 메나헴 베긴은 어떤 이스라엘 정부도 '유대와 사마리아'+를 포기하지 못하는 그런 정치 현실을 만들고 싶다고 말했다. 어쩌면 그는 성공한 것처럼 보인다. 하지만 이는 '정착촌을 철수시키는 건 불가능하다.'는 우파들의 주장이 심리적인 효과를 발휘하고 있기 때문일 뿐이다.

프랑스가 100만 명이 넘는 프랑스 시민을 알제리 밖으로 이주시킬 수 있었다면 이스라엘이 45만 명의 주민들을 이주시키지 못할 건 뭔가? 더구나 이들 중 다수는 정착촌 바깥에 또 다른 집을 보유하고 있는 사람들인데 말이다. 물론 그들이 그래야 한다면, 또는

+ 서안지구에 대한 성서상의 지명.

생존을 위해 그것이 필요하다고 생각한다면 이스라엘은 그렇게 할 수밖에 없을 것이다.

9월 17일

이스라엘군이 서안지구에서 법을 집행하고 이스라엘의 기준에서도 불법적이라 여겨지는 정착촌을 제거하기 위해 취하는 행동에 맞서, 정착촌 주민들은 자신들을 지지하지 않는 이스라엘 유대인들과 팔레스타인 사람들에게 그 대가를 치르게 하고 있다. 이는 왜곡된 정의감이다. 그들은 이것을 '가격표' 정책이라고 부른다. 군대가 행동을 취할 때마다 정착민들은 팔레스타인인들의 재산을 파괴하고 그들을 죽임으로써 대가를 치르게 하고, 때때로 동료 이스라엘인들에게 폭력을 행사하기도 한다. 오늘은 군인들이 미그론Migron 전초 정착촌+에서 이동식 주택을 제거하기 시작한 직후, 정착민들이 열두 대의 이스라엘 군용 차량을 공격하는 사건이 발생했다. 뒤이어 예루살렘에 있는 유명한 이스라엘 좌파 활동가의 집에는 '반역자들에게 죽음을!', '미그론에 대한 가격표다!'와 같은 낙서가 휘갈겨졌다. 우리 팔레스타인인들과 이스라엘군, 그리고 이스라엘 민중이 한배에 타고 있는 보기 드문 순간이다.

+ 유대 극단주의 조직들이 이스라엘 정부의 승인 없이 서안지구에 무단으로 건설한 소규모 정착촌을 전초 정착촌이라 부른다. 거주자들은 수십에서 수백 명 단위로 무리를 지어 주로 바퀴가 달린 이동식 주택에서 생활하는데, 이스라엘 정부의 묵인 하에 팔레스타인 주민들을 감시하기 위한 전초기지이자 대규모 정착촌을 늘려가기 위한 꼼수로 활용되고 있다.

9월 18일

무와틴 연례회의에서 지금 막 돌아왔다. 오랫동안 이 회의가 팔레스타인이라는 우리 자신의 작은 세계와 관련된 것이었다면, 이제는 사정이 바뀌었다. 이번 회의에서는 아랍의 봄이 팔레스타인에 미친 영향, 그리고 팔레스타인의 대의가 아랍 국가들에 미친 영향에 관한 주제가 논의되었기 때문이다. 그렇게 우리의 지평은 넓어지고, 아랍세계와의 연계도 강화되고 있다.

발표자 가운데 한 사람은 민중의 새로운 탄생을 가능하게 만드는 조건은 100년에 한 번 정도밖에 오지 않는다고 말했다. 반드시 잡아야 하는 드문 기회라는 것이다. 지금 아랍세계에서 벌어지고 있는 것은 일련의 혁명이다. 이 혁명은 정당이나 전통적인 정치 지도자들에 의해 촉발된 것도 아니고 그들이 지도한 것도 아니다. 지난날엔 쿠데타는 많았으나 혁명은 없었다. 그는 또한 아랍세계의 변화가 팔레스타인 국가와 팔레스타인 해방이라는 대의에 인질처럼 속박되어 왔다고 지적했다. 팔레스타인-이스라엘 갈등이 변화를 가로막는 장애물로 이용되었다는 것이다. 하지만 이번 혁명으로 인해 아랍 국가들은 이런 속박에서 해방되었다. 지금까지는 팔레스타인이 언제나 일차적인 과제였고 아랍 국가들의 변화는 그다음이었다. 그런데 혁명이 이런 상황을 바꿔버린 것이다.

어젯밤 팔레스타인 자치정부 수반인 압바스는 유엔총회에 먼저 국가 승인 요청을 하고, 그 이후 안전보장이사회에 국가 승인 요청을 할 것이라는 점을 분명히 밝혔다. 압바스 수반은 교장 선생님 분위기가 풍긴다. 이런 이미지에 충실하게 그는 지난 2년 동안 우리가 팔레스타인을 발전시키고 잘 운영되는 국가로 변모시키기 위해 얼마나 노력했는지를 묘사했다. '우리는 드디어 숙제를 해냈다!'는 것이다. 그런 다음 그는 이스라엘이 우리에게 폭력을 행사할 수 있는 어떤 핑계도 주지 않도록 시위를 벌일 때 폭력을 사용해서는 안 된다고 말했다. 압바스는 우리에게 선생님을 화나게 하지 않는 착하고 품행이 바른 소년 소녀들로 계속 남아야 한다고 훈계하고 있었다. 다시 말해 그는 우리 모두가 그동안 잘 처신해왔고 열심히 공부해왔으며, 모든 시험을 통과하고 모든 규칙을 잘 따랐다고 말하고 있는 것이었다. 우리는 이제 반기문 사무총장이 건네줄 좋은 학점과 성적표를 받을 자격이 있다. 이 세상에 정의라는 것이 남아 있다면 말이다.

도시 전역에 유엔에서의 팔레스타인 국가 승인 요청을 알리는 아랍어와 영어 광고판들이 여기저기 등장했다. 무카타 근처의 이르살 거리에 세워진 광고판에는 엉터리 영어로 이렇게 적혀 있었다.

Statehood is our right, Freedom is our desting(국가 승인은 우리의 권리, 자유는 우리의 '운맹').

어차피 지역 주민들을 대상으로 한 건데, 왜 굳이 힘들게 영어를 썼을까? 그것도 철자가 틀린 영어를 말이다. 그리고 또 다른 광고판에는 이렇게 적혀 있었다.

이제 팔레스타인이 유엔의 194번이 될 차례다.

그렇다. 이제 팔레스타인은 유엔에 가입하는 194번째 국가가 될 것이다. 하지만 1948년 12월 11일 유엔 총회의 결의안 또한 194호였다는 사실을 아는 사람은 거의 없다. 결의안의 내용은 다음과 같았다.

> 집으로 돌아가 이웃들과 평화롭게 살기를 원하는 난민들은 가능한 한 빠른 시간 안에 귀환이 허용되어야 하며, 귀환을 원하지 않는 사람들에게는 두고 온 재산에 대한 보상이 이뤄져야 한다.

물론 이것은 다른 많은 유엔 결의안들과 마찬가지로 실행에 옮겨지지 않았다.

전 세계를 돌고 있는 유엔총회의 팔레스타인 의석 모형이 뉴욕에 곧 도착할 것이라는 소식을 들었다. 축하할 일이다!

9월 19일

사무실에 있을 때 암만의 아들리 디르할리Adli Dirhali에게서 전화가 왔다. 우리는 마치 둘 다 자파를 잘 알고, 심지어 지난주에도 그곳에 있었던 것처럼 자파에 관해 얘기를 하기 시작했다. 1936년생인 그는 자파에 대해 모든 걸 기억하고 있었다. 그가 전화를 한 이유는 그가 최근에 내 책《내 집을 차지한 이방인Strangers in the House》을 읽었기 때문이었다. 그는 개정판이 곧 나올 계획인지 물었고, 나는 그가 왜 개정판에 관심을 두는지 이유를 알고 싶었다. 그는 리볼리 극장Cinema Rivoli에 관한 언급을 책에서 삭제해야 한다고 설명했다. 그런 이름을 가진 극장은 자파에 없었다는 것이다. 자파에 있었던 극장은 알함브라Al Hambra, 엘파루크 엘라쉬드El Farouk El Rashid, 나빌Nabeel, 엘샤크El Shark(액션 영화를 상영했다), 그리고 알투키Al Touik(자파에 문을 연 첫 극장이었다) 등이었다. 아폴로 극장은 파괴되었다.

그런 다음 그는 내게 VIP들의 카페였던 카흐왓 아부 샤쿠쉬Kahwat Abu Shakoush에 관해 얘기했다. 카흐왓 아부 샤쿠쉬는 스스로를 '마스라 와 카흐와Masrah wa Kahwa', 즉 '무대와 까페'라고 불렀다. 그곳에서 움 칼툼Um Kalthoum 같은 유명한 가수들이 공연을 했기 때문이었다. 그는 나의 아버지가 카페를 즐겨 찾았다는 말도 덧붙였다. 반면 카흐왓 엘 투이우스Kahwat el Tuyus는 할 일 없이 빈둥대는 사람들과 오렌지 과수원을 임대해서 돈을 벌기 때문에 역시나 일 년 내내 별달리 하는 일이 없는 사람들을 위한 카페였다.

나는 그에게 자파에 있던 아버지의 법률사무소 주소를 알고 있는지 물었다. 마침 그는 정보를 갖고 있었다.

"법률사무소는 이스칸다르 아와드Iskandar Awad 거리 아니면 비스트리스Bistriss 거리에 있었을 걸세. 둘 다 똑같은 길에서 갈라지거든."

전화를 끊은 뒤 나는 기원후 70년 로마 황제 티투스Titus가 유대 사원을 파괴한 사건에 대해 사이먼 골드힐Simon Goldhill이 썼던 글을 떠올렸다.

유대교의 고대 율법인 미슈나의 열 번째 경전 미돗Tractate Middoth은

헤롯 사원의 치수를 큐빗+ 하나하나까지 그대로 재연하고, 건물의 지도를 따라 각각의 방들의 쓰임새를 기록하고 있다. …… 지도는 단지 우리 후대 사람들을 위해 그려놓은 게 아니다. 그것은 망각의 위험을 기억이라는 행위로서 물리치려는 장치이다. 즉 연구를 통해 파괴된 사원을 기억하라는 것이다.

파괴된 사원이 종교적으로 독실한 유대인들에게 그랬던 것처럼, 자파는 쫓겨난 팔레스타인 사람들에게 가상의 기념물이 되었던 걸까?

어머니가 돌아가신 뒤 아버지의 서류를 뒤져보다가 1948년 부모님이 집을 떠나있는 동안 집 관리를 부탁했던 사람에게서 받은 편지 한 통을 발견했다. 아버지는 당신이 결코 집을 되찾지 못할 것이라는 걸 몰랐음이 틀림없다.

하이파에 사는 세속적인 주민들 역시 자파의 현재 주민들처럼, 조금씩 잠식해 들어오는 정통 유대인 정착촌들을 걱정하고 있다. 2주 전에 그들은 시 당국이 극단적인 정통 유대교 단체인 하레디Haredi에 커뮤니티센터 용도로 이웃 주거지를 할당해줄 계획이라는 소식을 접했다. 종교와 무관한 어린이집 두 곳 근처에 극단적인 유대교 성향의 어린이집을 설립하는 방안도 논의 중이다. 그 동네에 살고 있는 하이파 대학University of Haifa 교수 요시 벤 아르치Yossi Ben Artzi는 시 당국의 그런 행동에 대해 "오랫동안 동네에 살아오던 주

+ 고대에 사용되던 길이 단위의 하나. 손가락 끝에서 팔꿈치까지의 길이로 약 45cm.

민들을 네베 샤아난Neveh Sha'anan에서 떠나게 만들 것이다. 이것은 네베 샤아난을 브네이 브락Bnei Brak 같은 극단적인 정통 유대교 도시로 바꾸는 과정이다. 나는 그들이 살아갈 장소가 필요하다는 사실을 부정하는 것이 아니다. 하이파에는 하다르Hadar 저지대 전체와 와디 살리브Wadi Salib 같이 버려진 동네가 있다"고 말한다.

그곳은 나의 외할머니 가족들이 1948년에 추방되기 전까지 살았던 장소다. 이스라엘 세속주의자들은 이 지역이 정통 유대교인들 손에 들어가는 걸 원하지 않지만, 그렇다고 이 '버려진' 지역을 원래 주인이었던 팔레스타인 사람들에게 돌려주라는 이야기는 결코 입에 담지 않는다.

9월 20일

올리브나무와 무화과나무를 자르고, 죽이고, 태우고 또 땅을 빼앗는 사건들과 더불어 정착촌을 병합해야 한다는 정부 내 우파들의 요구가 매일 같이 끊이지 않고 있다. 오늘 아침에는 라바바Ravava 정착촌에서 온 정착민들이 카라와 베니 후산Karawa Beni Hussan 마을 서쪽 와디 아부 드라스Wadi Abu Dras의 올리브나무와 무화과나무 500그루를 전기톱을 이용해 베어냈다. 그런 다음 서안지구 북쪽의 깔낄리야Qaqilya 시에 있는 올리브 과수원들에서는 방화 사건이 발생했다. 과수원들이 있는 곳은 분리장벽 때문에 이스라엘 쪽에 편입된 지역이었다. 초핌Tzofim 정착촌 주민들이 방화를 저질렀을 가능성이 아주 높았으나, 팔레스타인 소방관들의 화재진압은 허용되지 않았다.

정착민들은 또한 팔레스타인 마을들에 밀고 들어가 주민들을 위협하려 하고 있다. 그들은 아세라Assera와 오리프Oreef 마을에서 각각 14살과 18살 소년 두 명을 사살했다. 이런 사건들을 기록해온 '침묵 속에 죽어가는 걸 거부한다We Refuse to Die Silently'라는 이름의 한 팔레스타인 단체에 따르면, 이스라엘군의 보호 아래 40명의 정착민 무장대가 두 마을에 진입하려고 시도하다가 마을 사람들에 의해 저지당하자 가옥 한 곳에 화염병을 던졌다고 한다. 정착민들은 또한 야비드Yabid 마을에서도 똑같이 진입을 시도했다. 그들은 제닌Jenin에서 400그루의 나무를 불태웠고 깔낄리야에서 90두남의 토지에 불을 질렀다.

정착민들과 그들이 속한 단체들은 이렇게 말한다.

"이곳은 우리 땅이다. 우리 땅을 지키기 위해서는 어떤 행위도 정당화된다. 우리는 끝장을 봐야 한다."

이것이 만약 거대한 연극이라면 우리는 대단원에 접근하고 있다. 관객들, 다시 말해 전 세계는 갈등하는 두 세력 가운데 어느 편에 설 것인지, 그리고 한쪽의 승리에 박수를 보낼지 비난할지에 대해 선택을 강요받게 될 것이다.

유출된 이스라엘 정부의 내부 문건에 따르면, 이스라엘 군부대들에는 정착촌에 가까이 접근하는 팔레스타인 시위대의 다리를 사격하라는 지침과 함께 서안지구의 이스라엘 정착촌 주변에 빨간 선이 그려진 지도가 지급되었다고 한다.

이 지침은 비무장 시위와 폭력적인 공격을 구분하지 않는다. 그러므로 평화적인 시위대라 할지라도 '선'을 넘을 경우 다리에 총격을 당하게 된다. 하지만 팔레스타인 사람들은 그 '선'이 어디에 그어져 있는지 전혀 알지 못한다.

서안지구에서 이스라엘 정착민들이 고용한 민간경비원들은 이스라엘군이 실시하는 훈련에 참여하고 있다. 여기서 이들은 치명적인 폭력과 비군사적인 폭력 모두를 사용해 시위를 진압하는 방법을 배운다. 정착촌 경계 밖에서 팔레스타인 시위자들을 상대하는 일은 정착촌 경비원들의 권한을 넘어서는 일이지만, 이스라엘군은 향후 벌어질 시위에 대비해 경비원들이 이스라엘 군대의 일부로 활동하는 것을 인가해주고 있다.

유출된 문서에는 또한 이스라엘군이 "이스라엘의 국경들과 울타리 근처에서 발생하는 사건들을 다루기 위한" 광범위한 준비를 하고 있다는 언급도 포함되어 있다. 그러나 이스라엘은 1948년 건국 이래로 자신들의 국경을 확정한 적이 단 한 번도 없었다. 그러므로 "국경들"에 대한 언급은 이스라엘 정착촌의 테두리를 언급하는 것처럼 보인다.

이와 관련한 가장 최근의 작전은 '여름 씨앗 작전Operation Summer Seeds'이라 명명되었고, 이름 자체에서 지난 2006년 여름 4만 개의 시위진압용 폭음탄과 함께 실전용 미사일들을 가자 지구에 퍼부었었던 '여름비 작전Operation Summer Rains'과 비슷한 불길함이 연상되었다. 지난 10년 동안 그와 유사한 대규모 작전은 최소한 6차례 이상 벌어졌다. 지난 2002년 이스라엘군이 서안지구 도시들을 침공할 당시에는 '방어용 방패 작전Operation Defensive Shield'이라는 이름을 붙였다. 그 뒤 2004년 5월에는 '무지개 작전Operation Rainbow', 2004

년 10월에는 '참회의 날 작전Operation Day of penitence'이 있었다. 2006년 이후에는 가자지구를 겨냥한 '여름비 작전'이 있었고, 2008년에는 역시 가자지구를 겨냥한 '뜨거운 겨울 작전Operation Hot Winter', 그리고 2009년에 이뤄진 대규모 공격 '캐스트 리드 작전Operation Cast Lead'이 뒤따랐다. 그런 다음 분위기 전환을 위해 지중해에서의 국제구호선단을 향한 작전에는 '해풍 작전Operation Sea Breeze'이라는 이름이 붙었다.

이스라엘군이 1948년부터 2007년 사이에 감행한 작전에 붙인 이름을 연구한 한 분석가는, 작전명의 60% 이상이 자연 세계나 성경을 암시하는 것들이었으며, 이런 은유적인 이름들은 군사작전이 자연의 힘 또는 신의 뜻이라는 걸 내비치려는 의도를 지니고 있다고 밝혔다. 연구를 진행했던 예루살렘 하다사 대학Hadassah College과 바르 일란 대학교Bar-Ilan University 소속 달리아 가브릴리-누리Dalia Gavriely-Nuri는 이렇게 말한다.

"군사적인 이름 붙이기는 각각의 작전에 수반되는 인명피해와 경제적 손실 같은 원치 않는 측면들을 흐리게 만들기 위한 단순하고도 유용한 메커니즘입니다. '첫 비 작전Operation First Rain'이나 '벼락 작전Operation Lightning Strike' 같은 이름은 이 작전들이 여론의 검증이 필요 없는 '불가피한 자연적인 사건'이라는 점을 암시하지요."

한편, 남부 헤브론 지역에 있는 키르야트 아르바Kiryat Arba 정착촌에서는 신설 문화센터(북쪽의 아리엘 문화센터와 경쟁을 하게 될 것이다)의 개장을 알리는 축하 행사가 벌어졌다. 행사에는 몇몇 유명 정치인들이 참석해 연설을 하기도 했다. 그러나 이스라엘의 많은 예술가들은 이 문화센터에 반대하고 있다. 이에 대해 키르야트 아르바 정착촌 협의회의 한 구성원은 이곳에서 공연하기를 거부하는 "텔아이브 국가 출신의 어떤 반역자 앞에서도 발기인들이 굽실거리는 일은 없을 것"이라고 말했다. 그들 사이의 간극이 워낙 벌어지다 보니 이제는 텔아비브를 별개의 국가로 간주하는 지경에까지 이르렀나보다.

9월 21일

라말라의 중심가를 따라 걸었다. 포장도로는 확장되었고, 도로를 따라 매력적인 신형 신호등이 설치되었으며, 인도는 차도와 쇠사슬로 분리되었다. 지금은 쇠사슬에 익숙해졌지만, 처음 그것을 봤을 때는 정말이지 충격이었다. 무단 횡단하는 보행객을 없애려는 시 당국의 이런 노력에도 불구하고, 사람들은 여전히 달리는 차들 사이로 걸어 다닌다. 이런 곳에서 운전하기는 정말 힘들다. 루카브Rukab의 아이스크림 가게처럼 몇몇 가게들은 내가 어릴 때부터 있던 것들이다. 하지만 그 가게들도 모두 깔끔하게 새 단장을 마친 상태였다. 내가 기억하는 옛 모습을 그대로 유지하고 있는 건물은 퀘이커 교도들의 예배당뿐이다.

또 다른 변화는 자동차가 속도를 내고 다닌다는 것이다. 예전에는 차들이 라말라 거리를 기어가다시피 했다. 지금은 차들이 쌩하고 지나간다. 이와 관련해서는 여러 가지 이유가 있다. 이제 도로에는 더 이상 움푹 팬 곳이 없다. 곧고 넓은 도로들이 개통되고 신호등이 설치되었다. 이스라엘 점령 하에서는 보안상의 이유로 신호등 설치가 허용되지 않았다. 군용 지프와 정착민들의 차가 도로 위에 정지할 경우 안전상 위험하다고 여겼기 때문이었다. 빠르게 달리는 차들은 또한 질서에 대한 신뢰가 더 커졌다는 것을 반영한다. 다른 사람들도 규칙을 지킬 것이라는 믿음이 있기 때문에 속도를 내서 달릴 수 있는 것이다.

운전습관을 보고 그 사람의 성격을 상당 부분 알 수 있는 것처럼, 차량 흐름이 얼마나 질서정연하고 운전자들이 어떻게 행동하는가를 통해서 한 사회의 상태를 읽을 수 있다. 이스라엘 운전자들은 마치 자신들이 탱크를 몰고 있는 것처럼 행동한다. 그들이 도로 위에 있는 사람들을 의식하지 않고 위험하게 운전하는 바람에 그들이 치렀던 전쟁에서 희생된 사람보다 더 많은 숫자가 교통사고로 사망했다.

도시 중심가에 있는 마나라 원형교차로에 도착하자, '의자'가 놓여 있었다. 진짜 의자 말이다! 커다란 다리가 붙어 있는 거대한 의자였다. 푸른색의 반듯하고 인상적인 이 의자는 뉴욕 유엔 총회장의 의자를 그대로 확대한 것으로, 높은 받침대 위에 자랑스럽게 솟아 있는 모양이 마치 위대한 인물이 그곳에 오르길 기다리고 있는 것 같았다. 황제 혹은, 팔레스타인에 더 잘 어울리는 비유로는 스핑크스 같은 것 말이다. 그리고 거기에는 "팔레스타인은 의석을 지닐 자격이 있다"라는 문구도 새겨져 있었다. 또 바퀴도 달려 있었는데, 마치 당장에라도 유엔으로 달려가 자신의 자리를 차지할 준비가 돼 있다고 말하려는 듯했다.

지난 44년의 점령 기간 동안 수많은 일들이 벌어졌던 바로 그곳마나라에 서있는 의자의 모습은 대관식을 기다리는 왕관 같이 권위를 상징하는 개념으로 내게 다가왔다. 이 의자가 상징하는 것은 팔레스타인을 두 개의 국가, 곧 이스라엘과 팔레스타인으로 분할하는 것에 대한 민중의 승인을 의미한다. 여기에는 이스라엘이 1967년에 점령했던 영토를 팔레스타인이 차지한다는 것도 포함된다. 하지만 팔레스타인 지도부가 이런 결론에 이르기까지 얼마나 오랜 세월이 걸렸는가. 나는 아버지가 이와 똑같은 해법을 제안한 뒤, 오랜 시간 동안 겪어야 했던 고난을 떠올리지 않을 수 없었다. 더구나 당시는 서안 지구에 유대인 정착촌이 건설되기 전이어서 이 해법의 실현 가능성이 더욱 높았다. 그럼에도 아버지는 매국노, 반역자, 배신자라는 비난을 받아야 했다. 아버지는 배척당했고 비아냥을 감내해야 했다. 우리는 모두 고통을 겪었다. 아버지는 당신이 예견했던 이스라엘 내 극단주의의 부상과 식민지 점령의 장기화가 실제 현실이 되는 걸 목격한 뒤로 불행과 좌절 속에 살다가 세상을 떠났다. 하지만 정치는 좋은 이념이나 예지력을 따지는 영역이 아니다. 아마 세계 어느 곳에서나 마찬가지겠지만, 정치가 이곳에서 실천되는 방식은 지배와 권력에 관한 것이다. 누가 빈 권좌에 앉을 것이냐에 관한 문제라는 이야기다.

마나라의 의자에서 멀지 않은 곳에는 최근에 야세르 아라파트 광장이라고 새로 이름 붙여진 광장이 하나 있다. 유엔에 팔레스타인 국가승인 요청을 담당하게 될 마흐무드 압바스와 아라파트는 팔레스타인이 이스라엘과 맺을 수 있는 가장 부끄럽고 해로운 조약에 서명한 당사자들이었다. 그러나 이제 그들은 용서받은 것처럼 보인다. 모든 것이 너무나 쉽게 용서된다.

푸른색 의자로 대표되는 유엔의 실제 의석을 확보해 다른 국가 공동체들과 나란히 앉는 방식이 독립과 국제적인 국가 승인을 가장 구체적으로 표현한다는 것은 얼마나 흥미로운 일인가. 내일이면 유엔 의석 확보를 지지하는 대중 집회가 열릴 것이다. 집회를 위한 연단이 준비되고, 일부 차량들은 벌써부터 경적을 울리며 도시의 이 작은 구역을 빙빙 돌고 있었다. 지금 이곳에는 푸른색 의자와 함께 팔레스타인의 커다란 희망과 거대한 야망이 꿈틀대고 있다.

정착민들은 팔레스타인 도시와 마을들에 들어와 "팔레스타인 자치정부 지역에서 대결하자"는 현수막 아래 시위를 벌일 계획을 하고 있는 것 같다. 팔레스타인 사람들이 정착촌에서 시위를 벌이기를(마치 우리가 그럴 수 있기라도 하다는 듯이) 기다리기보다는 '그들에게로 가서 우리 땅에 그들이 눌러앉아 있는 것에 항의하자'는 거였다. 그에 따라 정착민들은 이타마르Itamar 정착촌에서는 나블루스Nablus, 베이트 엘Beit El 정착촌에서는 라말라, 키르야트 아르바 정착촌에서는 헤브론을 각각 공격할 계획이다.

9월 22일

—

오늘 사무실에 가던 중, 팔레스타인 경찰이 새로 개방한 야세르 아라파트 광장이 있는 도시 중심부에 차량 진입을 통제하는 모습을 보았다. '의자'가 자랑스럽게 자리하고 있는 마나라에서 멀지 않은 곳이었다. 길에서는 청년들이 팔레스타인 국기 색깔이 수놓아진 쿠

피에[+]를 두른 채 지나가고 있었다.

그런가 하면 많은 자동차들이 국기를 달고 있었다. 이스라엘 독립기념일에 정착민들이 자동차에 국기를 달고 달리는 모습이 너무 꼴 보기 싫었기에, 우리는 절대 저러지 않기를 바랐었다. 한 남자는 자신의 뒷주머니에서 꺼낸 깃발을 손에 들고 있었다. 이렇듯 이스라엘과 팔레스타인 두 민족은 모두 깃발을 사랑한다. 언제쯤 우리는 이런 유치하고 맹목적인 애국주의를 극복할 수 있을까? 미국을 제외하고 이스라엘만큼 국기를 많이 게양하는 나라도 찾기 힘들 것이다. 그리고 우리는 그런 그들을 그대로 따라가고 있다.

오늘은 유엔에서 팔레스타인 국가승인 요청을 논의하는 날이다. 학교들은 하루 동안 휴교에 들어갔고, 거리는 온통 축제 분위기로 떠들썩하다.

하지만 또한 분명한 것은 경찰, 보안군, 그리고 파타가 이끄는 사법기구 등의 국가기관들이 유엔 가입계획을 자신들이 통제할 수 있는 범위 안에 제한하려고 노력하고 있다는 것이다. 이스라엘의 기분을 거스르지 않으면서 비폭력 기조를 유지하는 한편, 유엔 가입계획이 지도부에 대한 인기와 지지를 증명하는 계기가 되도록 하면서 말이다. 그런 지시는 자신의 유엔 외교에 '팔레스타인의 봄'이 동반되어야 한다고 주장했던 지도자가 내린 것이라고 한다. 정말 이상하지 않은가. '아랍의 봄'이 가지는 특징은 정권에 대항해 시민사회가 자발적으로 봉기했다는 점이었다. 하지만 우리의 경우에

+ 아랍식 머릿수건.

는 정권이 대중을 동원하기를 원한다. 그것도 정착촌에 항의하거나 저항하는 것이 아니라 정치적으로 포위되고 고립된 지도자와 그의 당, 파타를 축하하는 데 말이다.

한편 수많은 사상자와 재산 피해를 낳고 있는 정착민들의 공격 횟수가 2009년과 비교할 때 140%나 증가했다. 우리의 사법당국은 이에 대해 뭐라고 말할 것인가? 이런 공격이 이뤄지는 지역에서 우리의 사법당국은 없다. B 구역과 C 구역은 점령지역이며, 이스라엘의 사법 관할 아래 있기 때문에 팔레스타인 자치정부의 손길이 미치지 않는다. 우리가 할 수 있는 최선은 이스라엘이 팔레스타인 사람들을 공격할 수 있는 핑곗거리를 주지 않기 위해 자제를 호소하는 것밖에 없다.

올리브 수확기가 다가옴에 따라 정착민들의 폭력은 더욱더 늘어날 예정이다. 그에 따라 농민들을 보호해줄 외국인 자원 활동가들을 모집하는 작업도 박차를 가하고 있다. 팔레스타인 농민들이 자기 소유의 나무에서 올리브 열매를 따기 위해 영국, 프랑스, 이탈리아의 자원 활동가들을 필요로 한다는 사실 자체가 우리의 무기력한 상황을 대변하고 있다.

지상에서 벌어지는 모든 상황을 카메라에 녹화하는 하얀 열기구 풍선이 오늘 칼란디아 검문소 상공에 띄워졌다. 검문소를 지키는 군인들에게 항의하거나 돌을 던지는 활동가들의 움직임과 얼굴 하나하나를 채증하기 위한 것임은 두말할 나위가 없다. 그들은 하람 알 샤리프 상공에도 똑같은 감시기술을 사용한다. 이제, 우리가 우리의 희망을 위한 깃발을 들어 올릴 때마다, 이스라엘은 우리를 감시하기 위해 공중에 카메라를 띄워 보낸다. 비행기에서 도시와 마을들을 바라볼 때 그런 것처럼 공중에서 내려다보는 우리의 모습은 이스라엘 사람들에게 기이하고 비현실적으로 비칠 것이다. 그리고 아주 높은 곳이나 먼 곳에서 사람을 죽이는 건 눈앞에서보다 더 쉬운 법이다. 1차 인티파다 기간에 이스라엘 군인들은 자신들의 공격으로 부상을 입은 팔레스타인이 치료를 위해 이스라엘 병원으로 호송되는 것을 허용했었다. 하지만 지금은 공중에서 살인을 자행하고 있다. 그들 입장에서는 더욱 쉽고 안전해진 셈이다.

오늘 오후에는 정원 일을 조금 했다. 가을로 접어든 뒤 정원에 물을 조금씩 뿌려줬더니 메마른 땅과 바짝 마른 관목들, 부러지기 쉬운 가지들이 되살아나기 시작했다. 라브네Labneh 치즈와 기름에 섞을 백리향은 이미 수확을 시작했고, 파슬리 씨를 뿌리기 전에 한 번 얼림으로써 성장을 촉진하는 방법도 익혔다. 이제 얼마 있으면 가을비에서 영양을 공급받은 겨울 채소의 계절이 올 것이다. 지금은 또 올리브를 수확하는 시기이기도 하다. 올해 수확은 꽤 괜찮을 것 같다.

9월 23일

페니와 함께 정원을 손질하고 집 청소를 하면서 아침을 보냈다. 그러고 나서 페니는 기념행사에 갔고, 나는 집에 남았다. 텔레비전 화면에 비친 행사는 실제보다 더 훌륭해 보였다. 행사 자체가 텔레비전 중계를 염두에 두고 연출되었기 때문일 것이다.

순간 내가 유엔에서 진행될 연설문의 초안 작성을 돕거나 세계를 향해 우리의 상황을 어떻게 설명할지 아이디어를 제시하는 등 활동의 중심에 서 있지 않다고 해도 아무런 상실감도 느끼지 않는구나 하는 생각이 스쳐 지나갔다. 대신 나는 집에서 창문을 닦고 정원을 손질했다.

마침내 고대하던 저녁이 오고, 페니와 나는 우리 지도자가 유엔 총회에서 연설하는 것을 지켜보기 위해 텔레비전 앞에 순한 양처럼 앉았다.

연설이 진행되는 동안 중계방송이 여러 차례 끊어졌다. 압바스가 "국가는……"하고 연설을 시작하는 순간 소리와 화면이 사라지자, 페니가 외쳤다.

"국가라고? 어디에 있는 국가 말이야?"

중계방송은 1988년 아라파트가 팔레스타인 민족회의National Council에서 팔레스타인 민족국가를 선포할 때 했던 연설을 떠올리게 했다. 당시에 이스라엘이 전력공급을 차단하는 바람에 우리는 촛불을 밝혀두고 보드게임을 했었다. 그러나 사흘 뒤에 치러질 우리 결혼식에 참석하기 위해 미국에서 건너온 페니의 부모님은 마냥 초조해하고 속상해하셨다. 나는 두 분께서 당신들의 딸이 이렇게 위험한 지역에 사는 팔레스타인 남자와 결혼하는 걸 진정으로 행복해하셨을지에 대해서는 지금도 확신이 없다.

네타냐후의 연설이 끝나자 페니가 나를 불렀다. 그녀는 지붕 위에 앉아 있었다.

"이리 와요. 하늘에 구름이 참 예뻐요."

날씨가 이미 꽤 쌀쌀해진 터라 나는 스웨터를 집어 들고 지붕 위로 올라갔다. 텔레비전을 끄고 하늘에 시선을 고정한 채 한동안 그렇게 침묵을 즐겼다. 나는 희미하게 빛나던 별들이 밝게 빛을 내다 구름에 가려 희미해지는 광경을 지켜봤다. 멀리 해안가에서 불빛들이 반짝였지만, 그쪽은 쳐다보지 않았다. 하늘을 똑바로 올려다보며 우주의 광활함에 푹 빠진 나는 머리를 비우기 위해 애썼다. 이것은 앞으로도 오랜 시간 우리를 계속 괴롭힐 갈등에 대비하기 위해 필수적으로 해야 할 연습이다.

공기 속에 비의 기운이 느껴졌다. 비가 오면 여름의 먼지가 씻겨나갈 것이고, 메마른 여름을 견딘 정원의 강인하고 뿌리 깊은 관목들은 다시 활기를 되찾게 될 것이다.

10월 19일

아침에 라말라 중심가에 있는 '실와디' 주스 가게에서 일하는 청년을 만나러 갔다. 그의 처남은 이스라엘 군인 길라드 샬릿Gilad Shalit 상병과의 포로 교환 때 풀려난 팔레스타인 수감자들 중 하나였다. 그가 그렇게 활짝 웃는 모습을 본 건 오늘이 처음이었다. 그에게 축하인사를 건네자, 그는 "오늘 아침에 처남과 통화를 했습니다. 바다를 바라보고 있다고 하더군요. 여동생이 내일 처남을 만날 겁니다. 뭘 드실래요?"라고 말했다.

"늘 먹던 거로 주세요." 나는 대답했다.

나는 그가 칵테일을 만들기 위해 가장 좋은 과일을 신경 써 고르고 있는 걸 알았다. 내가 돈을 내려고 하자, 그는 사양하며 이렇게 말했다.

"할라완Halawan●."

나는 그에게 말했다.

"그동안 먹었던 주스 중에 최고로 맛있네요."

11월 12일

오늘 아침, 오후 3시 20분에 출발하는 예루살렘행 기차를 타기 위해 나블루스 기차역에 도착했다. 낮고 두꺼운 벽으로 된 석조 건물 입구에는 약 20여 명의 여행객들이 기차를 기다리고 있었다. 대부분은 젊은 남녀였지만, 몇몇은 팔레스타인을 기차로 여행하는 게 가능했던 영국 위임통치 시절을 기억할 만큼 나이를 먹은 사람들이었다. 흥분이 느껴졌다. 이번 여정은 우리의 방문이 차단된 도시 예루살렘까지 이스라엘 검문소를 통과하지 않고 가볼 수 있는 기회였다. 역에 들어서자, 짙은 청색 제복을 입은 역무원이 그린 라인 위에서 내게 표를 발급해줬다. 기차는 30분 정도의 짧은 여정에서 하와라Hawwarah, 자타라Zatara, 우윤 알 하라미야Uyun al Haramiya, 아타라Attarah와 칼란디아Kalandia에 정차할 예정이었다. 물론 죄다 검문소가

● 아랍어로 선물을 뜻한다.

있는 지역이었다. 나는 대합실로 들어갔다. 대합실은 '팔레스타인 노선도'라는 제목의 안내 책자가 놓인 낮은 탁자를 제외하면 황량했다. 책자를 펴보니 지역 철도망과 함께 행선지들이 소개돼 있었다. 가자. 자파. 하이파. 비르세바Beersheba…….

곧이어 열차가 3분 후에 도착한다는 안내 방송이 아랍어와 영어로 흘러나왔다. 그리고 역무원의 호루라기 소리와 함께 귀가 먹먹해질 정도로 큰 기적 소리가 들리는가 싶더니 이내 잦아들었다. 드디어 기차가 도착한 것이다. 대합실의 문이 열리고 우리는 2번 승강장으로 안내됐다. 거기엔 뿜어져 나오는 연기에 휩싸인 기차가 기다리고 있었다. 객실 문이 열리자마자 우리는 문을 향해 모여들었다.

하지만 승차는 이뤄지지 않았다. 기차는 이미지였다. 건너편 벽에 걸린 스크린에 투사된 이미지였던 것이다. 그것은 팔레스타인 예술가인 이야드 이사Iyad Issa와 사하르 카와스미Sahar Qawasmi의 설치 작품이었다. 이 작품은 예전 나블루스 중앙역이 있던 자리에 들어선 피클 공장 안에 설치되어 있었다. 나블루스 역 개통 100주년을 기념하는 이 기획은 비르제이트 대학 박물관이 매년 개최하는 전시회의 3번째 행사로, 예술가들이 팔레스타인 도시들의 사회사를 탐구할 수 있게 하는 '도시 전시회Cities Exhibition'의 일부였다.

열차가 사라지고 스크린이 텅 비자, 가상의 2번 승강장에 있던 승객들은 아쉬운 실망감에 젖어들었다. 울음을 꾹 참고 있는 것으로 보이는 한 노인은 "우리가 기차를 타고 이 도시에서 저 도시로 자유롭게 여행할 수 있었던 그 시절"이 지나간 것을 한탄했다.

100년도 더 전에 오토만 제국은 중동 전역에 걸쳐 광범위한 철도망을 건설했다. 우선 자파와 예루살렘을 연결한 것을 시작으로 나중에는 암만, 바스라, 베이루트, 카이로, 다마스쿠스, 예루살렘, 메디나 같은 중동의 주요 도시들을 차례로 이스탄불과 연결했다. 그런 와중에 나블루스-예루살렘 구간의 건설이 1차 세계대전이 일어나는 바람에 중단되는 일도 있었고, 1948년의 아랍-이스라엘 전쟁 도중에는 나블루스 역이 심하게 파괴되기도 했었다.

그리고 오늘, 우리의 작은 영토의 국경을 가로질러 달리는 기차는 없다. 우리가 아는 유일한 그런 라인은 중동의 수도들을 연결하는 게 아니라 갈라놓는다. 하지만 지난 토요일, 한때나마 두 명의 젊은 팔레스타인 예술가들의 상상력이 이 우울한 현실 너머로 우리 스스로가 꿈을 꾸는 걸 가능하게 해주었다.

11월 20일

–

43년 전 이스라엘 점령 직후 런던으로 이민을 떠났던 어릴 적 친구가 찾아왔다. 그녀는 그동안 한 번도 고향을 찾지 않았고, 지금은 이스라엘이 부여하는 서안지구 거주권을 상실했다. 그럼에도 그녀는 늘 라말라를 생각하며 자신이 성장했던 도시가 어떻게 변했을지 궁금해 했고, 이곳을 찾고 싶어 했다. 그러나 그녀는 라말라의 변화된 현실을 마주할 용기가 없었다. 나는 몇 년 동안 그녀가 라말라를 방문하도록 설득했다. 그런 그녀가 드디어 찾아왔지만, 나는 나 자신이 그녀가 라말라에 온 걸 반기지 않는다는 사실을 깨달았다. 그녀에게 라말라는 가족들이 묻혀 있는 묘지와도 같은 곳이기 때문이었다. 또한, 그녀에게 있어 자신이 자란 집을 더 이상 볼 수 없다는 사실은 일종이 고문이었다. 그녀의 집은 이미 철거되었고 지금 그 자리에는 높은 건물이 들어서 있어 그곳에 드나들 때는 이스라엘 군인들의 제지를 받는다. 그녀는 인생의 아름답던 한때를 음미할 수도 없고 현재의 라말라를 즐길 마음의 여유도 없었다. 이제껏 그녀는 영원히 사라져버린, 잃어버린 과거를 찾으려고 했던 것이다.

지난 나크바 기념일에 덤덤탄을 맞아 부상을 당한 내 친척 무니브 마스리에 관해 나쁜 소식이 들려왔다. 그는 평생을 불구로 지내게 될 것 같다.

11월 29일

1947년 11월 29일에 통과된 유엔 총회 결의안 181에 대한 포스터들이 도시 전체를 뒤덮고 있다. 당시 결의안은 팔레스타인을 독립적인 아랍 국가와 유대 국가로 분할하고, 예루살렘을 특별 국제 관할지구Special International Regime로 삼는 내용을 담고 있었다. 팔레스타인 사람들과는 달리 대부분의 이스라엘 사람들에게 이날은 수수께끼 같은 날인 것 같다. 여론조사에 따르면 이스라엘 성인의 73%는 유엔 총회가 영국의 위임통치를 종식시키고 분할계획을 채택한 이날의 역사적 중요성을 모르고 있는 것으로 나타났다. 많은 사람들은 이날을 1948년 전쟁의 종식이나 밸푸어 선언, 서독과의 송환

협정 조인의 날로 잘못 알고 있었다. 이렇게 역사적 사실에 무지한 비율은 극단적인 정통 유대교도와 이민자들 사이에서 가장 높아, 각각 90%와 94%에 이르렀다.

12월 28일

-

오늘 이스라엘에 거주하는 팔레스타인 농민들에게 역사상 처음으로 달걀 생산 할당량이 부여될 것이라는 기사를 읽었다.

12월 29일

-

집으로 걸어가는 길에 옛 아부 라야 학교Abu Rayya School를 지나쳤다. 운동장에는 아몬드 나무 한 그루가 여전히 서 있었다. 학교 건물은 그 자체가 고통스러운 기억을 불러일으켰다. 지금은 비록 더럽고 먼지만 날리는 장소로 전락했지만, 이스라엘의 직접 통치 기간 동안에 그곳은 자동차 면허부서 사무실로 이용되었다. 이스라엘군이 모든 민간인들의 문제에 사사건건 간섭하고 통제하던 시절을 살아온 나 같은 사람들은 그곳을 지날 때마다 당시 이스라엘군 당국이 자신들에 대한 지지를 이끌어 내거나 민원인들에게 고통을 주기 위해 마음대로 권력을 주무르던 기억을 떠올릴 수밖에 없다. 그나마 위안을 주는 게 하나 있다면, 그것은 해마다 겨울이면 어김없이 꽃을 피우던 교정의 아몬드 나무였다. 아몬드 나무는 해마다 겨울이면 어김없이 꽃을 피웠다. 거의 검은색에 가까운 벌거벗은 가지들에서 꽃잎과 꽃술이 만나는 밑 부분이 분홍색 점으로 장식된 하얀 꽃들이 피어났다. 그러고는 꽃이 열매를 맺을 때까지, 그 연약한 꽃들을 단단히 붙잡은 채 혹독한 2월의 강한 비바람을 견뎌내는 것이었다. 랄라Lalla라는 이름으로 더 잘 알려진 14세기 카슈미르의 신비주의자 랄 데드Lal Ded의 노래처럼 말이다.

> 번개가 지나가는 길에 서 있듯이 끈기 있게
> 정오에 어둠이 내릴 때 걸어가듯이 끈기 있게
> 돌아가는 방아에 너 자신을 곱게 가는 것처럼 끈기 있게
> 넌 끈기 있게 버틸 거야

후기

2012년 5월 6일

이 책의 교정쇄를 살펴보는 동안 사브리 가라이브Sabri Garaib가 73세의 나이로 세상을 떴다. 내가 인권단체 알하크의 설립을 도운 뒤, 1982년에 처음으로 맡은 소송의 주인공이 바로 사브리였다. 베이트 이자Beit Ijza 마을에 있는 그의 집 현관에 앉아, 정원 너머 나지막한 언덕 위에 사방으로 뻗어 자란 밀과 보리의 물결을 바라보던 일은 지금도 기억에 생생하다. 당시 모두 112 에이커에 이르는 그의 토지가 새로 건설된 기본 하하다샤Givon Hahadasha 유대인 정착촌에 의해 몰수될 위기에 처해 있다고 했다. 그 후, 지난 4월 18일 숨을 거둘 때까지 기나긴 세월동안 사브리는 자신의 땅을 지키기 위해 정착민들에 끊임없이 맞서 싸웠다. 그의 소유권을 부정하는 주장들을 반박하기 위해 군사항소위원회Military Objection Committee를 찾곤 했었고, 모든 자원을 총동원해 이스라엘 고등법원에다 소를 제기하기도 했다. 그런 와중에 그는 자신들이 세운 울타리를 제거하려는 그를 막아서거나 농사를 방해한 정착민들과의 싸움 끝에 여러 차례 감옥을 드나들기도 했다. 그러나 정착촌은 그의 집을 둘러싸고 사방으로 계속 커져만 갔으며, 그의 땅을 차례로 잠식해 들어갔다.

사브리가 살던 마을로 가기 위해 나는 알 하크의 현재 책임자이자 최근에 베이트 이자를 방문한 경험이 있는 샤완Shawan에게 동행을 요청했다. 그 마을은 라말라에서 남쪽으로 8km 밖에 떨어지지 않은 곳이었지만, 그 지역 자체가 워낙 변한데다 가는 길도 너무 복잡해서 제대로 찾아갈 수 있을지 영 자신이 없었기 때문이었다. 그렇게 우리는 달라진 경관을 따라 새로이 난 도로로 차를 달렸고, 늦은 오후 사브리의 집에 도착했다. 차에서 내리는 순간, 나는 눈앞에 펼쳐진 광경을 보고 아연실색했다. 정원에 남겨진 조그만 공간을 제외하고는 거대한 철제 울타리를 따라 집이 삼면으로 온통 둘러싸여 있었던 것이다. 게다가 현관문까지 가려면 근처의 군부대에서 관리하는 철문을 통과해 좀 더 육중해진 철제 울타리를 따라 좁은 길을 걸어 내려가야 했다. 그 사이 군이 설치한 두 대의 카메라가 문을 통과하는 우리들의 일거수일투족을 감시하고 있었다. 사브리의 가족들은 사실상 기본 하하다샤 유대인 정착촌 안에 살고 있었지만, 그들과 정착민들 사이에는 이웃 간 교류라고는 일절 없었다.

우리는 사브리의 아들들 그리고 나처럼 조의를 표하러 온 손님들과 함께 베란다에 자리를 잡고 앉았다. 순간 정착민 한 사람이 개를 끌고 사브리의 집 주변을 활보하는 광경이 눈에 들어왔다. 그는 이웃집에서 무슨 일이 일어났는지에 대해서 아무런 관심도 없어 보였다.

사브리는 정치적 견해를 내비치는 법이 없는 사람이었다. 외동아들로 자라 아버지에게서 땅을 물려받은 그는 열 명의 아들들에게 그 땅을 물려줄 작정이었다. 나는 오로지 그런 일념 하나만으로 아무것도 무서울 게 없었던 그의 방문이 종종 두렵기까지 했다. 날카로운 검은 눈에 다부진 체격의 사브리는 이스라엘의 관공서나 나중에는 팔레스타인 정부 관청에서도 그랬던 것처럼, 나의 사무실로 무작정 밀고 들어와 '나는 사브리라고 하오. 내가 원하는 건 이거요'하고 딱 잘라 말하곤 했던 것이다.

조문을 마치고 돌아오는 길에 정착촌들이 주변 언덕들의 풍경과 내가 익히 알던 지역의 지형을 완전히 바꿔놓은 모습을 보고 나는 비로소 깨달았다. 사브리의 죽음은 법이 유대인 정착민들로부터 팔레스타인 사람들의 땅을 지켜줄 수 있을 거라는 믿음이 가능했던 시대의 종말을 의미한다는 것을. 하지만 유대인 정착촌과 이스라엘을 연결하는 고속도로 아래로 뚫려 있는 터널을 통해 라말라로 돌아오면서는 외려 이런 생각이 들었다. 이스라엘이 서안지구에 정착촌을 건설하는 싸움에서는 승리했을지 몰라도 가장 가까운 이웃인 팔레스타인 사람들과의 화해를 위한 전쟁에서는 패배했다는 생각 말이다.

서안지구의 중심부에 있는 사브리의 마을을 방문해 서글픈 마음을 안고 돌아온 지 며칠이 지나 우리는 멀리 남부 헤브론의 황량한 지역을 찾았다. 나는 법률업무 관계로 헤브론시를 자주 방문했었고, 도로를 따라 정착촌들이 확산되는 걸 오랫동안 고통스럽게 지켜봐왔던 사람 중 하나다. 하지만 제멋대로 뻗어나가는 야타Yatta 마을 남쪽 지역은 한 번도 가본 적이 없었다. 그래서 한 친구가 자신이 알고 지내는 아트 투와니At-Tuwani 마을의 지역 활동가 하페즈 헤레이니Hafez Hereini를 가서 한번 만나보자고 제안했을 때, 나는 이내 고개를 끄덕였다.

베이트 잘라 마을 아래를 관통하는 두 개의 터널을 지나면서 나는, 이스라엘 사람들의 집요함에 다시 한 번 충격을 받지 않을 수 없었다. 그들은 예루살렘으로 가는 거리를 줄여 남부 정착촌들을 좀 더 매력적인 지역으로 변모시키겠다는 이유 하나만으로 단단한 석회암을 뚫어 터널을 만들었다. 그러나 나는 여기에 어떤 절망적인 슬픔이 담겨 있다는 느낌을 떨칠 수가 없었다. 그들 정착민들은 자신들이 환영받지 못하는 곳일지라도 정착하길 마다치 않는다. 그들을 둘러싼 공동체들과 불화를 이루며 사는 것이 자신들의 영원한 숙명이기라도 한 것처럼 말이다. 아름다운 언덕들을 파헤치고 정착촌을 건설하는 이 무시무시한 에너지는 결국 자신들은 언제나 강제로 밀고 들어가 상대방이 그 존재를 마지못해 받아들게끔 해야 한다는 부정적 신념으로부터 뿜어져 나오는 건 아닐까. 그들은 그 밖의 다른 대안은 일절 시도조차 하지 않고, 평화를 향한 이웃들의 그 무수한 호소에도 한사코 귀를 닫아 버린다. 정착민들은 마치 자신들과 기꺼이 함께 살아가려고 하는 그 누군가가 존재한다는 사실을 믿지 못하는, 대단한 자기혐오 속에 살아가는 사람들인 것 같다.

반면 차가 어두운 터널에서 벗어나 도로 양쪽 언덕을 갉아먹으면서 날로 번창해가는 베들레헴 주변 정착촌들 너머로 접어들자, 아직 정착촌이 건설되지 않은 낮은 언덕들이 잘 가꾸어진 모습 그대로 보존되어 있는 광경은 아주 인상적이었다. 이 지역이 오랫동안 결핵 요양원이 운영되던 비가 거의 오지 않는 건조한 곳임에도 불구하고, 계속 팔레스타인 사람들 수중에 남아 있을 수 있었던 토지의 상당 부분은 계단식으로 잘 정돈되어 경작되고 있었고 과실수와 포도나무들이 심겨 있었다.

우리는 할훌Halhul 교외와 헤브론, 야타를 지나쳐 계속 달렸다. 도로를 따라 유대인 정착촌을 알리는 많은 표지판이 서 있었다. 표지판들에는 이 배타적인 유대인 거주지에 마치 아랍인들의 출입이 허용되기라도 하는 양 아랍어 안내문도 함께 쓰여 있었다. 헤브론에서 남쪽으로 15㎞ 정도 거리에 있는 아트 투와니는 인구가 350명 정도인 작은 마을이었다. 마을에 도착한 우리는, 하페즈의 집 앞에 차를 세우고 마을 외곽으로 산책을 나섰다. 낮은 계단식 언덕들이 있는 모습이 우리에게도 아주 익숙한 풍경이었다. 조그만 밭마다 모두 보리나 밀이 재배되고 있었고, 빗물을 모으기 위한 다수의 물탱크들도 잘 관리되고 있었다. 산마루를 따라 걷다보니 파도처럼 일렁이는 마른 곡식들의 바스락 거리는 소리가 바람에 실려 왔다.

우리가 걷고 있던 낮은 언덕 바로 건너편에는 나무들이 빽빽한 언덕이 하나 있었다. 언덕 위에는 송전탑 몇 개가 우뚝 솟아 있었는데, 그곳에 하봇 마온Havot Maon 전초 정착촌이 있음을 알게 해주는 표시였다. 해발고도가 1011m에서 100m로 떨어질 만큼 경사가 아주 급한 언덕 너머 동쪽 편에는, 주로 양을 키우며 살아가는 팔레스타인 마을들이 있었다. 그리고 상당수 주민들은 그 지역에서 흔히 볼 수 있는 동굴에서 살고 있었다. 1999년, 이 지역이 실탄사격 연습장으로 선포된 이후 이스라엘 군에 의해 주민들이 모두 소개된 적도 있었다. 하지만 이스라엘 고등법원이 최종 판결 전까지는 주민들의 귀환을 허용하라는 임시 명령을 내림에 따라 2000년 3월에 주민들은 다시 마을로 되돌아왔다. 그 후, 13년이란 세월이 지났지만 최종 판결은 아직 내려지지 않았다. 우리는 언덕까지는 올라가지 말라는 주의를 들은 터라 깎아지른 언덕이 사해로 뻗어 내려가는 장관을 볼 기회는 누릴 수 없었다.

이 건조한 지역에는 봄이 일찌감치 저물어가고 있었다. 하지만 기다란 노란 호박과 양귀비 몇 송이, 그리고 라말라에서는 흔히 볼 수 없는 향이 아주 강한 약초들이 무수히 자라고 있는 광경은 여전히 눈에 들어왔다. 그렇게 우리는 하페즈가 기다리고 있는 마을 반대편 집으로 천천히 걸어갔다.

하페즈는 날렵한 근육질 몸을 가진 40대 후반의 남자였다. 부드러운 눈빛에 주름이 패고 검게 탄 얼굴이 말해주듯 성실하고 에너지가 넘치는 그는, 땅을 지키고 이 외딴 곳에 사는 마을 사람들의 생활방식을 보존하기 위한 싸움이 조만간 결실을 거둘 거라는 환상은 전혀 갖고 있지 않았다. 대신 마을 사람들이 처해온 역경에 귀 기울이고자 하는 사람이 있으면 누구에게든 기꺼이 설명해줄 자세가 되어 있었다. 지도상에서 정착촌과 팔레스타인 마을들의 위치를 가리키는 것으로 입을 떼기 시작한 그는 내가 헛갈려 하자 이렇게 말했다.

"나가서 좀 걸을까요? 실제로 어떻게 되어 있는지 보여드리죠."

그와 함께 걷는 동안, 그들이 지금 갖고 있는 것들을 획득하기 위해 어떻게 투쟁해왔는지 들을 수 있었다. 하페즈는 팔레스타인에 가장 잘 들어맞는 방식으로 마을 사람들의 운명을 개선하기 위해 가능한 모든 수단을 동원했다.

"원래 우리는 도로가 없었습니다. 그런데도 민정 당국은 우리에게 도로 개설을 허용하지 않았죠. 그래서 엄청난 위험을 무릅쓰고 우리 돈을 들여 직접 도로를 놓아야 했습니다. 우선 야타를 오가는 트럭 운전사들을 설득해서 노면에 까는 돌과 타르를 들여오도록 했어요. 쉬운 일이 아니었죠. 트럭 기사들은 자신들의 차량이 압수당하지는 않을까 걱정이 이만저만 아니었거든요. 그래서 작업도 밤에만 했어요. 그 사람들이 화물을 쌓아두면 우리는 지체 없이 작업에 돌입하는 식이었죠. 도로 포장도 우리 손으로 직접 했어요. 그러면 아침에 군인들이 와서 보고는 '이 도로는 불법이오'하는 겁니다. 하지만 도로는 이미 포장이 끝났는데 저들인들 어쩌겠어요. 그렇게 그냥 현실로 굳어진 겁니다. 상수도 시설도 마찬가지였습니다. 상수도를 연결하는 것 자체가 투쟁이었죠. 원래는 전기도 들어오지 않았습니다. 우리에겐 변압기와 전선이 있었지만, 그걸 배전망에 연결하는 걸 민정에서 허용하지 않았기 때문이었죠. 그래서 토니 블레어가 방문했을 때 내가 나서서 그에게 전기에 관해 얘기했고, 블레어 덕분에 허가가 떨어졌습니다. 그 다음은 학교 차례였습니다. 당연히 건축 허가가 나지 않았지만, 어쨌든 우리는 학교를 지었죠. 하지만 투바Tuba와 동쪽 산비탈 마을에 사는 학생들은 접근성에 문제가 있었습니다. 정착민들이 도로를 사용하지 못하게 했기 때문이었죠."

그가 발걸음을 멈추고 손가락으로 한 쪽을 가리켰다.

"보이나요? 저 건너편에 있는 게 바로 그 도로입니다. 숲과 마온 정착촌 사이로 뻗어있는데, 전초 정착촌하고도 아주 가까워요. 그래서 학생들을 어떻게 학교에 올 수 있게 하느냐가 문제였죠. 일단 학생들을 등교시켜줄 외국인 자원봉사자들이 필요했습니다. 헤브론 구시가에서처럼 말이죠. 그리고 그 외국인 남녀 자원봉사자들이 마을에 거주할 수 있도록 주민들을 설득하는 일도 쉬운 일이 아니었습니다. 하지만 결국 해냈어요. 그래서 미국인 두 명이 아이들을 데리고 걸어서 등교에 나섰죠. 그런데 전초 정착촌에서 나온 정착민들이 그들을 공격한 겁니다. 얼굴에는 마스크를 쓰고 손에는 체인을 든 채 말이죠. 아이들은 도망쳤고 정착민들은 그 두 명의 미국인을 폭행했습니다. 얼마나 심하게 폭행했던지 두 사람은 병원에 입원을 해야 했습니다. 다리를 부러뜨렸어요. 다친 사람들이 미국인이었기 때문에 이 사건은 이스라엘 의회에서도 논의되었습니다. 그 뒤로 이스라엘 군인들이 아이들의 등굣길에 동행하기 시작했죠. 그것도 벌써 6년이 지난 이야기네요. 지금은 이탈리아 출신의 자원봉사자들이 와 있습니다. 하지만 그들이 아이들과 함께 언덕을 걸어 내려가는 건 금지되어 있죠. 더 이상 외국인들이 공격당하는 사태를 이스라엘 사람들이 원하지 않기 때문입니다. 그래서 이탈리아 자원봉사자들은 우리가 지금 서있는 이곳에 서서 아이들이 걸어가는 걸 바라봅니다. 그리고 학교가 끝나면 이스라엘 군이 아이들을 데리고 옵니다."

하페즈의 이야기를 들으면서 나는 사브리가 살았던 서안지구 중심부의 마을 주변에서 목격했던 광경을 떠올렸다. 그리고 사브리가 부분적으로는 뛰어난 성과를 얻어냈음에도 불구하고, 실제로 정착민들과의 투쟁에서는 왜 패배할 수밖에 없었는지 알 것 같았다. 사브리는 강인하고 단호했지만, 혼자서 싸웠다. 그에 비해 하페즈는 함께 똘똘 뭉쳐 싸웠다. 사브리는 늘 '나는' 이라고 말했지만, 하페즈는 항상 '우리는' 이라고 말한다. 별로 손에 쥔 것도 없었지만, 이곳의 마을 주민들은 결코 포기하지 않았다. 그 이유는 뭘까? 양을 치는 농민들이 그만큼 더 꿋꿋하기 때문일까? 아니면 채석장에서 대리석을 캐는 이 지역 사람들이, 평소에도 단호하고 완강하다는 자신들의 평판에 걸맞은 삶을 살아왔기 때문은 아닐까?

이런 나의 해석을 들려주자, 하페즈는 거기에 동의하지 않았다. 그리고 이어진 그의 설명은 좀 더 설득력이 있었다.

"선택의 여지가 없었기 때문이죠. 남은 건 여기가 전부인데, 어디로 갈 수 있겠습니까?"

나는 이 인상적이고 강인한 의지를 지닌 남자의 이야기를 들으면서, 점령지에 살고 있는 우리 팔레스타인 사람들 모두에게도 그의 이야기가 똑같이 적용될 수 있겠다는 생각이 들었다. 이스라엘은 우리가 살고 있는 땅 한가운데에다 자신들의 정착촌을 심어놓는 데 성공을 거둘 수도 있다. 우리의 공간은 넓히지 못하도록 막음과 동시에, 정착민들에게는 가장 좋은 땅과 더 한층 성장할 수 있는 기회를 제공하는 것도 가능할 것이다. 하지만 이스라엘이 어떤 정책을 따르던 간에, 궁극적인 성공에는 결코 도달할 수 없을 것이다. 오랜 세월에 걸친 투쟁을 통해 우리는 이만큼이나 강한 회복력을 얻었을 뿐만 아니라, 이곳 남부의 농민들이 그렇듯 우리 역시도 다른 그 어떤 곳으로 옮겨갈 의향이 눈꼽만큼도 없으니까 말이다.

감사의 말

이 글들은 고독한 연구 작업 속에서 홀로 마음의 휴식을 취하는 가운데 시작되었다. 이른 아침과 늦은 밤, 나는 나를 둘러싼 격동의 사건들을 되돌아보고 나의 생각과 두려움, 감정들을 탐색했다. 하지만 이 일기가 책으로 만들어지는 과정에서 틀을 잡고 글을 다듬고 출판을 준비하는 데에는 다른 많은 이들의 도움이 결정적인 역할을 했고 그들에게 깊이 감사한다.

우선 친구이자 출판인인 앤드류 프랭클린에게 고마움을 전하고 싶다. 그는 전 과정에 걸쳐 조언을 해줬고, 이 책이 하나씩 단계를 밟아나갈 때마다 자신이 가진 뛰어난 기량을 보탰다. 원고가 나온 뒤에는 편집인이자 친구인 알렉스 바람키의 유능한 손을 거쳤는데, 그는 지치지 않고 교정을 보는 틈틈이 격려와 조언을 아끼지 않았다. 또한 항상 인내심과 함께 그가 이미 지적했던 실수를 내가 되풀이할 때도 내게 아무런 부담을 주지 않았음은 물론이다. 그리고 책의 제작과 홍보를 위해 노고를 아끼지 않은 '프로파일 북스'의 직원들에게도 고마움을 전한다. 특히 원고를 검토하고 제작을 관리한 페니 다니엘과, 이 책을 비롯한 나의 다른 책들의 홍보를 위해 쉼없이 애써준 루스 킬릭에게도 고마움을 전하고 싶다. 또한 원고 교열을 담당한 레슬리 레빈과 저작권 대리인인 커티스 브라운의 캐롤

리나 서튼의 격려과 도움에도 감사한다. 덧붙여 나블루스 기차역과 사브리 가라이브에 관한 글은 예전에 뉴욕타임스에도 게재된 적이 있음을 일러둔다. 또한, 내가 후기에서 쓴 것처럼 서안지구 남쪽 지역으로의 여행을 마련하고 동행해준 레마 하마미에게도 감사를 전한다. 그녀의 우정에도.

이 책을 쓰는 길고 매력적인 과정을 통틀어 내 아내 페니는 책에서 묘사된 점령 하의 많은 고통 속에서도 늘 내 곁을 지켰다. 내가 필요로 할 때 늘 조언을 주었고 원고를 읽고 논평을 해주었다. 무엇보다 이런 성격의 책을 쓸 때면 피할 수 없는 감정의 소용돌이를 지날 때마다 내 불안한 존재의 닻이 되어주었다.

돌아가신 어머니, 위다드를 향한 감사의 마음도 빼놓을 수 없겠다. 어머니는 자파에서 살았던 젊은 시절의 일기를 남겨주셨고, 그녀의 풍자와 유머 감각, 그리고 스토리텔링 기술은 나의 글씨기에 영감을 불어넣어주었다. 역시나 고인이 되신 아버지 아지즈는 내게 또 다른 유산을 남겨주셨다. 시류에 맞서고 결과가 무엇이든 스스로 결정할 수 있는 자세가 바로 그것이다. 팔레스타인 아랍인들과 이스라엘 유대인 간의 평화를 꿈꾸던 아버지의 비전은 실현되지 않았지만, 그것은 여전히 나에게 영감으로 남아 있고 이 분쟁 지역에서 우리의 암울한 존재를 밝히는 불빛이 되고 있다.

라자 샤하다

라말라에서, 2012년 5월

만 두 살도 되지 않은 아기가 죽임을 당했다. 그런데 어른들이 아기의 죽음을 추모하기는커녕 아기의 사진을 들고 칼로 찌르는 시늉을 하며 환호성을 지른다. 사람들은 손에 총과 칼, 화염병을 들고 살인을 자축한다. 도무지 현실로 여겨지지 않는 이 잔인한 광경은 지난 2015년 12월 이스라엘 또는 팔레스타인에서 치러진 한 유대 극단주의자의 결혼식장에서 실제로 벌어진 일이다. 이제 막 걸음마를 시작했을 아기가 무슨 죄를 지었기에 이런 끔찍한 일을 겪은 걸까?

아기의 이름은 알리 다와브샤. 알리는 요르단 강 서안에 있는 자신의 집에서 곤히 자고 있다가 유대 극단주의자들의 방화로 목숨을 잃었다. 팔레스타인 부모에게서 태어나 유대인 정착촌 근처에 살았다는 것만으로 죽임을 당하고 죽은 뒤에도 증오의 표적이 되어 난도질을 당한 것이다. 이스라엘과 팔레스타인의 오랜 갈등과 폭력의 역사는 잠시 접어두자. 세상의 어떤 원한과 대의명분이 알리의 죽음과 결혼식의 광기를 정당화할 수 있겠는가.

유대 극단주의자들이 보여준 잔혹함에 이스라엘 언론들은 '증오의 결혼식'이라는 표현을 써가며 이들을 비판했고 이스라엘 당국도 결혼식 하객들에 대한 조사에 착수하며 이들의 극단적인 행동을 비난했다. 하지만 국제법상 팔레스타인 영토인 서안지구에서 유대 극단주의자들이 팔레스타인 사람들에게 이 같은 잔인한 폭력을 행사할 수 있게 만든 근본 원인에 대해서는 눈을 감는다.

이스라엘은 1948년 건국 이후 몇 차례 전쟁을 거치면서 영토를 끊임없이 확장했다. 그 결과 현재 이스라엘 영토에 수 천 년 동안 삶의 터전을 일궜던 팔레스타인 사람들은 주변 각국으로 쫓겨나 난민이 되었고 남은 사람들은 현재 가자와 서안지구에서 독립국가 건설을 추진하고 있다. 이 과정에서 숱한 무력충돌이 있었고 팔레스타인은 중동의 화약고로 우리에게 각인되었다. 오랜 갈등 끝에 1993년 오슬로 협정이 체결되면서 이스라엘은 가자와 서안 지구의 점령지를 팔레스타인에 반환하기로 약속했고 1996년에는 이를 바탕으로 팔레스타인 자치정부가 수립되었다. 이른바 영토와 평화를 교환한 것이다. 하지만 이스라엘은 오슬로 협약 이후에도 팔레스타인이 국제사회에서 독립국가로 승인받는 것에 반대하고 있고 서안 지구에서 유대인 정착촌을 확대함으로써 끊임없는 갈등과 분쟁을 만들어내고 있다.

검색 사이트에서 '팔레스타인'을 한 번 검색해 보라. 그러면 이스라엘 영토 안에 섬처럼 고립된 가자와 서안 지구의 지도가 나올 것이다. 육지 속에 서로 고립된 가자와 서안 지구도 한 국가의 영토라고 하기에는 부자연스러운데, 서안 지구는 그나마 하나의 영토가 아니라 여러 점들로 표시된다. 서안 지구 곳곳에 자리 잡은 유대인 정착촌들이 서안 지구를 갈가리 찢어 놓았기 때문이다.

이스라엘 정부는 이 유대인 정착촌을 보호한다는 명분으로 서안 지구 곳곳에 군대를 투입하고 정착촌 주민들은 자위를 명분으로 무장해 이웃 팔레스타인 사람들과 끊임없이 충돌하고 있다. 여기에 지난 2002년부터는 서안 지구 전역에 걸쳐 유대인 정착촌과 팔레스타인을 가르는 분리장벽을 건설하고 있다. 유대 정착촌이 극단주의자들의 요새가 되고 있는 것이다. 이런 현실에서 정착촌 주변의 팔레스타인 사람들은 언제든 유대 극단주의자들의 공격을 받고 삶의 터전에서 쫓겨날지 모르는 점령지 주민의 불안한 삶을 살아가고 있다.

팔레스타인의 인권 변호사이자 작가인 라자 샤하다는 이 책에서 이스라엘 점령 아래 살아가는 팔레스타인 사람들의 고단한 삶과 그들이 겪는 차별과 폭력, 분노와 좌절, 그리고 희망을 자신과 주변 사람들의 일상을 통해 담담하게 기록하고 있다. 그 속에는 팔레스타인 독립국가를 꿈꾸다 죽임을 당한 아버지에 대한 추억에서부터 유대 정착촌 확대로 삶의 터전을 빼앗긴 이웃들의 가슴 아픈 사연, 이스라엘 사람들과의 미묘한 관계, 팔레스타인 사람들에게 연대의 손길을 내민 지구촌 이웃들에 대한 감사와 아랍의 봄에 대한 기대 등이 꾸밈없이 담겨 있다.

이스라엘과 팔레스타인의 갈등, 그리고 그 속에서 팔레스타인 사람들이 겪고 있는 고통은 언제쯤 끝나게 될까. 국외자의 시선에서는 여전히 희망을 발견하기 어렵다. 하지만 이 책을 통해 그들의 희로애락을 따라가다 보면 그래도 희망을 포기할 수 없다는 걸 어렴풋이 느끼게 되지 않을까. 숨 막히는 현실이지만 그래도 삶은 지속되니 말이다.

2016년 여름,
이광조

점령을 살다

라자 샤하다의 팔레스타인 일기

지은이 | 라자 샤하다
옮긴이 | 이광조
초판 1쇄 인쇄 | 2016년 6월 24일
초판 1쇄 발행 | 2016년 6월 30일

펴낸곳 | 도서출판 경계
펴낸이 | 이병구, 최재훈
책임편집 | 이병구
디자인 | 박대성

등록 | 2011년 1월 19일, 제2012-000279호
주소 | 서울시 마포구 월드컵로 32, 2층
전화 | 02-3144-1313
팩스 | 02-3144-0852
이메일 | gyeonggyebooks@gmail.com

ISBN | 978-89-969403-3-3

인쇄 | 한영문화사 031-903-1101
용지 | 신승지류유통 02-2270-4900
이라이트 80g, 밍크지 120g, 매직페브릭 220g

「이 도서의 국립중앙도서관 출판예정도서목록(CIP)은 서지정보유통지원시스템 홈페이지(http://seoji.nl.go.kr)와 국가자료공동목록시스템(http://www.nl.go.kr/kolisnet)에서 이용하실 수 있습니다.(CIP제어번호: CIP2016014248)」